高等职业教育公共基础课系列教材

U0826056

职业发展与就业指导

主　编　张　元
副主编　李　盟　董萍萍　尤敏杰
编　委　周　政　梁海玉　张　茜

電子工業出版社
Publishing House of Electronics Industry
北京 · BEIJING

内 容 简 介

《职业发展与就业指导》这一教材针对高职生的特点组织和选取教学内容，具有应用性和实践性的特点。本教材共分为九个模块，包括职业与生涯、工作环境探索、自我认知、职业生涯规划、职场适应、就业渠道与创业选择、就业准备与求职指导、就业程序与就业权益、把握创业机会九个方面。本教材以案例导入教学内容，激发学生的兴趣，引导学生积极思考，循序渐进地指导学生求职、择业和做好职业生涯规划。

本教材既可作为高等职业院校公共基础课教材，也可作为广大青年学生提升就业能力的参考书。

图书在版编目（CIP）数据

职业发展与就业指导 / 张元主编 . -- 北京：电子工业出版社，2024.6
ISBN 978-7-121-37773-0

Ⅰ. ①职… Ⅱ. ①张… Ⅲ. ①大学生－职业选择－高等学校－教材 Ⅳ. ① G647.38

中国版本图书馆 CIP 数据核字（2021）第 265344 号

责任编辑：胡辛征
印　　刷：三河市华成印务有限公司
装　　订：三河市华成印务有限公司
出版发行：电子工业出版社
　　　　　北京市海淀区万寿路 173 信箱　邮编 100036
开　　本：787×1092　1/16　印张：18.75　字数：488 千字
版　　次：2024 年 6 月第 1 版
印　　次：2024 年 6 月第 1 次印刷
定　　价：58.00 元

凡所购买电子工业出版社图书有缺损问题，请向购买书店调换。若书店售缺，请与本社发行部联系，联系及邮购电话：（010）88254888，88258888。

质量投诉请发邮件至 zlts@phei.com.cn，盗版侵权举报请发邮件至 dbqq@phei.com.cn。

本书咨询联系方式：（010）88254361 或 hxz@phei.com.cn。

前　言

在这个充满机遇与挑战的时代，每位即将毕业的青年学生，都面临职业选择和发展的重大抉择。青年学生是国家宝贵的人才资源，近年来，我国大力完善针对包括高校毕业生在内的青年群体的就业创业服务体系并出台相关政策，全力促进高校毕业生高质量充分就业。

为引导青年学生树立正确的职业观、就业观、创新创业观，形成积极的职业生涯意识，挖掘学生自我成长、成才的潜能，我们编写了《职业发展与就业指导》，旨在为青年学生提供指导和启发，帮助他们更好地了解自我，规划未来，并在职业道路上迈出坚实的步伐。

一、教材的主要理念

《职业发展与就业指导》主要传达了以下理念：

一是强调职业规划的重要性。职业规划是个人发展的重要组成部分。它不仅关系到个人的未来生活质量，还与个人的成长、幸福和成就息息相关。本教材将引导青年学生认识职业规划的重要性，并鼓励他们积极参与到这一过程中。

二是正确把握就业市场的机遇与挑战。当前的就业市场充满了不确定性，但同时也蕴含着无限的可能性。本教材将分析当前就业市场的趋势，探讨如何在这样的环境中找到适合自己的职业路径，并提供实用的策略和建议，帮助青年学生在竞争激烈的市场中站稳脚跟。

三是突出创业精神的培养。创业不仅是一种职业选择，更是一种生活态度。本教材将鼓励青年学生培养创业精神，激活他们的创新思维并培养他们的冒险精神，同时指出创业过程中可能遇到的挑战并提出解决方案，帮助他们将创意转化为实际的商业成果。

四是实践与理论的结合。理论知识固然重要，但将理论用于实践，才能真正体现其价值。本教材将强调实践的重要性，并提供案例分析、实习机会和职业体验等多种形式，帮助青年学生将所学知识与实际工作相结合。

五是持续学习与自我提升。在快速变化的社会中，持续学习和自我提升是保持竞争力的关键。本教材鼓励青年学生培养终身学习的习惯，不断更新知识，提升技能，以适应不断变化的工作环境。

通过学习《职业发展与就业指导》，青年学生能够掌握职业生涯规划基本知识，合理规划个人学业和职业生涯，树立正确的学习态度与职业道德观念，培养良好的心理素质，掌握必要的求职技巧，树立创新创业意识，提升就业核心竞争力和创新创业能力，为青年学生顺利就业、适应社会及开展创新创业实践提供必要的指导。

二、教材的主要内容

《职业发展与就业指导》本着必需、够用、实用的原则，从解析职业规划和职业发展必备的能力入手，分为职业生涯规划、职业适应与发展、求职就业指导三方面，涵盖职业与生涯、工作环境探索、自我认知、职业生涯规划、职场适应、就业渠道与创业选择、就业准备与求职指导、就业程序与就业权益、把握创业机会这些内容，对青年学生职业发展与就业进行全方位指导。编者综合考虑高职多学制、课时数较少、重视技能训练、培养模式多样化等因素，使理论与实践相结合，教师讲授与学生自主学习相结合，彰显了《职业发展与就业指导》课程内容的指导性、实用性和适应性。

本教材每个模块都有明确的能力标准和学习导航，各模块的编排体现职业教育的特色，注重案例教学和实践能力的培养，理论知识的讲解深入浅出，体现出较强的针对性和可操作性。本教材紧密结合高职院校学生实际，以高素质技术技能型人才培养为目标，汲取了近年来国内外就业与创业指导的最新研究成果，对学生职业发展和就业理论进行了系统阐述。教材的特色部分鲜明地凸显了高职学生的求职特点与职业世界，它是一本帮助高职学生科学系统进行就业与创业的启发教材。同时，本教材也可以为从事青年学生就业与创业辅导的专业人员、高校教师提供一些借鉴和指导，以帮助他们更好地掌握就业与创业的要点和技巧。

三、教材的主要特点

《职业发展与就业指导》坚持落实好实现好立德树人这一根本任务，围绕高职院校“健全德技并修、工学结合的育人机制”建设，以培养适应新时代社会发展需要的高素质技术技能人才为目标，支持以课堂教学为主、个性化就业创业指导为辅、理论与实践相结合的教学模式。

《职业发展与就业指导》具有以下特点：一是思想性与专业性相结合。相较其他同类教材的知识性倾向，本教材在注重知识、技能教育的同时，更注重思想性与专业性的有机融合，突出立德树人的导向，强调以社会主义核心价值观为引领，引导青年学生树立正确的职业发展观和就业创业新观念。二是体现时代性与前瞻性。本教材选取职业发展和就业创业最新理论和知识成果、具有新时代特色的实践案例充实教学内容，并根据未来社会职业发展对职业院校人才培养的需求，引领学生积极迈向未来并不断提升个人素质与能力。三是理论性与实践性相结合。坚持以职业发展和创新创业科学理论为基础，突出实操性，重点对职业生涯规划能力、就业创业能力进行实操培养。

就业是最基本的民生，是经济发展的“晴雨表”、社会稳定的“压舱石”。党的二十大报告提出，要“促进高质量充分就业”，高质量充分就业既是高质量发展的内在要求，也是实现高质量发展的基础支撑。通过本教材的学习，希望青年学生能够更加清晰地认识自己，更加自信地面对职业选择，更加精准地把握就业机会，更加勇敢地追求自己的梦想。

让我们一起开启这段探索自我、实现梦想的旅程吧！

本教材得到了职业教育和职业指导领域的资深专家赵文平的悉心指导，许小迅等人参加了编写组织工作，并承担了大量繁重的统稿、校阅工作。同时，在编写过程中还借鉴了国内外学者的一些理论成果，在此谨向有关提供帮助的同仁和文献作者表示衷心的感谢！同时，由于各种客观和主观因素制约，教材难免存在不足之处，恳请广大读者给予批评指正，从而为推进我国的职业素质教育而共同努力。

编 者

2024 年 3 月

目　　录

模块一　职业与生涯

模块导读

青年学生正处在人生的“拔节孕穗期”，需要做好学业和职业生涯规划，不断提升学习适应能力、学业规划能力、综合学习能力，提升学业心智，了解职业、职场和职业生涯，把个人的职业生涯有效地融入社会发展进程。

社会分工的细化是职业产生的基础。社会的发展促进了职业种类的变化，就业市场瞬息万变，职业的类别不断推陈出新，同类职业的活动内容和方式也在不断变革。职业变迁有着鲜明的时代性，新时期新兴产业的发展对技能型人才培养提出了新的要求，引导青年学生增强职业认知，有利于帮助青年学生提高学业效能，提升职业素质。

能力标准

分类	具体内容
理论	1. 认知学业导航的概念； 2. 认知专业与职业的概念
技能	1. 初步学会制定职业生涯规划； 2. 学会查询专业与职业的对应情况
态度	1. 初步建立学业规划意识； 2. 初步养成职业生涯规划意识

学习导航

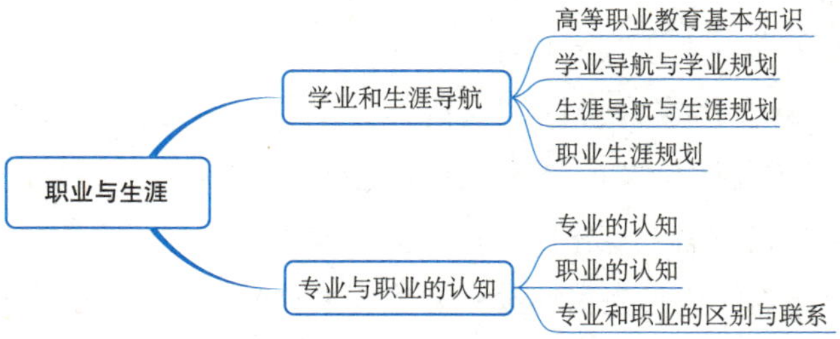

1.1 学业和生涯导航

导入案例

小王的苦恼

小王是某高校的一名学生。上大学后，远离了父母的管束，小王也没有了明确的学习目标，完成老师布置的作业后，其余时间就是在宿舍睡觉、学习。因为没有浓厚的学习氛围，他开始玩游戏、看电影，很快一个学期过去了，小王挂科了，但他并没有重视，一如既往，对未来没有规划。一晃三个学年过去了，小王面临毕业，专业成绩平平，对所学专业知识只了解一点皮毛，也没有参加社团实践活动，沟通能力、交际能力明显欠缺，导致就业时没有竞争力。这时，小王才意识到自己消极学习的后果，后悔没有及早制定学业发展目标并坚持下去，没有好好把握宝贵的学习时间。

分析：没有规划，就没有目标，遭遇就业困难是必然的。面对激烈的就业竞争，青年学生应该争取全面发展自己，认清就业形势，做好生涯规划。只有做好了生涯规划，才能树立明确的目标，从而合理地安排自己的学习和生活，最终获得成功。

一、高等职业教育基本知识

（一）高等职业教育

高等职业教育是我国高等教育的重要组成部分，高等教育包括高等职业专科教育、高等职业本科教育、研究生层次职业教育，高等职业教育是高等教育发展中的一个类型，承担着为经济社会建设与发展培养人才的使命。同时，高等职业教育也是我国职业教育体系中的高层次教育。近年来，高等职业教育不仅为广大中职毕业生构建了进入高等学校接受高等教育的“立交桥”，更是在发展中逐步形成了“专科—本科—研究生”的高等职业人才培养接续体系，成为与普通高等教育并行的系统。

1. 培养目标的职业定向性

高等职业教育以社会需求为目标、以培养技术应用能力为主线设计培养方案，培养目标具有服务于特定职业岗位群或技术领域的强烈针对性这一特点。其人才培养的主要特点如下：一是使学生习得就业谋生所必需的岗位技术能力与职业素质；二是使学生具备一生职业发展与迁移所必需的相对完整的某一专业技术领域的知识、能力与素质结构；三是尽可能在人文素质、思维方法及终身学习能力等方面，为学生成就其人生事业打好一定的基础。

2. 紧贴行业需要，服务社会需求

高等职业教育主动适应国家加快经济发展方式转变、产业结构调整和优化升级、主体功能区定位的要求，坚持以服务为宗旨、以就业为导向，立足区域办学校，围绕行业办专业，结合所在地区的经济社会发展情况和行业岗位需求开设专业，服务经济社会发展。

3. 实行“工学结合”和“校企合作”

高等职业教育以培养学生的技术应用能力为实践教学目标，在专业技术、技能课教学中，讲练结合，理实一体，实行“工学结合”，提升学生的动手能力和应用技能；实行“校企合作”，将课堂搬到模拟实验室、车间等工作环境中。

4. 产教融合，校企“双元”育人

高职院校人才培养借鉴“双元制”等模式，总结现代学徒制和企业新型学徒制试点经验，校企共同研究制定人才培养方案，及时将新技术、新工艺、新规范纳入教学标准和教学内容，强化学生实习实训。

5. 以“社会化”和“市场化”的评价体系为标准

高职教育面向社会办学、面向就业市场培养人才，教育效果的优劣主要由社会和用人单位来评价和判断。其中最重要的评价指标包括毕业生的就业率、毕业生从事岗位工作的社会认可度等。

（二）高等职业本科教育

高等职业本科是为了适应我国高级技能人才紧缺的国情，结合国际职业教育发展趋势而产生的一个新的教育体系。高等职业本科（以下简称高职本科）是全日制本科学历教育的一种，目标是培养基础理论扎实的高素质的技术应用型和职业技能型专门人才，可授予学士学位，截至2024年6月，我国已经有35所本科层次的职业技术大学，高职本科专业247个。本教材提到的“高职”，均特指“高职专科”层次。

案例 1-1

首届高职本科生毕业，走近职业本科教育

与普通本科毕业生同样的文凭和学士服、同样的拨穗仪式……2022年6月，南京工业职业技术大学2022届的903名“专升本”毕业生拿到了自己的学士学位证书（如图1-1所示），成为我国职业教育的首届本科毕业生。

“我国职业本科教育经过多年的探索创新和突破发展，2022年第一届毕业生诞生，这是我国职业教育发展历程中一个重要的里程碑。”教育部职业教育与成人教育司负责人指

图 1-1　2022 年 6 月 10 日，南京工业职业技术大学举行首届本科生毕业典礼

出，职业本科教育是教育外部需求和内部需要共同作用的必然结果，补上了我国纵向贯通的现代职业教育体系关键一环。

“职业本科学生毕业，探索出了长学制培养高层次技术技能人才的路径，标志着我国‘中职—高职专科—高职本科’纵向贯通的学校职业教育体系已经确立。”时任教育部职业教育发展中心副主任、研究员曾天山说，职业本科教育有助于优化高等教育结构，促进就业创业。

教育部职业教育与成人教育司负责人解释，职业本科教育在知识水平上要达到本科水平，在技术技能水平上要高于高职专科水平。在专业设置上，紧盯市场需求、紧密对接产业链和创新链；在教学安排上，重点培养学生专业技术能力、实践操作能力和创新创业能力。

“职业本科教育主要面向高端产业和产业高端，培养有潜力成为‘能工巧匠’‘大国工匠’的高端技术技能人才。”教育部职业教育与成人教育司负责人说。

（新华社记者徐壮、陈席元，原标题：首届本科生毕业，走近职业本科教育，新华社，2022 年 6 月 24 日）

二、学业导航与学业规划

（一）学业

《现代汉语词典》中，“学业”被解释为学习的功课和作业。对于高职生而言，学业是指在高等职业教育阶段进行的以学习为主的相关活动，既包括专业知识学习，也包括政治思想、职业道德、综合素质、职业能力、创新精神等方面的培养。

（二）学业导航及其作用

当前，部分高职生入学后存在适应性较差、缺乏学业规划、学习技能较差、学习心态不端正等方面的问题，学业质量普遍较低，亟须通过学业导航，促使高职生对自己的学业负起责任，挖掘潜能，变被动学习为主动学习，明确学习发展目标。学业导航是院校依据人才培养目标，编制学业指南，帮助高职生提升学习适应能力、学业规划能力、综合学习技能，培育学业心智，促进高职生有效学习、顺利完成学业的重要手段。具体说明如下。

1. 提升学习适应能力

开展学业导航可以有效帮助高职生提升学习适应能力。高职生在入校时，对于专业状况、自身兴趣、发展方向等缺乏准确认知。如果在这个阶段不能得到有效引导，则会在初期学习阶段造成时间损耗，进而对后续学习的进阶提升产生不利影响。大学学习、生活自由度较高，一些高职生一旦到了松弛的学习环境，便容易陷入长时间的迷茫期，导致学习动力明显减弱，同时，由于缺乏帮助，他们需要通过不断试错，才能确立学习目标，摸索到可行的学习方法。

2. 提升学业规划能力

学业规划能力是指高职生能够根据学习目标、学习任务、学习材料的性质和自身的特点选择最佳的学习策略，以实现学习目标。很多院校编撰了学业发展指南，帮助高职生尽快转变角色，找到专业的学习方法，培养正确的职业意识，尽快树立学习目标和就业目标；成立了学业导师团队，通过提供学业咨询、开展学业活动、引导朋辈导师“传帮带”等形式，面向高职生开展学业生涯规划、职业生涯规划、学业压力应对方法指导等一系列活动。

3. 提升综合学习技能

综合学习技能是指综合利用各种学习方法进行高效学习的能力。高效学习可从学习过程快速、学习方法科学、学习策略运用适当、自感学习有乐趣、学习结果高质量等几方面来衡量。高职阶段课程学习的难度、深度、广度远远超过中学阶段，为了做到高效学习，学习方法、学习习惯、自我学习能力、时间管理能力需要系统训练。

4. 培育学业心智

不同学段的高职生具有不同的心智模型，学习的心理机制、学习的自我效能感、学习动力、学习兴趣等都是影响学业心智的重要因素。学习过程注重目的性和有效性，具有超前适应性，需要认知能力、情感动机、动作技能等的综合运用。积极的情感、态度和行为习惯是有效学习的必备条件。开展学业导航可以引导高职生发挥自觉性和主观能动性，以一个积极的探究者身份进入学习情境，从而收获较好的学业成果。

学业导航的主要形式是邀请优秀教师、优秀同辈进行座谈、帮扶、解惑，主要内容包括专业认知、学业规划、学习适应、学业能力提升、学习生活等方面。

（三）学业规划

1. 学业规划的概念

学业规划是指个体依据自身的特点、兴趣及学业前景确定自己的学业目标，按照一定的原则、方法、步骤制定在校学习阶段的目标和实施方法的过程。高职生进行学业规划具有很强的实践和理论意义，学业规划的作用如下：

（1）有利于高职生顺利度过大学适应期。

（2）有利于高职生正确认识自我，明确奋斗目标，提高生活与学习的主动性。

（3）有利于高职生更好地完成学业，提升自己的能力和综合素质，提高就业竞争力。

2. 学业规划的特点

对于高职生来讲，学业规划有如下特点：

（1）独特性。学业生涯是高职生依据自己的人生理想，为了实现自我而逐渐展开的一种独特的学习历程。每个人的生涯发展都是独一无二的，学业规划也是如此。

（2）发展性。高职生在校学习的不同阶段会有不同的要求，这些要求会不断地发展、变化，学业规划也会随之发展、变化。

（3）综合性。学业规划以高职生角色的发展为主轴，也包括其他与学习有关的角色。

3. 高职生学业规划的阶段划分

（1）第一阶段——大学一年级。这一阶段的高职生要进行自我评估，适应新环境，为后续阶段打下坚实基础。在这个阶段，高职生可以在教师和辅导员的指导帮助下全面分析自己，确立学习目标。同时，还要尽快熟悉环境，结交朋友，认识教师，建立新的人际关系，积极参加各种社团活动，提高人际沟通能力和文明素养，培养自主学习能力。

（2）第二阶段——大学二年级。这一阶段的高职生要认真学习专业知识，培养实践能力和创新能力。高校在这个阶段会开设主要的专业技能课，高职生应结合社会需求，注重专业知识学习，培养专业技能；通过校内外各种实践活动全面提升自己，发现自己的优势与劣势，分析成功的原因，保持优势，找出欠缺之处及原因，不断改进。在这个阶段，高职生应注重培养自己的创新能力、组织管理与社会活动能力、沟通能力及团队协作精神，尽可能全方位地展示自己的才能。

（3）第三阶段——大学三年级。这一阶段的高职生要积极投入岗位实习，培养就业能力和创业能力。高职生在大学三年级要到企业生产岗位进行实习锻炼。实习期间，应认真接受学校指导教师的辅导和实习单位技术人员的现场指导，认真完成实习计划，为毕业后迅速适应工作打下基础。这个时期，高职生要重视培养就业能力与技巧，通过实习，从宏观上了解企业的运作模式、工作流程，从微观上明确个人的岗位职责与规范。

4. 高职生学业规划的制定和实施

（1）制定学业规划的步骤。

第一，明确自身优势。了解自己的兴趣、特长、性格、职业价值观，评估市场需求、专业前景和行业动态、就业趋势，明确自身的优势与劣势，这是制定学业规划的基础。

第二，确立职业目标。根据自己的优势和客观条件，确定自己的职业定位和发展目标，做到人职匹配，这是制定学业规划的关键。

第三，制定学习方案。包括课程学习目标、掌握哪些技能、参加哪些社会实践活动、如何提高学习效率、如何挖掘自己的潜能、怎样克服困难和障碍、时间如何分配等方面。

第四，调整修正目标。现实社会中存在许多不确定性因素，这就需要学业规划具有一定的弹性，以便自己及时反省并修正学业目标，变更实施方案与计划。

（2）细化和实施学业规划。

当学业总目标确定后，就需要逐步分解学习目标。一般情况下可依照这样的思路进行分解：三年学习的总目标——一年的学习目标——一个学期的学习目标——一个月的学习目标——一周的学习目标——一天的学习目标。这样可以使总体学业规划落实到学习生活的每一天，确保高职生有条不紊地实现学业目标。

对于高职生来讲，制定学业规划时应遵循可行性原则、可调节原则、最优化原则和共性与个性相结合原则。

案例 1-2

某高职生的学业规划

一、前言

“明其志，方能知其所赴！”

“少壮不努力，老大徒伤悲。”与其浑浑噩噩地虚度三年的光阴，不如抓紧时间为自己“充电”。为更有效地完成大学三年的学习，把握好自己的未来，现制定如下学业规划，以便时时鞭策自己，奋发前行。我相信我能够绘出自己的绚丽色彩！

二、自我分析

1. 基本情况

兴趣爱好：阅读军事、人文历史类图书，参加户外活动，看新闻类电视节目等。

性格：偏外向。

人生格言：强者制造机会，弱者等待机会。

2. 主要优点

（1）有理想、有激情、有自信、有原则。

（2）遵纪守法、尊敬师长、热爱学习，团结同学、乐于助人，严于律己、做事认真、态度端正、有责任感，热爱生活、乐观向上。

（3）重视“变”有常新，注重“量”的积累，重视“度”的衡量，有自知之明，喜欢别人给自己提意见。

（4）有学习借鉴、自我优化的能力；对他人有真诚的友爱之心，豁达开朗；喜欢动手实践，兴趣广泛，敢于探索。

3. 主要缺点

（1）体型显得太单薄。

（2）口才一般，交际能力有限，无演讲经验。

（3）英语、计算机应用能力一般。

大学三年中，要扬长避短，进一步发展自己的长处与优势，提升与他人沟通交流的能力，积极参加学校各项活动，增加自信。努力学好各门课程，不偏科。

4. 其他

做事冲动，经常后悔不已，但事后能够积极反省、对症下药，迅速找到解决办法，避免再次发生类似情况。

三、大学三年的规划

1. 大一阶段

（1）尽快适应大学生活，培养自主学习能力，学会利用图书馆和网络资源。

（2）初步了解自己所学的专业，以及社会对本专业高职人才的需求情况。

（3）锻炼身体。每天坚持晨练，积极参加学校的阳光体育活动，参加羽毛球俱乐部。

（4）努力学习计算机相关知识，提高英语水平。大一第二学期通过高等学校英语应用能力考试、计算机等级考试。

（5）继续培养广泛的兴趣爱好，扩大知识面。

（6）竞选班干部和学生会干部，积极参加学生会和各种社团活动及学校组织的集体活动，增强人际交往能力。

2. 大二阶段

（1）大二第一学期参加全国大学英语等级考试。

（2）培养对专业的学习兴趣，努力学好专业必修课和选修课。

（3）根据职业岗位要求，学习相关知识。

（4）积极参加社会实践活动，不放弃任何一个锻炼自己的机会。

3. 大三阶段

（1）搜集各种相关职业信息，积极寻找和发现机会，为就业或创业做好准备。

（2）认真参加企业顶岗实习，锻炼自己的实际工作能力。

（3）深入思考，理论联系实际，完成毕业设计。

（4）学会制作个人简历与撰写求职信，进行面试训练，提升求职与应聘能力。

三、生涯导航与生涯规划

（一）生涯

“生涯”最早见于庄子所说的“吾生也有涯，而知也无涯”。生涯是人的生命意义时间的全部历程，即一生的意思。生涯包括一个人在职前、在职中及退休后的生活中拥有的各种职位、角色的总和。生涯有狭义和广义之分：狭义的“生涯”是指与个人终生所从事的工作或职业相关的过程；广义的“生涯”是指包含非职业性活动的生活中的其他方面。生涯具有如下特点：

（1）独特性。每个人都有独特的生涯发展形态，生涯是每个人独有的。

（2）终生性。生涯发展是人一生中连续不断的过程，每个人在人生不同的阶段，都有自己不同的追求和任务。

（3）综合性。生涯是人生扮演的各种角色的整合，涉及人生整体发展的各个层面。

（二）生涯导航

生涯导航旨在引导人们作出科学的生涯规划，使其得到心灵上的引导、思想上的启迪、行动上的指导。

在学校中开展生涯导航教育，建立高职生发展指导制度，可以引导高职生自觉培养和完善思想道德素质、身心素质、职业素养与创业创新能力，从而加强对高职生的理想、心理、学业、职业等多方面的指导，并为高职生提供更多的选择。具体来说，开展生涯导航教育，可以引导高职生深入思考学业和职业发展的关系，尽快适应大学生活，合理规划大学生活，正确定位人生航向；可以帮助高职生做好求职择业的心理、能力和专业准备；可以帮助高职生了解和认识社会；可以帮助高职生做好认知未来、迎接未来、开创未来的心理和能力准备。

在企业中开展生涯导航教育有两重作用：一方面，能使高职生了解企业的发展战略、人力资源供求情况、人才培养举措等，进而引导高职生将职业生涯规划与企业发展相结合。另一方面，便于企业了解高职生的性格、能力、潜能、价值观、成才需求等，帮助企业制订更为精准的人才培养计划，促进企业与高职生之间的互动沟通，使双方能更好地协调一致，共同推动企业发展。目前，许多企业都加大力度为高职生的学习培训、技能提高等提供财力投入和政策注入，引导高职生不断提升业务能力，保持健康的心理品质，积极融入企业文化。

（三）生涯规划

生涯规划是一个人对自己一生发展道路的设计和规划，是对影响人们生涯发展的经济、社会、心理、教育、生理等各种因素的选择和创造。其通常建立在个体对自我全面、深刻的认识的基础上，并需要结合职业发展的一般性特点，在个人发展和组织发展相结合的基础上，通过对生涯发展的主客观因素进行分析研究，从而确立个人的生涯奋斗目标，并为实现这一目标而预先进行的系统安排或活动的过程。

生涯规划的主要作用有：

（1）以既有的成就为基础，确定人生的方向，提供奋斗的策略。

（2）挣脱生活的束缚，塑造清新、充实的自我。

（3）准确评价个人的特点和强项。

（4）评估个人目标与现状的差距。

（5）准确定位职业方向。

（6）重新认识自身的价值并使其增值。

（7）发现新的职业机遇。

（8）增强职业竞争力。

（9）将个人、事业与家庭联系起来。

（10）扬长避短，发挥职业竞争力。

（11）了解就业市场，科学合理地选择行业和职业。

（12）提升个人实力，获得长期职业发展优势。

（13）尽快适应工作，提高工作满意度，实现事业的成功。

生涯规划的内容主要包括学业规划、职业规划、生活规划、家庭婚姻规划和财务规划等。

1. 学业规划

“活到老，学到老”这一理念在当今社会尤为重要，在未来的学习型社会更是如此。学业规划是生涯发展规划的重要组成部分。适合自己的学习内容、时间安排、学习方法等，都是学习规划的内容。

2. 职业规划

随着社会的发展和竞争的日益激烈，职业不再像过去那样一成不变。在职业变换时，人们往往无所适从，盲目跳槽，不仅浪费了精力，而且还浪费了大量的时间和财力。如何选择自己喜欢、适合自己，并能充分发挥自己潜能的职业，这是职业规划最重要的任务。

3. 生活规划

生活规划是针对生活中的问题进行的规划。人应该怎样活着？以什么心态活着？如何面对生活中的压力？如何调节自己的情绪？怎样度过退休后的生活？……这些都是生活规划要解决的问题。

4. 家庭婚姻规划

如何找到适合自己的终身伴侣？如何知道对方是否适合自己？如何做到性格互补？怎样在价值观、信念体系上达成一致？如何组建一个幸福的家庭？如何使婚姻成为爱情的天堂而不是坟墓？怎样处理婚姻中的矛盾？吵架了怎么办？冷战会有什么后果？怎样挽救破裂的婚姻？……这些都是家庭婚姻规划要解决的任务。

5. 财务规划

财务规划是以个人需要和财务状况为出发点，使财务从健康到安全，从安全到自主乃至自由的设计和管理过程。财务规划主要包括收入来源，收入和支出如何分配，多少钱用来维持日常生活，多少钱用来投资教育、保险，等等。

四、职业生涯规划

（一）职业生涯的含义

著名生涯学家沙特尔认为，职业生涯是指一个人在工作生活中所经历的职业或职位的总称。麦克·法兰德指出，职业生涯是指一个人依据理想的长期目标所形成的一系列工作选择以及相关的教育或训练活动，是有计划的职业发展历程。各种定义都把职业生涯作为个人经历来界定，所以可以将其简单概括为“职业生涯是个体职业发展的历程”。

综合以上的观点，职业生涯的基本含义如下：

（1）职业生涯是个体概念。职业生涯是个体的行为经历，而非群体或组织的行为经历。

（2）职业生涯是职业概念。职业生涯实质上是指一个人一生中的职业活动或经历。

（3）职业生涯是时间概念。职业生涯期起始于最初工作前的专门的职业学习和训练，终止于完全结束或退出职业工作。不同个体之间的职业生涯期存在很大的差异，有长有短。

（4）职业生涯是发展概念。个人职业内容和职位是不断发展变化的。职业生涯不仅表示职业工作时间的长短，而且包含职业变更与发展的经历和过程，以及从事何种职业、职业发展的阶段等内容。

职业生涯是对个体职业生活的记录。只要有工作经历、有职业生活内容，无论从事何种职业、具有何种素质和业绩水平，他（她）都拥有属于自己的职业生涯记录。

（二）职业生涯的特征

（1）独特性。每个人都有自己的职业发展条件、职业动力、个人需求、职业选择、职业发展路径。

（2）动态性。每个人的职业生涯都是一种发展的、演进的动态过程，一方面，个人的知识技能不断增强，薪酬水平会相应增加，职务也会不断改变；另一方面，个人和企业之间也会从最初的磨合到相互接纳再到共同发展。

（3）阶段性。个人的职业生涯发展过程有着不同的发展阶段，组织应该就员工职业生涯各个阶段的状况，进行有针对性的开发与管理，调动其工作积极性。

（4）互动性。职业生涯是个人与他人、环境、组织和社会之间互动的结果。个人职业生涯的发展无法脱离客观环境的影响和制约，二者存在非常强的交互作用。

（5）整合性。职业生涯具有整合性，涵盖人生整体发展的各个层面，而非仅仅局限于工作或职位。

案例 1-3

三年聚焦目标学习　毕业顺利入职国企

北京农业职业学院市场营销专业2015级毕业生李小刚，在参加毕业典礼的时候，将一封信寄给了自己的班主任魏老师。他坦言，三年的高职时光转瞬即逝，有太多地方值得反思和总结。

1. 专业与自学

高职的学习是一种与高中完全不同的半开放式的学习，这就要求高职生必须有明确的学习目标，有更强的选择辨别能力和自学能力。在学校的三年，我一直把学习文化知识作为主旋律，获得了国家励志奖学金。同时，我利用课余时间报考了北京邮电大学电子商务专业的成人教育本科。

2. 思想与能力

大学一年级军训一结束，我就向党组织递交了入党申请书，以后我坚持每月写思想汇报。我用实际行动赢得了同学们的支持，得到了组织的认可，通过六次党课培训，多次被评为“优秀团员”“优秀学生干部”和“三好学生”。

3. 爱好与特长

我在闲暇时经常打乒乓球、羽毛球，这些活动不仅让我放松了心情，还加深了与同学们的感情。

这些努力终于成就了现在的我。在毕业季，我通过面试顺利进入首农集团，担任电子商务运营专员。在这个岗位上，我积极完成领导交办的任务，并且运用营销学专业技能增加了新品的销量。企业为我提供了大量的培训机会，使我尽快成长起来。

分析：做任何事情都要有一个明确的计划和准备，否则难以产生良好的效果。李小刚从进入高职院校开始新的学习生活，就充分利用校园资源开展有针对性的学业规划，最终获得了用人单位的认可。这个过程看似漫长，但是一步一个脚印走来，也是需要付出很多努力的。在校期间是一个人求知的关键时期，在良好学习氛围的熏陶下，高职生不但要实现知识技能的提升，更重要的是要学会为人处世，学会参与社会活动，为将来走向工作岗位打下坚实的基础。向着自己的目标前进，充实地过好每一天，只要无悔，便是成功。成才是一个漫长的积累过程，高职生必须执着进取、踏实奋斗，才有望感受到成功的喜悦。

（三）职业生涯规划的步骤

职业生涯规划可以分为自我评估、环境评估、确定职业目标、职业生涯策略、评估与反馈五个阶段。

（1）自我评估。自我评估是职业生涯设计的起点，目的是认识自己、了解自己。只有正确认识、了解自己，才能对自己的职业生涯目标作出最佳抉择，选择自己适合的职业，选定适合自己发展的职业生涯路线。自我评估包括对自己的兴趣、特长、性格、学识、技能、智商、情商、思维方式、思维方法、道德水准，以及对社会中的自我等进行评估。发掘自己的潜能，悦纳自我、成就自我。

（2）环境评估。外部环境对职业发展有着不可忽视的影响，因此对外部环境进行整体分析尤为重要。评估内容包括三方面：一是对社会就业环境和人事人才政策、社会变迁和技术发展、社会观念转变，以及思维的变革等方面的评估。二是对职业环境的分析，认清规划的职业在社会大环境中的发展状况、技术进展、未来趋势等。三是对企业环境如企业文化、发展前景、产品服务、员工素质等的主动观察和认知。

（3）确定职业目标。不同的职业岗位有不同的职业素质要求。高职生正处于人生的个性塑成期，只有明确我是谁？我想做什么？我会做什么？环境支持或允许我做什么？我的职业生涯规划是什么？才能全面、客观地认识自我，发现自身的性格特质和优点，扬长避短地匹配职业，从而增强择业信心，减少试错成本，主动谋划和调整职业规划，最终取得未来职业生涯的成功。

（4）职业生涯策略。职业生涯策略是指为实现职业生涯目标而采取的行动计划，一般都是具体的、可行性较强的。这里所指的行动主要是指落实目标的具体措施，包括教育、培训、实践等方面。例如，在职业素质方面，计划学习哪些知识，如何提升与人合作、信息处理、外语应用、交流表达、思维创新等职业核心技能。

（5）评估与反馈。通过监测评估，包括过程性评估、结果性评估、360 度反馈评价等方式，或自我监测评估和他人监测评估两种手段对职业生涯规划进行评估与反馈，可以保障职业生涯规划方案的有效实施。

人的社会价值主要通过职业生涯得以实现。职业生涯规划是生涯规划的一部分，是对个人职业生涯的核心价值取向、发展目标预期、战略阶段规划、实现路径设计和具体策略调整等一系列活动的总称。职业生涯规划的目的不仅是找一份工作，达到和实现个人目标，更重要的是帮助个人真正了解自己，筹划未来，确定人生奋斗方向，深入认知内、外环境的优势和限制，在“衡外情，量己力”的情形下设计出合理可行的职业生涯发展规划。“凡事预则立”“不打无准备的仗”“集中力量挖一口深井”，这些谚语无不告诉我们，结合自我实际，及早制定目标，朝目标集中进发，能较快地达成目标。因此，高职生在自我评估、外部环境分析的基础上，及早选择自己的职业方向，确立职业生涯发展目标，进行职业生涯规划，对自己的职业生涯大有裨益。

案例 1-4

迈入大学即开启职业生涯规划

美国乔治敦大学教育与劳动力研究中心发布了研究报告，该报告分析了后工业时代经济的复杂性与高等教育的变化，提出了连接高校和职场的路径。

（一）关注大学教育与学生未来就业的相关性

如今，高等教育越来越难以同时满足大学生、职员、企业管理者三方的需要。自上而下的大学运营方式和碎片化的服务是工业时代的典型代表，已无法适应后工业时代的服务型经济。高等教育服务不仅要在质量、创新、个性化方面得到提升，还需更加方便快捷。

此外，经济复杂性带来的变化还表现在职业种类、课程类型、院校和学生数量都数倍或数十倍地增加。受教育方式的变化带来了更多的选择，却也使人们更难以抉择。

（二）文凭或许无法代表具体岗位的职业能力

如今的大学文凭已不再是过去大学扩招前的大学文凭了。如果说过去企业管理者们还可依据文凭来衡量个人的能力并选聘员工，但今天他们恐怕难以仅凭此作出判断。

从长远来看，清楚在课程学习中所掌握的一般性能力和具体能力有助于个人做好职业准备，从职业视角来评估大学课程具有重要性。但是，认识和理解四个教育与就业的法则（受教育程度越高，收入一般也越高；不同专业会带来不同收入；受教育程度低，收入也可能会高；课程间的相同之处或许仅是名称）也至关重要。

（三）教育规划、课程学习应与劳动力市场对接

大学应怎样帮助学生更好地规划职业发展？美国建立了不同的职业路径平台和数据库：

第一类职业路径是教育规划、企业扩容和劳动力质量的连接。

第二类职业路径是大学课程学习与劳动力市场的对接。

第三类职业路径是课程与具体工作的对接。

第四类职业路径是就业指导信息与职业路径的对接。

第五类职业路径是职位与所需技能的对接。

（作者：高黎，选自《中国教育报》2018 年 06 月 29 日，内容有所改动）

活动与训练

畅想二十年——新闻发布会

一、训练目标

通过畅想 20 年后的你，初步思考你的职业生涯，了解职业生涯的内涵。

二、程序与规则

1. 你对 20 年后的生活有憧憬吗？是否仔细想过 20 年后的你是怎样的？大家来畅想一

下 20 年后的自己吧。

2. 4～6 人一组，选择一个共同关心的主题，如 20 年后的自己处于人生的什么位置？是怎样达到这个程度的？假如你畅想的是 20 年后成为某集团的人力资源总监，那么需要具备什么素质？什么能力？小组成员共同搜集信息，确保畅想内容的合理性。

3. 同一小组的成员不但要搜集自己所畅想的内容信息，还要集思广益，设想记者团可能会提出的问题，以便做好准备，接受记者团的提问。

4. 每一小组成员针对其他各组的主题设想出 3～5 个问题，并选出 3 个问题作为对其他组发言的提问。

5. 每一小组中，选出 1 名同学作为新闻发言人，2 名同学作为记者，新闻发言人根据本小组的畅想情况进行发言，记者负责收集小组成员对其他小组发言提出的问题。

新闻发言人的职责：用 5 分钟来讲述你“20 年的畅想”的内容，然后再用 5 分钟的时间接受记者的采访，回答记者的提问。

记者的职责：根据新闻发言人的主题进行提问，可以由你们小组成员共同提出，也可以根据新闻发言人的内容现场提出你认为重要的问题。

三、讨论

1. 在畅想活动中，你看到的 20 年后的景象是什么？

2. 你的理想与现实之间存在的主要差距是什么？

3. 怎样才能实现你的理想？

四、总结

通过对自己理想职业生涯状态的畅想，能了解自己期待的职业生涯愿景，初步觉察自己的职业生涯状态，树立正确的职业生涯规划意识。

探索与思考

1. 谈谈你对高等职业教育的认知。这种教育有什么特点？

2. 高职生应如何做好学业规划？

3. 什么是生涯？生涯规划和职业生涯规划概念的区别是什么？

1.2 专业与职业的认知

导入案例

专业与职业

小周是一位来自山区、家庭经济困难的大学生，学业成绩一直非常优异。上大学被调剂到了自己不喜欢的专业，感到心中茫然，学习没有动力，生活没有目标。有时想到辍学在家的妹妹和年迈的父母，他也恨自己不争气，可自己找不到奋斗的目标与学习的动力，学习上得过且过，生活上马马虎虎，漫无目的。他也不知道如何才能摆脱这种状态。

分析：对专业和职业缺乏认知，是造成小周学习动力减弱的原因。小周尚未进入社会，一是感受不到职业人士的紧迫感和危机感，二是在心理上容易产生盲目性，无法正确地认识所学专业，无法把握自己的职业方向。有人认为专业和职业是一致的，学什么将来就从事什么。事实上，专业不等同于职业，专业的学习将为未来从业奠定基础，但职业更看重个人综合能力，除了专业知识，沟通、交流、统筹、分析、创意、执行、管理等知识也是走入职场不可缺少的。

一、专业的认知

（一）专业的概念

专业，是高等和中等专业教育培养学生的各个专门领域、高等学校和中等专业学校根据社会分工需要而划分的学业门类，是大中专院校为满足社会分工的需要而进行的分类，如机械工程、土木工程、汽车工程等专业。潘懋元、王伟廉在《高等教育学》中提出：专业是课程的一种组织形式。学生学完专业所包含的全部课程，就可以形成一定的知识与能力结构，并获得该专业的毕业证书。职业教育的专业是基于职业所需的各项专门能力设立的。可以说，职业教育的“专业 ”是根据社会职业岗位对人才的需求和学校教育规律与培养的可能而设置的人才培养的学业门类。学生按专业进行学习，形成了自己在某一专门领域的专长，为未来职业活动做准备。每一个职业教育专业都有明确的职业面向（如表 1-1 所示）。

表 1-1　汽车电子技术专业职业面向

所属专业大类（代码）	所属专业类（代码）	对应行业（代码）	主要职业类别（代码）	主要岗位群或技术领域举例	职业资格证书和职业技能等级证书举例
装备制造大类（57）	汽车制造类（5607）	计算机、通信和其他电子设备制造业（39） 汽车制造业（36）	电子器件制造人员（6-25-02） 电子设备装配调试人员（6-25-04） 汽车整车制造人员（6-22-02）	汽车电气系统标定员 产品试验和系统调试员 产品检验和质量管理员 生产管理技术员	电气试验员 电子元器件检验员 汽车检测员

2021 年，中华人民共和国教育部（以下简称“教育部”）颁布了《职业教育专业目录（2021 年）》，该目录统一采用专业大类、专业类、专业三级分类，一体化设计中等职业教育、高等职业教育专科、高等职业教育本科不同层次专业，共设置 19 个专业大类、97 个专业类、1349 个专业，其中中职专业 358 个、高职专科专业 744 个、高职本科专业 247 个。

（二）专业的功能

1. 人才培养的功能

各行各业都需要训练有素的高素质人才。职业教育主要倾向于应用型、复合型人才的培养，能满足各用人单位对高层次技术技能人才的需求。专业的人才培养功能主要体现在个体的人格塑造、社会适应力的培养和一定规格人才批量供应等方面。

2. 科学研究的功能

高职院校通过不断地获取最前沿的知识、技术、工艺等，拓展自身在专业领域、技能领域的认知深度。专业的科学研究功能是指本专业人才通过研究分析推动科学理论和技能知识的继续发展，并不断加以总结拓展和体系化，使本专业领域的科学理论水平、认知水平不断提高。

3. 社会服务的功能

高职院校以院校自身的理念创新、内涵提升和资源整合等作为基础条件，提升师资队伍素质、服务水平，增强实力，和行业企业融合，通过划分不同的专业更好地为各类职业知识和技能的需求者提供技术具体的服务、培训，有针对性地帮助劳动力提升专业技能等。

二、职业的认知

受传统职业教育观念的影响，人们普遍认为学校就是知识的殿堂，高职生要专心学习，等到学有所成再谈论职业。因此，大多数高职生对社会上的各行各业所知甚少，“职业”对他们来说，还是一个非常陌生的概念。

（一）职业的概念

职业是社会分工的产物，指从业人员为获取主要生活来源而从事的社会性工作类别。社会学强调，职业是社会分工体系中的一个社会位置，一般不是继承性的，而是获得性的。“职业”就是劳动者获得的社会角色，是与劳动分工体系中某环节产生联系的劳动者获得的社会角色，是劳动者的社会标志。经济学意义上的职业强调同劳动的精细分工紧密联系，认为劳动者相对稳定地承担着某项具体的社会劳动分工，或者较稳定地从事某类专门的社会工作，并从中获取收入，这种社会工作便是劳动者的职业。

综上，职业是劳动者从事的相对稳定并赖以生存的工作，是劳动分工体系中的一个环节，职业是与劳动分工体系中某环节产生联系的劳动者获得的社会角色，是与劳动分工体系中某环节产生联系的劳动者的社会标志。

（二）职业的特征

职业是社会分工体系中的一个环节，不同的职业有着迥然不同的工作内容，但也相互联系，并呈现出一些共同特性，即社会性、经济性、时代性、专业性和相对稳定性。

1. 社会性

每一种职业都体现了社会分工的细化，不同的社会成员必须在一定社会构成的不同职业岗位上工作或劳动。职业不仅体现了劳动力与劳动资料之间的结合关系，也体现出劳动者之间的关系。同时，劳动产品的交换体现的是不同职业之间的劳动交换关系。这种在劳动过程中结成的人与人的关系无疑是社会性的，这反映了职业活动、职业劳动成果的社会属性。

2. 经济性

职业的经济性也称职业的功利性，职业活动最基本的目的是获得谋生的经济来源。劳动是人们谋生的手段，人们从事一定的职业活动能够获取生存必需的物质资料，同时也满足社会发展的需求。因此，职业具有满足个人需求的个人功利作用和满足社会需求的社会功利作用。

3. 时代性

职业随着时代的变化而变化，在不同的时代和社会发展阶段，其种类、数量、活动内容、活动方式和内部分工也不同。生产力的不断发展决定了职业的发展变化，其表现为新的职业不断产生，一些无法适应时代需求的职业逐渐消失，或因时代需要而获得新的内涵。每个时代的热门职业也有不同，这反映了不同时代政治、经济、社会等方面的特点。

4. 专业性

随着生产力的发展和科技的进步，社会分工越来越细化，劳动专业化程度越来越高，职业的专业性也越来越强。职业的专业性既包括知识性、技术性，也包括规范性。职业的知识性和技术性是指每种职业都需要一定的知识含量和技术要求，从事某种职业的人员在职业活动中必须掌握或具备特定的知识和技术。职业的规范性包含两层含义：一是指职业内部的规范操作要求；二是指职业道德的规范性。

5. 相对稳定性

职业的稳定性是相对的。职业在生命周期内是稳定的，但随着社会的发展，人们需求的变化，会不断产生新的职业，淘汰旧的职业。尽管不同的职业存在时间长短不同，但它们在一定阶段内不会消亡，具有相对的稳定性。因此，劳动者从事某种职业是连续的、相对稳定的。职业的相对稳定性有利于人们学习并掌握相关的劳动知识和技能，提高劳动熟练度，从而提高劳动生产率。

（三）职业分类

职业分类就是按一定的规则、标准及方法，把一些特征相同或相似的社会职业，纳入一定的分类系统中去的过程。梳理职业分类有助于进行人力资源的开发、配置，促进就业，为学校提供人才培养的依据。

1999 年，我国第一部职业分类大典——《中华人民共和国职业分类大典（1999 年版）》颁布，命名。由于经济社会的不断发展，我国社会职业构成发生了很大变化。为适应发展需要，国家先后于 2015 年、2022 年颁布了两次大典修订版。2022 年 7 月，人力资源和社会保障部等部门颁布了新修订的《中华人民共和国职业分类大典（2022 年版）》。新版大典收录职业系类 1639 个，如表 1-2 所示。

表 1-2 《中华人民共和国职业分类大典（2022 年版）》的职业划分

大类序号	大类名称	中类	小类	细类（职业）	工种
第一大类	党的机关、国家机关、群众团体和社会组织、企事业单位负责人	6	16	25	
第二大类	专业技术人员	11	125	492	
第三大类	办事人员和有关人员	4	12	36	24
第四大类	社会生产服务和生活服务人员	15	96	356	460
第五大类	农、林、牧、渔业生产及辅助人员	6	24	54	150
第六大类	生产制造及有关人员	32	172	671	2333
第七大类	军队人员	4	4	4	
第八大类	不便分类的其他从业人员	1	1	1	
合计		79	450	1639	2967

《中华人民共和国职业分类大典（2022 年版）》标注了 97 个数字职业，占职业总数的 6%。同时，延续 2015 年版大典对绿色职业标注的做法，标注了 134 个绿色职业，占职业总数的 8%。其中既是数字职业也是绿色职业的，共有 23 个。

职业教育培养的技能人才主要集中在第三、第四、第五、第六大类职业，第七大类也有分布。第二大类有少量的技术技能类人才可由本科层次的职业教育培养。

案例 1-5

绿色职业和数字职业

一、绿色职业

绿色职业的定义源于 2008 年联合国环境规划署与国际劳工组织共同发布的《绿色职业：在一个可持续的、低碳的世界里实现体面工作》报告，该报告将绿色职业定义为在农业、制造业、研发部门、管理和服务业领域有助于持续保护和恢复环境质量的职业。主要指那些帮助保护生态系统和生物多样性的工作；通过高效的方式减少能源、材料和水源消耗的工作；减少或避免所有形式的废弃物和污染物产生的工作。

亚洲商业委员会（Asia Business Council）预计到 2030 年，全球绿色职业岗位数量将达到 1 亿个，相关就业人数大概占将来劳动力的 2%。例如，在韩国，工业中出现的绿色职业包括太阳能光伏研发人员、海洋生物能源研究人员、地热系统开发工程师、风力发电研发人员、碳捕捉和储存研究人员、温室气体审核师、海水淡化研究人员、高级水处理研究人员、LED 设备工程师、LED 照明系统工程师、LED 热防护系统工程师、混合燃料电池研发人员、混合动力系统开发人员、海洋环境管制专家、船用代用燃料研究人员、环保型船舶设计人员、智慧城市规划师、智慧城市基础设施操作员、建筑能源顾问。

二、数字职业

数字职业是伴随数字经济、数字技术出现的新职业类群。现有文献中对数字经济、数字技术、数字劳动等多有阐述，但鲜见有关数字职业内涵与特征的界定。

数字技术产业化和产业技术数字化是判定数字职业的两个基本视角。数字技术产业化是指由数字技术衍生拓展所形成的生产和服务组织方式，如云计算、大数据等；产业技术数字化是指在原生产技术和新兴技术嵌入数字技术或与数字技术深度融合衍生拓展所形成的生产和服务组织方式，如智能制造、增材制造等。

数字职业不是某个具体职业的称谓，而是以数字技术及其应用为表征、体现数字经济业态的一个职业范畴。这些职业具有以下特征：一是与数字经济业态发展相一致，数字职业涵盖数字技术产业化和产业技术数字化两个层次。二是数字职业是“职业簇”“职业链”的概念。三是在数字素养公民化、全球化时代，标识为数字职业的从业者是需经过系统教育或专门培训才能胜任工作的人员，即高度专业的数字人才。四是数字职业能力素质的要求具有特殊规定性。

（四）职业的功能

1. 人生功能

职业的人生功能，是指职业在人生成长过程中所产生的作用。职业对于从业者个人来说具有多种作用。第一是经济作用。职业是个人收入的主要来源，也是生存的主要手段。第二是社会作用。职业使个人处于社会劳动关系中并获得社会化，使个人获得并承担社会关系网络中的一定角色。第三是教育作用。职业促进个人发展，塑造人的个性，每种职业都会给从事这种职业的人留下革新痕迹，并改变他们对人生的看法。第四是职业提供给人们心理和精神上的满足，包括成就感、自我实现和自我认同感。

2. 社会功能

职业的社会功能，是指职业在社会发展过程中所产生的作用。职业对社会具有多种功能，如具有促进社会分工和社会进步的功能，是增加社会财富和劳动者福祉的主要手段；是弱势群体和处于不利地位的群体生存的主要依赖；职业的分化和演变使社会得以完成分层、选择和控制；职业之间的相互依赖与合作又能促进不同阶层的人们完成融合，促进社会和谐稳定。

知识链接

关注新职业

在我国，新职业是指经济社会发展中已存在一定规模的从业人员、具有相对独立成熟的职业技术技能，且未被最新出版的《中华人民共和国职业分类大典》收录的职业。新职业包含全新职业和更新职业两类：全新职业是随经济社会发展和技术进步而形成的新的社会群体性工作；更新职业是指原有职业因技术更新而产生较大变化，其从业方式也已发生质的变化。

一个“新行当”要正式成为新职业有着严格程序，首先要论证这个“行当”能不能成为被社会承认的正式职业，从事这个职业需要什么标准。简单来说，可根据从业规模、劳动报酬、发展前景这三个方面来判断一个“行当”是否能被称为新职业（如图 1-2 所示），经过初步论证可行后，组织专家论证确定该职业的正式定义、从业资格、考核标准、职业等级等一系列书面材料，再上报人力资源和社会保障部审批。在我国，新职业一般要求有不少于 5000 人的从业人员，并要求具备稳定性和独特技术性。

随着市场需求的迸发和技术的变革，当前中国正处于一个新职业潮涌的时代。通过粗略梳理不难发现，新兴职业大量集中于现代服务业，职业化程度越来越高，带有明显的互联网属性。新职业不断满足人民对美好生活的需要，提升人民幸福感，加快社会进步。

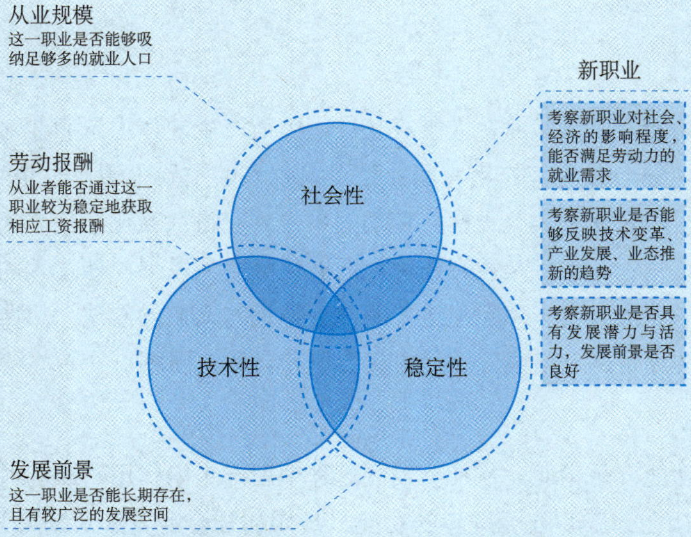

图 1-2　新职业的初步判断

三、专业和职业的区别与联系

专业是学业门类，职业是社会分工，二者是不同范畴的概念，它们之间的联系在于职业能力（或专业能力）。从专（学）业与职业的相关性来讲，它们并不都是一一对应的，而是呈现出一对一、一对多、多对一这种复杂的关系。高职生在进行学业规划时，先要研究和分析专业与职业的相关性，在确定了这些问题后，再具体讨论专业选择。

（一）一对一

这种情况最为简单。就是一个专业对应一个职业，这类专业一般存在于中职类学校或高职学院，培养目标单一明确。此类职业的技术含量较高，也较单一。例如，空中乘务专业与民航乘务员职业。

（二）一对多

这类专业一般存在于普通高校，人们常说的“宽口径，厚基础”，就是指这类专业。这类专业所对应的职业有多个，如经济学专业。

（三）多对一

这种类型是指多种专业的毕业生都可以从事同一种职业。如新闻记者、营销主管等。

案例 1-6

职业与专业对应的权威研究成果发布

《职业信息与教育培训项目（专业）信息对应指引（2023 年版）》日前公开出版（如图 1-3 所示）。该成果将对提高培训的针对性、促进人力资源的合理配置和流动、促进就业创业、缓解结构性就业矛盾、推动经济社会发展等，具有重要的现实意义和深远的历史意义。

图 1-3　职业与专业对应的文献资料

1999 年 5 月，《中华人民共和国职业分类大典》（以下简称《大典》）颁布，标志着适应我国国情的国家职业分类体系基本建立。随着经济社会发展、科学技术进步和产业结构调整，《大典》先后于 2015 年和 2022 年进行了两次修订。《大典》现已成为我国人力资源开发与管理的指导性文献。

进入新时代，为拓展延伸《大典》的服务功能，发挥其在引领教育培训改革、促进就业创业等方面的作用，国家职业分类大典修订专家委员会组织骨干专家，成立专家团队，自 2017 年开始持续开展职业信息与教育培训项目（专业）信息对应的理论和技术方法研究，形成初步研究成果。2022 年版《大典》颁布后，专家团队综合运用大数据技术和人工校核等技术方法，编制了《职业信息与教育培训项目（专业）信息对应指引（2023 年版）》（以下简称《指引》）。

该《指引》是以 2022 年版《大典》的职业信息为依据，与技工院校、中等职业教育学校、高等职业教育专科院校、高等职业教育本科院校及高等普通教育本科院校的专业人才培养目标、专业技术范畴、专业知识与专业能力及应用、课程内容等（专业）信息进行一一对应，形成的对应关系列表（如表 1-3 所示）。

表 1-3　职业与专业对应指引举例

序号	职业编码	职业名称	专业代码	专业名称	院校类型
2113	2-05-03-07	中西医结合皮肤与性病科医师	100601K	中西医临床医学	普通本科
2114	2-05-05-01	疾病控制医师	100401K	预防医学	普通本科
2115	2-05-05-01	疾病控制医师	320701	公共卫生管理	职教本科
2116	2-05-05-01	疾病控制医师	520703K	预防医学	职教专科
2117	2-05-05-02	健康教育医师	290103	食品营养与健康	职教本科
2118	2-05-05-02	健康教育医师	320701	公共卫生管理	职教本科
2119	2-05-05-02	健康教育医师	320801	健康管理	职教本科
2120	2-05-05-02	健康教育医师	520703K	预防医学	职教专科
2121	2-05-05-02	健康教育医师	520801	健康管理	职教专科
2122	2-05-05-02	健康教育医师	570116K	心理健康教育	职教专科
2123	2-05-05-02	健康教育医师	0522-3	健康服务与管理	技工院校 3 级

表 1-3 中的职业编码和职业名称使用 2022 年版《大典》中的描述信息；专业代码指专业目录中的代码；专业名称指列举的与职业有强或较强对应关系的专业名称；院校类型指开设该专业的院校类型名称。

《指引》内容按以下顺序进行编排：首先，按职业编码依序排列。其次，按院校类型排序，即按普通本科、职教本科、技工院校 2 级（技师班或预备技师班）、职教专科、技工院校 3 级（高级工班）、职教中职、技工院校 4 级（中级工班）七种类型依次排列。再次，同类型院校按专业代码依序排列。最后，按对应关系强弱排序。

活动与训练

职业采访交流会

一、训练目标

学会观察一个职业的具体工作内容，并对其前景进行分析。

二、程序与规则

1. 请同学们每人采访三种职业的从业者，采访的提纲已经拟好。其中，第一种职业是自己最理想的职业、最想从事的职业；第二种职业是自己最讨厌的、最不想从事的职业；第三种职业是自己随意选择的职业。

职业采访提纲如下：

（1）职业名称是什么？

（2）该职业与人际、文字、数字或事务，哪一个关系较密切？

（3）主要的工作内容是什么？

（4）主要工作场所是在室内，还是室外？

（5）计薪方式是固定薪资，还是有灵活性？

（6）工作方式是固定在单位还是需要经常出差？

（7）工作时间是固定还是自行调配？

（8）从业者需要接受的教育训练有哪些？

（9）从业者需要具备的特殊能力和个人特质有哪些？

（10）从业者需要具备的证书都有哪些？

（11）从业者的升迁发展机会如何？

（12）从业者的就业市场如何？

（13）从业者可能的压力来源有哪些？

2. 采访后开一个交流会，做5～10分钟的报告。

3. 在交流会上，要汇报、交流为什么会采访这个职业，该职业的相关内容是什么，采访时的心情是什么样的。

三、训练环境

包括教室、会议室、小型报告厅等。

四、讨论

如果采访可以重来一次，你会做什么样的改动？为什么？

探索与思考

1. 按照职业的定义，哪些工作看起来很像职业，但又不能称为职业？试着举个例子，并加以说明。

2. 人工智能会让什么职业消亡，又会让什么新职业兴起？

3. 职业和专业的区别与联系有哪些？

模块二　工作环境探索

模块导读

同学们，我们身处科技化、信息化的时代，多年的求知探索在不断丰富和完善自己。但是，你是否真正了解工作？你理想中的职业是否依然存在？你想象中的工作环境是否真的是那个样子？要想做好职业生涯规划，必须对未来的工作环境进行探索，分析环境的特点、环境的发展变化、环境的要求或挑战，以及环境对自己的有利条件和不利条件等。只有充分了解这些环境因素，才能在复杂的环境中趋利避害，使自己的职业生涯得以发展。

本模块把职业生涯探索的视角转向对工作环境的分析，帮助高职生了解宏观环境，把握微观环境，辨别组织和岗位的相关信息，认识工作环境是实现职业生涯目标的重要动力。因此，高职生需学会多角度、多途径、利用多种方法和策略获取工作环境的信息，促使高职生用外界的职业需求与职业要求指导自身的学习生活，提升自身的职业素养。

能力标准

分类	具体内容
知识	1. 了解宏观、微观环境对职业发展的影响； 2. 了解企业和组织的分类； 3. 掌握岗位认知和探索的相关知识
技能	1. 掌握快速认知社会、适应社会、融入社会的能力和技巧； 2. 通过宏观和微观的环境变化不断调整自己的目标职业； 3. 能够进行初步的岗位探索
态度	积极主动适应环境变化，探寻适合自己的职业发展路径

学习导航

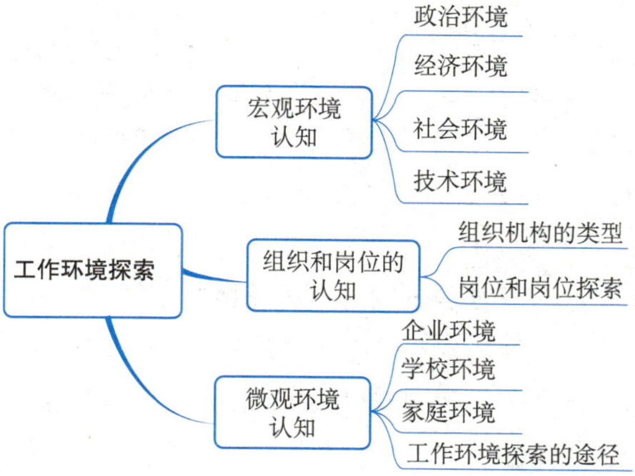

2.1 宏观环境认知

导入案例

新修订的职业教育法正式施行让职业教育成就更多精彩人生

习近平总书记强调，在全面建设社会主义现代化国家新征程中，职业教育前途广阔、大有可为。2022 年 5 月，从教育部了解到：我国已建成世界上规模最大的职业教育体系，共有 1.12 万所职业学校，在校生超过 2915 万人。那么如何加快构建现代职业教育体系，培养更多高素质技术技能人才、“能工巧匠”“大国工匠”呢？

2022 年 5 月 1 日起，新修订的职业教育法正式施行。修订后的职业教育法将对推动职业教育高质量发展、提高技术技能人才培养质量、促进经济社会发展产生深远影响。

适应性更强——专业设置与产业需求同频共振

在北京电子科技职业学院汽车工程学院的实训室里，新能源汽车技术专业大二学生李新海正专心致志研究汽车构造。

左前大灯、玻璃水液位、雨量传感器……上百种汽车零部件井井有条地摆在白板上。李新海介绍：“白板后面有对应的按钮，一个按钮可以操纵一个零部件的故障。几百个故障点，我们要用检测仪器逐一判断。”

与李新海类似，很多学生往往还没毕业就被企业“预订”了。“高就业率的背后，是专业设置与产业需求的同频共振。”北京电子科技职业学院党委书记张启鸿说，“为适应区域主导产业的发展需求，学校增加了新能源汽车技术、飞机电子设备维修等7个专业。”

与产业发展紧密对接是职业教育的基本属性。随着我国进入新的发展阶段，产业升级和经济结构调整不断加快，各行各业对技术技能人才的需求越来越紧迫，职业教育的重要作用也越发凸显。数据显示，在现代制造服务业、战略性新兴产业和现代服务业等领域，一线新增从业人员70%以上来自职业院校毕业生，职业教育社会认可度显著提升。

为不断增强职业教育适应性，新修订的职业教育法增加规定：国家根据产业布局和行业发展需要，采取措施，大力发展先进制造等产业需要的新兴专业，支持高水平职业学校、专业建设。国家采取措施，加快培养托育、护理、康养、家政等方面的技术技能人才。

升学路更畅——打破止步于专科层次的“天花板”

“职业教育是与普通教育具有同等重要地位的教育类型，是国民教育体系和人力资源开发的重要组成部分”，新修订的职业教育法开宗明义，作出重要判断——职业教育是“类型”教育，不是“层次”教育。类型教育的明确定位如同一根红线，串起职业教育改革的方方面面，许多难题得以破解。

相关性更强——构建职业教育人才成长“立交桥”

林晨是上海第二工业大学机械工程专业的学生。“初中毕业后，我读了职校，后来通过贯通培养，升读大学本科。”林晨说，“我还想继续读加工制造专业硕士，今后从事机械加工相关工作。”

新修订的职业教育法规定，高等职业学校和实施职业教育的普通高等学校应在招生计划中确定相应比例或采取单独考试办法，专门招收职业学校毕业生。如今，以“文化素质+职业技能”为主的职教高考，已成为职校招生主渠道，全国高职分类考试招生超300万人，超过高职招生总数的60%。

发展劲更足——职业培训与职业学校教育并重

“如果没有继续上学，我可能还在老家务农，无法看见大山外面更广阔的世界。”贵州小伙秦龙江靠着在青岛做船员的收入，翻新了老家的房子。

2015年，青岛海运职校与安顺民族职校结成对子，将船员培养作为合作方向，秦龙江就是毕业于航海捕捞专业。现在，他不仅能操控万吨巨轮航行海上，也成为家人的依靠。

除学校教育外，职业培训也是职业教育的重要组成部分。新修订的职业教育法明确要求，国家采取措施，大力发展技工教育，全面提高产业工人素质；支持举办面向农村的职业教育，组织开展农业技能培训、返乡创业就业培训和职业技能培训，培养高素质乡村振兴人才；组织各类转岗、再就业、失业人员，以及特殊人群等接受各种形式的职业教育等。

（资料来源：人民日报，2022年05月17日，第10版）

分析：《中华人民共和国职业教育法》于1996年公布实施，随着中国经济社会的发展，我国建成了世界上规模最大的职业教育体系。2022年4月20日，第十三届全国人民代表大会常务委员会第三十四次会议通过《中华人民共和国职业教育法》修订，其在支持国家经济社会发展中发挥了重要作用。如今，中国特色社会主义进入新时代，经济和产业发展模式发生了重大调整和变化，职业教育如何适应新时代经济和产业发展的要求，如何建立得以支持经济和产业发展，培养高素质的技术技能劳动者的现代职业教育体系，满足企业用人需求，促进劳动者高质量就业，成为职业教育法要重点考虑的核心问题。

社会环境从宏观角度区分，主要包括政治环境、经济环境、社会环境、技术环境这几方面。社会环境对职业生涯乃至人生发展有重大影响，通过对社会环境包括国际、国内与所在地区三个层次的分析，高职生可以洞悉国家或地区的政治、经济、文化建设的现状和发展趋势，了解社会环境为我们提供的职业政策，从而科学分析整体的就业环境和趋势，为自身的就业做好准备。

一、政治环境

政治环境包括一个国家的社会政治制度、政府的方针政策、法律法规体系等多方面内容。政治环境中的政治体制框架、经济管理体制、产业政策、投资政策及人才流动的政策导向等内容，对高职生的职业选择和职业发展有着重要的影响。高职生应着重关注国家政治环境的动态，如政府公务员招聘政策、工时和休假制度、最低工资的强制性规定、户籍管理制度、人事管理制度和社会保障制度等。

案例 2-1

教育部印发通知部署做好 2024 届全国普通高校毕业生就业创业工作

日前，教育部印发《关于做好2024届全国普通高校毕业生就业创业工作的通知》(以下简称《通知》)，部署各地各高校深入贯彻落实党中央、国务院决策部署，实施“2024届全国普通高校毕业生就业创业促进行动”，多措并举促进高校毕业生就业。《通知》强调，大力拓宽市场化社会化就业渠道。持续深入开展“高校书记校长访企拓岗促就业专项行动”，认真落实“两个100”要求，提升访企拓岗工作实效。推进实施“万企进校园”计划，为毕业生提供更多优质岗位信息。全面推广使用国家大学生就业服务平台，深入开展“24365携手促就业精准服务”。充分发挥全国就指委和行业协会作用，加强分行业分区域就业市场建设。加大民营企业、中小企业招聘推介力度，鼓励中小企业吸纳更多高校毕业生。

《通知》明确，充分发挥政策性岗位吸纳作用。推动各地各部门尽早安排党政机关、事业单位、国有企业等招考和各类升学、职业资格考试，为高校毕业生争取更多求职时间。大力挖掘基层就业空间，继续组织实施好“特岗计划”“三支一扶”“西部计划”等基层就业项目，拓展实施“城乡社区专项计划”“大学生乡村医生专项计划”。鼓励各地出台优惠政策，吸引更多毕业生到基层一线就业创业。畅通入伍绿色通道，鼓励高校毕业生应征入伍。

（资料来源：中华人民共和国教育部网站，2023 年 12 月 05 日）

二、经济环境

一个国家或一个地区在一定时期内的经济发展状况会直接影响劳动力的就业状况。高职生选择职业，会受到当时社会经济状况的影响。从整个国家范围来说，经济的发展，科技的进步，劳动生产率的提高，职业演化速度的加快，就业岗位的增加，都是就业的影响因素。高职生在做职业生涯规划前要注意研究和分析社会经济生活状况，结合自身专业特点和个人发展愿望，适应产业结构升级和劳动力素质的要求，努力增强在科技含量高的技术密集型产业中的就业竞争优势，从而选择适合自己发展的职业。

另外，地区间经济发展水平的差异也会给高职生的就业选择带来一定的影响，很多同学“宁要大城市一张床，不要小城市一套房”，在就业时，他们之所以选择经济发达的城市是因为大城市经济水平较高，物质和精神生活更为富足，现代社会功能齐全、生活便利，优秀企业相对集中，工作机会多，发展上升空间大。但是机遇和挑战并存，我们也要辩证看待高职生就业时的区域选择问题。经济发达的城市，竞争激烈、生活节奏快、消费水平高，对于刚步入社会的高职生来说，生存压力较大，所以高职生在毕业时应对外部的经济环境进行充分的了解，结合自身情况选择适合自己的区域环境。

（一）经济发展形势

现代化产业体系建设取得重要进展、科技创新实现新的突破、改革开放向纵深推进、安全发展基础巩固夯实、民生保障有力有效这五个方面表明，全面建设社会主义现代化国家迈出新步伐。我国经济发展的形势对大学生就业的影响较大，国家经济状况的好坏直接影响就业市场的景气程度。2024 年经济工作的总基调概括为稳中求进、以进促稳、先立后破，这将为 2024 年的宏观经济提供更多增量，力争多增少减、只增不减，多立少破、只立不破。

为对我国经济发展的总体态势有较为全面的了解，高职生可以从以下几个方面开展调查研究：

首先，要了解国家经济建设方针、任务和发展战略，了解产业的分类与结构，以及伴随经济发展出现的产业结构调整和变化趋势，了解职业新的分类与结构，以及该职业的发展趋势，更好地把握机会，在国家建设的大背景下找到自己的正确位置。

其次，要了解人力资源市场对高职生的需求结构信息，了解职位具体的职责要求和自己的就业能力水平，把自身的优势信息传递给就业市场，通过就业市场实现自己的价值。

最后，要了解全国各地的经济形势，特别要了解与自己专业直接对口或相关的行业、部门和单位的现状和发展趋势，结合自己的实际情况有针对性地选择就业区域，从而使自己的能力得到最大程度的发挥。

（二）区域经济发展水平的差异

一般来说，经济发达地区的企业数量多，人才需求量大，个体选择职业的机会较多，有利于个人职业发展；反之，在经济发展水平较低的地区，无论是企业的数量，还是对人才的需求量都较少，对人才的吸引力较弱。因此，我国东部沿海地区经济基础好，对人才的吸引力较强；相较而言，中、西部及内陆地区经济发展较为落后，对人才的吸引力较弱。很多高职生的第一择业选择都是经济较发达的地区，但这些一、二线城市早已人员饱和，在短期内难以提供更多的就业职位，而那些真正急需大量高素质人才的欠发达地区，则有着广阔的高职生就业空间。

（三）行业环境

行业环境包括行业的发展现状和未来发展、国内外重大事件对该行业的影响、行业目前的优势与问题、行业发展的趋势及前景预测等内容。行业环境将直接影响企业的发展状况，进而也会影响个人职业生涯的发展。高职生对社会大环境的发展趋势了解得越充分，信息越准确，在未来的职业发展道路上走的弯路就越少，职业成功的概率就越大。

在分析行业环境时，一定要结合社会大环境的发展趋势。由于科学技术的飞速发展，某些行业会如同夕阳西下，逐渐萎缩、消亡，同时也有许多极具发展前途的朝阳行业不断出现并迅速发展起来，当然还要注意国家政策的影响，要了解国家对某一行业是支持、鼓励，还是限制和制约，要尽量选择那些有前景、发展空间较大的行业。

1. 行业发展现状

对行业发展现状的分析是高职生做职业生涯规划的风向标，分析内容包括该行业在社会大环境中的地位、市场占有率、未来行业发展中组织单位的预期变化情况等。随着社会经济的发展和科学技术的进步，某些行业将无法适应社会发展的潮流。一个行业也有符合社会发展规律的生命周期，包括幼稚期、成长期、成熟期和衰退期。处于幼稚期的行业，因无法判断其产品或服务能否被市场接受，前景不甚明朗，所以风险较大，应慎重加入；处于成长期的行业，其产品和服务已经被市场迅速接受，利润快速增长，人才需求强劲，可适量加入；处于成熟期的行业，其产品或服务已得到市场的认可和接受，行业增长趋于发展阶段，人才竞争激烈，可以加入；处于衰退期的行业，其产品在市场上的需求逐渐减少，甚至被替代，是否加入要慎重考虑。

2. 生活服务业从业人员现状

2023 届应届生就业状况分析报告指出，2023 届全国普通高校毕业生预计 1158 万人。将比 2022 年多出 82 万。根据分析报告可知，第一季度国内生产总值同比增长 4.5%，第二季度同比增长 6.3%，第三季度同比增长 4.9%。从环比来看，第三季度国内生产总值增长 1.3%。援企稳岗的就业帮扶政策对高校毕业生、农民工等重点群体的就业稳定产生了积极影响。2022 年 12 月，20～24 岁大专及以上人员城镇调查失业率为 21.1%，较上月下降 0.2 个百分点，连续 5 个月下降。随着我国经济社会的快速发展，教育事业取得了显著成果，越来越多的年轻人接受了高等教育。2023 届应届生作为新一代的劳动力，其就业状况备受关注。45.9% 的应届生未找到工作，35.1% 的应届生表示只参加了 5 家以内企业的面试，31.9% 的应届生表示仍未获得企业面试机会。校招市场存量供给增加，2023 届校招同时呈明显的扩招趋势。调研发现，2023 届校招需求量在 100 人以上的企业占比最大，为 21.8%。相比 2022 届校招，需求量出现增长的企业占比达 50.7%，校招缩编的企业占比仅为 28.4%。

按照企业性质分类，超过 50% 的应届毕业生愿意进入国有企业工作，在不稳定的市场环境下，国有企业的稳定性和福利待遇成为吸引年轻人的重要因素。相较而言，曾经众星捧月的外企如今受欢迎程度远不如民营企业和国有企业。按城市分布来看，虽然一线城市资源丰富，就业机会多，发展实力雄厚，一直是大量应届生就业的首选，但从连续三年应届毕业生投递不同梯队城市的占比来看，一线城市总体呈下降趋势。新一线城市的投递占比则逐渐上升，从 2021 届的 32.78% 上升至 2023 届的 39.87%。

由此可见，近年来新一线城市的引才政策、发展前景及相对较低的生活成本和宜居的生活环境等对高职生的吸引力持续增强。调查显示，有 45.7% 的应届生将北京、上海、广州、深圳作为职业发展的首选城市。由于新一线城市发展速度加快，就业机会也在随之增多，接近 40% 的应届生选择将新一线城市作为“理想之城”。对薪资的要求，有 86.2% 的应届生最关注薪酬福利，能否满足物质需求依旧是不少年轻人的首要考虑事项。另有超 60% 的求职者关注行业前景，认为步入正确的赛道更为重要。31.7% 的应届生在选择工作机会时则会考虑加班强度，看重生活与工作的平衡。从近三届应届生新发职位行业分布来看，互联网是持续释放就业机会最多的行业。通过观察各大行业 2023 届新发职位对不同学历应届生的需求情况发现，IT、互联网、游戏对本科生需求最旺盛，占比 18.7%。不过近三年呈明显下滑态势。此外，科研技术、商务服务、房地产、建筑、交通、物流、贸易、零售等行业的应届生需求占比也呈明显下滑态势。相比之下，医疗健康、机械、制造、电子、通信、半导体、能源、化工、环保、汽车、消费品等近年国家重点发展的行业对应届生需求占比增长明显。

案例 2-2

成功属于有心人

北京信息职业技术学院 2015 级数字艺术系毕业生陈小昆在校期间对学校开设的设计基础、美术专业基础、效果设计、电脑设计基础、广告设计、三维动画设计与制作、多媒体设计、电脑绘画等课程进行了系统学习。虽然他不是班里的学习尖子，但他是班里的活跃分子，总是积极参加各种校园活动。怀着毕业后自主创业的梦想，他对学校的职业生涯课和创业指导课尤其感兴趣，在课堂上努力汲取创业知识，并在社会实践活动中有意识地培养自己的创业能力。

在家人的帮助和支持下，在学校和老师的关心下，陈小昆在当地工商部门注册了一家启动资金为 500 万元的公司，并成为这家中等规模公司的法人代表，专门从事窗帘布艺、橱柜的批发和销售。创业初期，他雄心勃勃，但屡屡受挫，很多事情想得很好，实施起来却很难。他感受到了前所未有的压力，几乎有了打退堂鼓的想法。经过不断反思和总结，他选择了坚持，经过一段时间的努力，公司业务逐渐走上正轨。最初公司出售的窗帘盒、橱柜都是别人设计好的，随着业务经验的积累和专业能力的提高，公司开始向厂家提供自己的设计。目前公司已有 10 名员工，随着业务量的不断增加，公司也开始盈利。公司的目标是在 5 年内业务量增加两倍，经营利润翻番，同时进军汽车维修和装潢领域。

分析： 成功离不开前瞻性和创新性。艺术类专业要服务于地区第三产业。“专业素质＋专业技能＋专长＋就业”的一专多能模式，会成为新时期青年人创业、就业成功的指引。陈小昆的成功归功于他个人独到的择业眼光，把握住了现代装饰业发展的契机，顺势而为。

三、社会环境

职业规划和就业选择还会受到社会环境的影响，社会环境是指一定时期整个社会发展的一般状况，主要包括人口资源环境、教育文化环境、生态自然环境。

（一）人口资源环境

人口资源环境包括人口规模、人口增长、人口结构、人口的地理环境分布密度等。一切职业问题都同人口发展过程有密切的联系。我国人口多、底子薄、资源相对不足、环境容量有限、区域发展不平衡、适龄劳动人群规模庞大，解决就业问题仍将是长期而艰巨的任务。

（二）教育文化环境

教育文化环境是影响人们职业期望、职业态度和职业行为的基本因素，具体包括一个国家和地区的居民的受教育程度与文化水平、宗教信仰、风俗习惯、审美观念等诸多方面。教育文化环境还与人们的职业意向、职业能力、职业习惯密切相关。

（三）生态自然环境

生态自然环境是指与人类密切相关的、影响人类生活和生产活动的各种自然力量或作用的总和。生态文明建设是关系人民福祉、关乎民族未来的大计，是实现中国梦的重要内容。

高职生应当抓住环境保护的历史性机遇，顺应产业结构优化和经济转型升级趋势，积极关注并参与生态环境保护活动。结合自己的学识专长、兴趣爱好和体能状况，以适当超前的意识挖掘环保产业的潜能和力量，践行绿色创业和绿色就业理念，为实现“既要金山银山，又要青山绿水”的美好目标贡献力量。

案例 2-3

一户人家的生态账本

毛美全一家在利民村生活几十年了，没有外出谋生过。20 多年前，他在村里做小水晶加工，加工废水就往门口的沟里一倒。看着越来越黑的河水，毛美全感觉有了压力，“全村都在做水晶，整个村又脏又吵，但‘饭碗’就是这个，总不能砸了吧”。

2013 年全省治水第一枪在浦江打响后，毛美全的“饭碗”彻底砸了，水晶加工迎来大整治。事实上，浦江在此之前进行过两轮治水，想对上万家水晶加工户进行规范管理，然而两次均以失败告终。表面是治水，实际上调整的是浦江县几十万人的生活。

毛美全的新生活也被“调整”了出来。4 年前夫妻俩开起了农家乐，上下两层楼，一次可以摆 8 桌。“我早就想开这个农家乐了，但是因为房子没改造好，拖了好几年”。

小水晶加工鼎盛时期，利民村有三四百个外地人，毛美全的小作坊竞争力太弱，在开农家乐之前就开起了小副食店。距离利民村 3 公里之外的新光村，那里水晶加工更盛，人也更多，“以前还会经常来我的店里买东西，但后来大家都买了车，买东西都开车去县城，小店生意不太好”。

开起农家乐后，没想到客人来自五湖四海。有的上海客人上午给他打电话，中午就跑到他这儿来吃饭，“五一”小长假期间，他忙到电话都接不过来，“推了好多客人，全家人总动员，还找了邻居来帮忙，没办法，客人多得菜都烧不出来”。一天下来，赚了五六千元，这是毛美全以前不敢想的。

治水成功后，浦江搞起了全域旅游，利民村挨着浦江的“网红村”——新光村，“这条线上很多游客来我店里吃了一次后，就成了回头客。”毛美全说，自己基本不用去拉客，就在家等电话，生意自己会上门。

同样是在家门口谋生，最大的转变，不仅是村里生态环境变好了，更是心理状态的转变。

（资料来源：浙江日报“16 年生态路，‘浙’里变化几何”，内容有所删改）

分析： 社会环境对毛美全的职业规划和就业选择有重要影响。浦江县利民村的经济发展水平、产业结构等为他提供了就业机会。社会环境变化也为其提供了职业新方向，促使他调整职业规划。根据不断变化的社会环境，作出新的职业规划和就业选择，是高职生需要具备的能力。

四、技术环境

信息技术产业是当今世界上发展最为迅速的产业，给人类社会带来了前所未有的冲击和变革。信息技术水平已经成为衡量一个国家科学技术水平的重要标志。随着云计算、大数据、物联网、移动互联网和人工智能技术的广泛应用，我国人民的社会生活也发生了深刻的变化。

科技的发展不仅会带来理论的更新、观念的转变、思维的变革、技能的补充，也会深刻影响人们的职业观念。工业自动化的普及，在全方位提高劳动生产率的同时，也给就业市场带来了一定的冲击。机器取代人工制造产品，自然淘汰旧的工作岗位，影响传统的用人计划和雇佣观念。产业结构的调整从劳动密集型转变为资本密集型，再转变为知识密集型，这给高职生职业生涯的发展提出了新的挑战，也提供了新的机遇。这就要求高职生根据环境的变化不断更新自己的知识结构，以适应产业结构的升级改造和社会的科技进步。

经典分享

我国的人工智能产业链

当前，社会公众对人工智能的关注日益加强，人工智能已成为新一轮科技革命和产业变革的重要驱动力量。2017 年 7 月，国务院发布了《新一代人工智能发展规划》（以下简称《规划》），提出了面向 2030 年我国新一代人工智能发展的指导思想、战略目标、重点任务和保障措施，部署构筑我国人工智能发展的先发优势，加快建设创新型国家和世界科技强国。《规划》提出“培育高端高效的智能经济，发展人工智能新兴产业，推进产业智能化升级，打造人工智能创新高地”。

从技术革命到商业应用，人工智能产业发展迅猛。近年来，我国的人工智能产业在技术创新、产品创造和行业应用等方面实现快速发展，形成庞大的市场规模，已进入全球第一梯队。我国人工智能产业的发展是国家战略驱动、经济转型需求、市场潜力、科技创新、人才培养和国际合作等多重因素共同作用的结果，具有强烈的必然性。随着政策的持续支持和市场的进一步成熟，我国人工智能产业有望保持快速增长势头，并成为全球人工智能领域的重要竞争者和领导者。

我国人工智能的相关产业链，包括基础层、技术层和应用层三个部分。其中，基础层主要包括数据服务、硬件设备、软件平台等；技术层包括机器学习、知识图谱、大模型、类脑算法、计算机视觉、智能语音、生物特征识别等；应用层包括智能机器人、智能运载工具、虚拟数字人、智能制造、智能家居、智慧医疗、智慧城市、智慧金融等。

（资料来源：前瞻产业研究院，《2024 年前瞻中国 AI 大模型场景应用趋势蓝皮书》等）

活动与训练

说说你心仪的城市

一、训练目标

1. 让高职生通过调查研究，感知环境变化，提升洞察力。

2. 让高职生通过信息整理，积累相关资料，了解城市差异。

3. 使高职生更多地了解社会发展的特点和现实需求。

二、程序与规则

1. 材料准备：黑笔、A4 纸、活页挂纸。

2. 活动要求：以小组为单位完成下列活动。

寻找一个你喜欢的城市，分析该城市的宏观环境因素对自身职业生涯发展的影响。

要求：详细具体，能够说出该城市为什么适合自己，有什么特色，在哪个方面有突出的发展优势。

三、评价与反馈

以小组为单位进行展示，并进行组间评价，教师点评。

四、参考时间

课下去搜集整理信息，课上进行展示评价，课上用时 20 分钟。

探索与思考

1. 思考宏观环境中哪些因素对你的职业生涯发展影响较大。

2. 写出你理想中的工作，表达出自己对工作的想法。

3. 请同学们思考并回答当今社会有哪些社会环境是有利于职业选择的。

2.2　微观环境认知

导入案例

如何快速了解一家企业

作为求职者，出于职业发展和薪资期望，快速了解一家企业很重要。这个问题又可分为两个子问题：第一，了解什么；第二，怎么了解。

一、了解什么

要对一家公司形成较为全面的了解，我们需要知道以下内容：

1. 公司基本情况。这家公司到底是干什么的？它什么时候成立的？是由谁成立的？

2. 管理和人事情况。这家公司的组织架构是什么？高管是谁？员工有多少？组织架构能反映出该公司的管理方式，是扁平高效率，还是分工明确标准化操作。

3. 组织架构。大公司架构清晰，员工各司其职，但会导致太过专业化，最终失去全局观；小公司相对扁平，每人承担多，成长大，但容易权责不清，出现工作“加量不加价”的情况。了解清楚组织架构，可以从一定程度上反推该公司的做事风格。

4. 行业情况。这个公司主营业务的行业市场容量有多少？痛点是什么？发展速度有多快？竞争情况（处于生命周期的哪个阶段）？这家公司在行业里的位置是？毕竟在很多领域，大环境是影响一家公司发展的核心因素，如房地产、医疗健康。

5. 公司业务。例如，公司的主要客户是谁？与其他同行业企业相比竞争优势是什么？

6. 财务情况。例如，最近几年的主营业务如何？各种财务指标是否健康？

7. 战略规划。例如，公司未来几年将如何扩张？有没有要新进入的领域？

8. 其他信息。例如，各种最新动态，有没有投诉纠纷？

二、怎么了解

1. 利用“天眼查”等小程序或App查看企业有关情况。天眼查的数据来源包括国家企业信用信息公示系统、中国裁判文书网、中国执行信息公开网、国家知识产权局等。只要是一家规范的企业，我们都可以在该网站上找到它的以下信息：基本信息（法定代表人、注册资本、注册时间、行业、企业类型等）、商标信息、关系图谱（它与其他公司的关系）、高管信息、股东信息、对外投资、法律诉讼、法院公告、招投标、变更信息、企业年报、专利商标著作权。

2. 公司官网。可以了解到公司的业务情况、管理和人事情况、财务情况、战略情况（一般部分涉及）。一般来说，大型上市企业的官网能囊括大部分所需信息。可重点查看网站中的“关于我们”，这里有相对详尽的官方表述，从公司发展历程，到管理层团队，再到组织结构，应有尽有。另外，上市企业官网都有“投资者关系”这个栏目，找到年报后能够非常快捷地分析这家企业的财务状况。

3. 招聘网站。通过招聘网站，不仅可以查找招聘的职位，还可以从中洞悉公司的发展战略。对有些企业来说，发展战略一般是不愿意提及的，如果被同行业的竞争者知道，可能会失去先发优势。对新业务来说，完全内部转岗很难满足需求，于是不得不对外招聘，而这可以成为求职者对企业战略方向研究的切入点。

4. 微信公众号。可以了解公司最新进展。一般来说，现在的大中小企业都有微信公众号，虽然内容都是对外宣传稿，但也能大致了解其最新的发展情况，如最新研发的产品、最近组织的活动。

5. 垂直媒体。通过垂直媒体，可以了解公司在同行中的所处地位等情况。

6. 朋友圈。通过公司员工、师兄师姐等，可以从侧面了解公司的企业文化、薪资水平等。

除了宏观环境，社会环境也包括微观环境。社会微观环境指社会小环境，即个人所在的企业、组织、学校、社区、家族、交际圈子等较小的环境。这些微小的社会环境因素对个人的职业生涯有着直接或间接的影响，作用于个人具体的社会活动范围、内容，影响个人职业岗位的选择和人生的发展轨迹，进而影响个人职业生涯的具体际遇。

微观环境分析一般包括企业环境、学校环境、家庭环境等。

一、企业环境

企业环境对个人的职业生涯有直接或间接影响。个体的职场成长与企业的发展息息相关。企业环境对高职生职业发展的正面影响主要体现在职业激励上。如果企业文化与社会价值取向一致，企业的成员彼此间有良好的人际关系，领导善于沟通且富有宽容气度，那么个人就会产生集体归属感并获得极大的发展空间。高职生应对企业环境进行提前分析，及时了解企业的实际发展状况及前景，把个体的成长与企业的发展联系在一起，并融入企业组织中，实现个人职业生涯目标。

（一）企业的性质

企业是行业的末级组织。粗略来说，中国国内企业按所有制可以分为国企、外企和民企。不同所有制的企业在人才需求和薪酬待遇等方面都不同。一般来说，国企收入稳定、管理规范，适合谋求稳定工作的高职生；外企善于高薪揽才，管理科学，注重绩效，鼓励创新，注重员工培训，员工能够在外企进行系统和专业化的学习与锻炼，这对于高职生来说不失为良好的进阶平台；民营企业以机制灵活，紧跟市场变化而被大家所知，讲究实效，注重员工的业务能力，对学历、学校、专业等“硬件”看得较淡，关注员工忠诚度。

（二）企业的发展阶段

对于初创和成长期的企业来说，企业规模小，人员少，工作职责界限较为模糊，更需具备跨专业技能和综合素质的复合型人才，更看重人才的开拓精神、工作热情和学习能力，相对而言此阶段会降低对专业教育背景的要求；在企业发展稳定期，企业的规范化管理越来越重要，职位的专业化越来越强，这时候企业就需要更多的专业人才和管理人才，对专业人才的专业教育背景的要求也大幅度增加。

（三）企业制度

企业员工的职业发展方向，归根结底要靠企业的管理制度来保障，其中包含合理的培训、晋升制度、绩效考核制度、奖惩制度、薪酬制度等。企业价值观、企业经营哲学只有渗透到制度中，才能使制度得到切实贯彻和执行。在没有制度或制度不合理、不到位的企业中，员工的职业发展就难以实现。

（四）企业文化

企业文化是全体员工在长期的生产经营活动中形成并共同遵循的最高目标、价值标准、基本信念和行为规范。企业文化是影响企业经营效益的重要因素，往往会影响一个员工的职业生涯。如果一个人的价值观与企业文化有冲突，那这个人就难以适应企业文化，最终无法在组织中立足。先进的企业文化能促进员工的发展，如鼓励员工参与管理的企业文化会比独裁专制的企业文化更能为员工提供发展机会；落后的企业文化则会限制个人的进步，如渴望发展、追求挑战的员工难以在论资排辈的企业中受到重用。所以，企业文化是个人在制定职业生涯规划时要考虑的重要因素。

（五）企业领导人

企业的文化和管理风格受其领导的素质及价值观的影响，企业经营哲学往往就是企业家的价值观。企业主要领导的抱负及能力是企业发展的关键因素。优秀的管理者善于倾听员工的心声，贯彻以人为本的思想，适当引导和激励员工，从而促进企业经营的良性循环。

很多成功的大企业都有一位出色的企业家掌舵，如华为的任正非、海尔的张瑞敏、格力的董明珠等。企业主要领导人的抱负及能力是企业发展的决定性因素。企业主要领导人是真心想干一番事业吗？企业主要领导人的能力足以带领员工开创新天地吗？企业主要领导人有没有战略眼光？企业主要领导人尊重员工吗？……这些因素在进入企业前就需要了解。

案例 2-4

以客户为中心，以奋斗者为本——华为公司企业文化的精华

华为企业文化的核心是：以客户为中心，以奋斗者为本。华为的企业文化帮助华为提

升了科学管理能力，提高了运行效率，合理降低了内部成本，同时，适度改进报酬与考核机制，促进新生优秀干部的快速成长。华为非常崇尚狼，认为狼是企业学习的榜样，要向狼学习“狼性”，狼性永远不会过时。

任正非提到，发展中的企业犹如一只饥饿的野狼。狼有最显著的三大特性：一是敏锐的嗅觉；二是不屈不挠、奋不顾身、永不疲倦的进攻精神；三是群体奋斗的意识。同样，一个企业要想扩张，也必须具备狼的这三个特性。作为最重要的团队精神之一，华为的狼性文化可以用这样的几个词语来概括：学习、创新、获益、团结。用狼性文化来说，学习和创新代表敏锐的嗅觉，获益代表进攻精神，而团结就代表群体奋斗精神。狼能够在比自己凶猛强壮的动物面前获得最终的胜利，原因只有一个——团结。即使再强大的动物恐怕也很难招架得了一群早已将生死置之度外的狼的攻击。所以说，华为团队精神的核心就是团结。

分析：案例中提到的企业文化正是一个企业的精华所在。在制定职业生涯规划时，企业文化也是一个重要因素，考虑自身的价值观与企业文化是否适配。如果适配则可以获得足够的发展空间，去更好地实现自己的目标。

总之，通过企业环境分析，可以梳理出一条清晰的线索，确定自己在这个企业中是否有足够的发展空间，衡量自己的目标是否能够在该企业得以实现。

二、学校环境

学校环境是指学生个体所在学校的教学特色与专业优势、课程设置、社会影响力等。办学理念包括学校的办学宗旨、办学目标、办学策略，具体表现在校训、校风、校规、校歌、办学宗旨、育人取向、培养目标、育人途径、学风建设、教师形象、校园文化、工作重心等许多方面。先进的办学理念对内是凝聚力、向心力，对外是核心竞争力和品牌效应。

高职院校一般采用院系二级管理模式，专业建设、教学活动、学生管理、就业指导、社会实践等具体项目主要通过院系开展实施。院系的培养目标是为社会提供具备职业素质、拥有专业技能、掌握操作能力的高职人才。院系建设必须紧跟时代发展，根据市场需求调整专业和课程设置，充分发挥高职教育的职业特色，提高人才培养的教育质量，加强对毕业生的就业指导。就业困境的解决之道是以培养学生的就业本领和创新创业能力为重点，真正做到“以能力为本位，以服务为宗旨，以就业为导向”。为此，需加快院系教育教学改革步伐，努力开辟高职院校学生就业的新天地。

近年来，不同高校毕业生的就业率相差甚远。这表明用人单位在选择人才时，毕业学校仍是个重要的参考因素。用人单位认为某些高校的毕业生普遍具有更高的能力和素质。从近几年的就业状况来看，高校毕业生供需比和就业率与学校所处层次及学校的社会影响有着很大的关系，这被称为“学校效应”。

（一）校园文化

校园文化是以学生为主体、以校园为主要空间，包含精神文化、环境文化、行为文化和制度文化等多方面内容，以校园精神、文明观念为主要特征的一种群体文化。校园文化的本质是一种人文环境和文化氛围。健康的校园文化，可以陶冶学生的情操，启发学生的心智，促进学生的全面发展。高职院校学生依托学校环境，以学生社团为抓手，创建具有校园特色的人际关系和生活方式，广泛开展群体活动，从而使校园生活富有生机和青春活力。

（二）专业学习

高职阶段的学业与基础教育相比，最大的不同就是整个阶段均围绕专业学习进行，专业特色贯穿学习过程的始终，甚至成为高职生形象识别的标志。学习专业知识、提高专业技能、培养职业素质是高职生的根本任务。高职生要根据时代发展、社会需要和个人兴趣、特长爱好及所学专业等确立自己在高职期间专业学习的目标，并将制定的规划及早付诸行动。

（三）社团活动

社团活动是高职生生活的重要组成部分，能够帮助高职生拓宽知识面，培养社交能力，提高综合素质，同时培养高职生的组织能力和语言表达能力。每个人都可以根据自身兴趣爱好或自我提高计划的具体内容，有针对性地选择相关活动项目，量身打造专属自己的社会活动。另外，参加社团活动可以展现个人优秀品质，如投身公益活动可以体现一个人关心他人、扶助弱小、奉献社会的精神面貌，因此参加社团活动应热情投入、积极表现。

（四）实习兼职

高职生通过毕业前的课外兼职和实习活动能够积累丰富的职业经验和社会体验，同时可以根据实际佐证自己的职业生涯规划，判断规划是否适合自己，从而决定规划是否需要及如何进行调整。高职生在兼职和实习期间要做个有心人，多结交相关专业的业内人士，积累自己的人脉资源，扩大自己的交际圈子，为今后的就业和职业发展铺垫道路。

三、家庭环境

家庭是人生活的重要场所，一个人的家庭成长环境是造就其素质甚至影响其生涯的主要因素之一。人的社会化，从出生的那一刻就已开始。一个人在幼年时期，就开始受到家庭的深刻影响，形成一定的价值观和行为模式，同时还会受到家庭中父母亲人的教诲和各种影响，自觉或不自觉地习得某些职业知识和技能，受到某种职业价值观的影响。

有人曾对某市几所高校毕业生的职业选择进行调查，分析家庭环境对高校毕业生择业、就业的影响。研究发现，家庭经济状况不同的高校毕业生对待职业风险的态度也不同，父母收入偏低的毕业生倾向收入一般、风险较小的职业选择，如党政机关、学校、科研部门等。父母月收入较高的毕业生在择业中更倾向外企、高新技术企业等收入较高、风险较大的职业。这种递减的绝对风险规避的心态更接近高校毕业生的择业实际，即证明毕业生择业时会受家庭经济情况的影响。绝大部分来自农村和城镇的高校毕业生都不希望回到家庭居住地工作，他们往往选择离家较近的大城市，而大多数在城市居住的高校毕业生则希望回到居住地所在城市工作。

案例 2-5

小王的选择

小王，男，某医学院二年级学生，生长在一个医生世家，他的祖父、父亲、母亲都是外科医生，父亲是某地级市医院的骨科主任。小王从小接受的是严格的传统家教，父亲对其抱有较高期望，在学习、生活上都有严格要求，因此小王养成了沉稳、严谨的性格。小王还受家庭“救死扶伤”的职业价值观的影响，具有乐于助人的利他价值取向。尽管小王从小也有诸多梦想，但在选报志愿时，还是受父母的影响选择了医学骨外科专业。

分析：案例中小王的职业选择，说明家庭环境对未来职业选择也会有一定的影响，小王从小生活在医生世家，受家庭环境的熏陶和职业价值观的影响，所以在选择职业时也会选择医学专业。

（一）家庭期望

不同家庭对高职生的期望值不同。期望值较高的家庭中，高职生选择的职业方向往往是社会上的“热门”，社会地位和收入等都较高。期望值较低的家庭中，高职生一般容易选择那些与自己爱好、能力等相匹配的职业方向。

（二）家庭背景

家庭背景也会对高职生职业方向选择产生影响。父母的职业背景及从业经历必然对子女的职业生涯规划产生影响。如果父母是自己创业的，子女在长期熏陶中也会积累创业的意识和技能，尽管从事的行业可能会与父母不同。家庭经济状况及其变化不仅影响子女就业和创业的基础，也影响他们对机遇的把握。

（三）家庭支持

家庭是否支持是影响高职生职业选择的重要因素：一方面，每个人性格的养成都离不开家庭的影响；另一方面，作为家庭的一员，高职生在作职业选择时，不得不考虑家庭的实际情况及家庭成员的意见。家庭对高职生选择职业的支持态度是毋庸置疑的，但支持的力度有很大差别，这主要是由家庭成员的社会地位、经济条件、社会关系等不同造成的。如果没有家庭的支持或家庭支持的力度太小，高职生在选择职业方向时就会较少考虑自己的兴趣、爱好等，而转向较容易进入的行业和较容易获得的职位，反之则会寻求更高、更好的职业方向。

四、工作环境探索的途径

感知和了解宏观和微观的工作环境，对高职生作出就业决策有非常重要的作用。认知工作环境的途径有很多，不同途径得到的信息有不同的特点。具体而言，工作环境探索的主要途径有以下四条。

（一）网络系统

在这个网络四通八达的信息时代，职业信息的发展同样离不开网络。越来越多的网站开始提供丰富的职业信息内容，如智联招聘、猎聘等招聘网站及各大公司的网站等，因此充分利用媒介搜索信息的能力非常重要。

微信基本上成为智能手机的“标配”，根植在于微信中的公众号也逐渐成为高职生获取职业资讯的重要渠道。

（二）刊物杂志和视听媒体

印刷品：如书籍、杂志和报纸等；官方出版物，我国最权威的职业信息来源当属《中华人民共和国职业分类大典》；图书、报纸杂志和期刊，如《中国大学生就业》《成才与就业》等，也是职业信息的重要来源，其包含大量企业职位的信息，还能提供行业信息和各地劳动力市场的信息。此外，电视节目、电影、视频等视听媒体的视听资料也能提供很多职业信息，如《非你莫属》《职来职往》《中国好商机》等。

（三）个人的直接经验

高职生参与到真实的职业活动中，亲身体验职场生活，这也是了解职业信息最直接、最有效的方法。学校的实训课、顶岗实习及高职生利用寒暑假、业余时间参加的社会实践等都是参与工作的最常见途径。高职生可利用这些机会，深入了解职业的特性，深入了解企业文化、工作环境、管理方式等，从而真实考察自己的兴趣、个性和能力是否与职业相吻合，从而尽早地完善自己的职业目标。通过实践，高职生还可以了解社会和行业的就业需要，有针对性地提升自己的职业能力，为今后顺利就业打下基础。

（四）他人的间接经验

他人的间接经验对于缺乏工作经验和社会阅历的高职生来说，是帮助其进行职业探索和加强职业环境认识的重要参考信息，高职生可以通过开展活动获得他人的间接经验。例如，开展生涯人物访谈活动等。生涯人物访谈，是通过与一定数量的职场人士（通常是自己感兴趣的职业从业者）会谈从而获取关于一个行业、企业的“内部”信息的一种职业探索活动。通过访谈，了解该职业职位的实际工作情况，获取相关职业领域的信息，进而判断你是否真的对该工作感兴趣，实际上是一次间接、快速的职业体验。

工作环境的探索途径不是单一的，应该将各种途径结合起来使用，以提升所获信息的质量。高职生可以采取由近及远，由易到难，循序渐进的方式开展外界探索。在探索的同时，关注互动、关注情境、关注体验。

活动与训练

盘点你的家庭职业族谱

一、训练目标

1. 通过分析家庭环境对高职生职业发展的影响，探索工作环境。
2. 让高职生通过调查研究，感知环境变化，提升洞察力。
3. 让高职生通过信息整理，积累相关资料，了解城市差异。
4. 使高职生更多地了解社会发展的特点和现实需求。

二、程序与规则

1. 材料准备：彩笔、A4 纸、活页挂纸。
2. 活动要求：画出你的家族职业树（如图 2-1 所示），并讨论以下内容：

（1）你家族中大部分人从事的职业是什么？

（2）你想要从事这种职业吗？为什么？

（3）父亲如何形容他的职业？父亲平时会提到哪些职业？他怎么说的？

（4）父亲的想法对你的影响有哪些？

（5）母亲如何形容她的职业？母亲平时会提到哪些职业？她怎么说的？

（6）母亲的想法对你的影响有哪些？

（7）家族中还有谁的职业想法对你影响深刻？他们怎么说？

（8）家族中对彼此职业感到满意或羡慕的是什么？

图 2-1　家族职业树

（9）家族中成员最羡慕的职业是什么？

（10）对于他们的想法，你有什么样的见解呢？

（11）你的家人最常提到有关职业的事是什么？对你的影响是什么？

（12）哪些职业是你绝不考虑的？

（13）哪些职业是你考虑过的？

（14）选择职业时，你还重视哪些条件呢？

三、评价与反馈

选几名同学代表进行分享，相互探讨，教师点评。

四、参考时间

15 分钟。

探索与思考

1. 思考微观环境中哪个因素对你的职业生涯发展影响最大，为什么？

2. 请你分析一下你们学校在同类院校中的特色和优势。

3. 请谈谈拥有何种企业文化的公司更加吸引你，为什么？

2.3　组织和岗位的认知

导入案例

某公司销售经理的招聘信息

一、职位描述

1. 执行公司的营销管理制度和销售政策，保证质量的同时按时完成销售任务。
2. 做好工作记录、表单、客户档案等资料的保管和及时上交工作。
3. 开展销售工作，巩固、开拓市场，提高产品的市场占有率。
4. 及时报送客户订货需求，负责销售货款的催收。
5. 在授权下签订一般订货合同。
6. 密切联系客户，掌握客户的基本情况和动态，建立并完善客户档案。
7. 熟悉产品，提高自身的技术服务能力。加强业务知识、技能的学习。
8. 进行市场调查，及时向公司反馈市场、客户信息和侵权信息，做好保密工作。
9. 维护公司和产品形象，采取措施制止客户做出不利于公司和产品的行为，避免公司利益受损。
10. 完成业务部主管交付的其他工作任务。

二、职位要求

1. 男女不限，能吃苦耐劳，有团队精神。
2. 做事认真踏实、忠于公司、勤于工作，有长期发展的意愿。
3. 要求在相关行业有一年以上工作经验，能力突出，应届毕业生亦可。
4. 熟悉基本的电脑操作；具有一定市场业务能力，有激情，反应能力强，对人对己有一定的责任心；协助经理进行市场开发，拓展经销商，并做好后期维护工作。

三、公司提供

1. 内部提升制度。
2. 较高的薪酬。

四、福利待遇

1. 工资：底薪加提成 4500～8000 元。
2. 假期：按照国家法律规定。

分析：制定职业生涯规划时，需事先了解职业环境，职业环境是高职生所要面对的具体的、标准的一个环境。明确职位要求、薪资情况和企业所能带来的福利是重中之重。

组织环境是指个人即将步入的行业环境、企业环境的总和，即高职生面对的具体职场环境。个人所在的组织环境对个人职业发展有着重要影响，当组织环境适宜个人发展时，个人职业更容易取得成功，但组织环境同社会环境一样，也在不断地变化和发展，这些变化同样对高职生提出了更高的要求。

一、组织机构的类型

组织（也称“用人单位”）是指人们为实现一定的目标，互相协作结合而成的集体或团体，如党团组织、工会组织、企业、军事组织等。这里所指的组织主要是学生就业的组织，不同的就业组织对不同人才的需求也不同。

不同的组织对人才的要求不同，其工作特点也不同。国有经济类型的组织工作相对稳定，外资企业有更多与国外合作的机会和学习管理经验的机会。规模大的组织有更大的组织内部的工作发展空间、更多的培训机会，而规模小的组织有更多独当一面的锻炼机会。以营利为目的的组织更看重员工为企业创造经济效益的能力，而非营利性的组织更看重社会公益性、社会责任感等其他能力。

（一）国家机关

国家机关是指中央和地方的各级行政管理部门，其包括国家权力、行政、司法、军事等各方面的机关。国家权力机关是指各级权力机构，如全国人民代表大会，省、自治区、直辖市人民代表大会，市、县、自治县、旗人民代表大会，乡、镇人民代表大会。国家行政机关是指国务院及其职能机构，如部、委、办等，省、自治区、直辖市政府及其职能机构，市、县政府及其职能机构，乡、镇政府及其职能机构。国家司法机关是指各级人民法院和各级人民检察院。国家军事机关包括国家军事委员会和各级军事机构。

（二）事业单位

在我国，事业单位是指那些从事文化教育、科学技术、新闻出版、医疗卫生、体育等专业活动，以增进社会福利，满足社会文化、教育、科学、卫生等方面需要，以提供各种社会服务为直接目的的社会组织。事业单位，是相对企业单位而言的，包括一些有公务员工作的单位，是国家机构的分支。

事业单位有两个特点：一是以公益为目的，而不是以营利为目的；二是从事文化、教育、卫生、体育、新闻等公益事业活动。其独立经费主要源于国家的财政拨款，也可以通过集资入股或集体出资等方式取得。其在从事民事活动中所产生的债务，应以其独立经费负清偿责任。

（三）企业的分类

1. 公司制企业

公司制企业是指按照《中华人民共和国公司法》（以下简称《公司法》）规定的在中华人民共和国境内设立的有限责任公司和股份有限公司。

有限责任公司：是指股东以其认缴的出资额为限对公司承担责任。

股份有限公司：是指将公司的资本分为若干股份，股东以其所持股份的数额对公司承担责任的公司形式。

2. 央企的类型

央企即中央企业，作为中国国有企业，长期以来一直是中国国民经济的重要支柱。按照中国政府的国有资产管理权限划分，中国的国有企业分为中央企业（由中央政府监督管理的国有企业）和地方企业（由地方政府监督管理的国有企业）。广义的中央企业包括三类：

（1）由国务院国有资产监督管理委员会管理的企业，从经济作用上分为三种：提供公共产品的，如军工、电信；提供自然垄断产品的，如石油；提供竞争性产品的，如一般工业、建筑、贸易。

（2）由金融监管局、证监会管理的企业，属于金融行业，如国有四大保险公司（中国人保、中国人寿、中国太平保险、中国出口信用保险）和国有五大银行（建设银行、农业银行、中国银行、交通银行、工商银行）及中国进出口银行、中国农业发展银行、国家开发银行。

（3）由国务院其他部门或群众团体管理的企业，属于烟草、黄金、铁路客货运、港口、机场、广播、电视、文化、出版等行业。

3. 国企的分类

国企，全称为国有企业，是指一个国家的中央政府或联邦政府投资或参与控制的企业。而在中国，国有企业还包括由地方政府投资参与控制的企业。国企并非都是央企，但央企全都是国企。

所谓国企的性质，就是全民所有制企业的性质。全民所有制企业的实质就是企业生产资料归全体人民共同所有的企业。国企的实质就是生产资料属于全体人民共同所有的企业。

（1）特殊法人企业。

特殊法人企业由政府全额出资并明确其法人地位，由国家通过专门的法规和政策来规范，不受《公司法》规范。这类国有企业被赋予强制性社会公共目标，没有经济性目标，也就是说，其作用是直接提供公共服务，国防设施、城市公交、城市绿化、水利等，都应归入这类企业。这类企业需要由公共财政给予补贴才能维持正常运行。

（2）国有独资企业。

国有独资企业由政府全额出资，受《公司法》规范。这类企业以社会公共目标为主，经济目标为辅。这类企业主要是典型的自然垄断企业和资源类企业，如铁路、自来水、天然气、电力、机场等。从经济学角度出发，这类企业的产品或服务应按边际成本或平均成本定价，以此来实现社会福利最大化，而不是谋求从消费者那里攫取更多的剩余价值。

（3）国有控股企业。

国有控股企业由政府出资控股，受《公司法》规范。这类企业兼具社会公共目标和经济目标，以经济目标支撑社会公共目标。这类企业主要是自然垄断企业和国民经济发展的支柱产业，如电子、汽车、医药、机场等。需要注意的是，这类企业不直接提供公共服务，而是通过向国家财政上缴股息和红利，间接提供公共服务。如果由于特殊环境，这类企业不得不履行一些公共职能，那么由此造成的损失，由国家财政给予补偿。不过，在补偿以后，股息和红利不能免除。当然，通过约定和核算，二者可以相抵。

（4）国有参股公司。

国有参股公司严格来说应该称为“国家参股公司”或“政府参股公司”，而不是国有企业，政府只是普通参股者，受《公司法》规范。

4. 非公司制企业

非公司制企业，是指不受《中华人民共和国公司法》《中华人民共和国中外合资经营企业法》《中华人民共和国中外合作经营企业法》等法律规范，目前仍然依法存续并从事生产、经营、服务活动的企业。非公司制企业也是依法设立、以营利为目的的企业，其虽从事生产经营活动但不具备公司设立条件。

注意：在法律理论中，一般把企业分为独资企业、合伙企业和公司企业，公司仅为企业的一种。在我国，公司均为企业，但企业并非都是公司。

知识链接

《中华人民共和国公司法》简介

《中华人民共和国公司法》是为了规范公司的组织和行为，保护公司、股东和债权人的合法权益，维护社会经济秩序，促进社会主义市场经济的发展而制定的法律。1993 年 12 月 29 日第八届全国人民代表大会常务委员会第五次会议通过，1999 年、2004 年、2005 年、2013 年、2018 年、2023 年多次修正修订。

该法律适用于在中华人民共和国境内注册的各类公司组织，包括有限责任公司、股份有限公司等。根据《中华人民共和国公司法》，公司主要分为有限责任公司和股份有限公司两种类型。该法规定了公司的注册程序和条件，包括公司名称的选择、出资方式、出资额等，也规定了公司的组织形式，包括股东大会、董事会、监事会等机构，并规定了它们的职权和运作方式，其对公司组织和管理等方面作了全面规定，为中国公司的健康发展提供了法律保障。

2023年12月第十四届全国人民代表大会常务委员会对《中华人民共和国公司法》进行了修订，以下是部分修订内容：

1. 新增了总则第六条：公司应当有自己的名称。公司名称应当符合国家有关规定。公司的名称权受法律保护。

2. 新增了总则第二十条：公司从事经营活动，应当充分考虑公司职工、消费者等利益相关者的利益，以及生态环境保护等社会公共利益，承担社会责任。国家鼓励公司参与社会公益活动，公布社会责任报告。

3. 新增了总则第三十三条：公司登记机关可以发给电子营业执照。电子营业执照与纸质营业执照具有同等法律效力。

4. 删除了第三章第二十三条：设立有限责任公司，应当具备下列条件：（一）股东符合法定人数；（二）有符合公司章程规定的全体股东认缴的出资额；（三）股东共同制定公司章程；（四）有公司名称，建立符合有限责任公司要求的组织机构；（五）有公司住所。

二、岗位和岗位探索

（一）岗位

岗位是指在特定的组织中，在一定的时间内，由员工承担完成若干项工作任务，并具有一定责任和权限的职位。在我国企业人力资源管理中，广泛使用岗位一词。

岗位可根据不同的标准进行分类，以下是几种常见的分类方式。

1. 按工作性质分类

（1）技术岗位：主要从事技术性工作，如工程师、程序员等。

（2）行政岗位：主要从事行政管理和支持工作，如行政助理、文员等。

（3）销售岗位：主要从事销售和市场推广工作，如销售代表、市场专员等。

2. 按工作级别分类

（1）领导岗位：包括管理层和主管级别的岗位，如部门经理、项目经理等。

（2）普通岗位：一般指执行具体任务的基层员工，如操作工、售后服务员等。

3. 按工作职能分类

（1）生产岗位：主要从事产品制造和加工工作，如生产工人、操作工等。

（2）服务岗位：主要从事为客户提供服务的工作，如服务员、客服专员等。

（3）管理岗位：主要从事组织和协调工作，如项目经理、部门主管等。

4. 按工作对象分类

（1）内部岗位：主要为组织内部其他部门提供服务和支持的岗位，如行政助理、内部审计等。

（2）外部岗位：主要为组织外部客户或合作伙伴提供服务和支持的岗位，如销售代表、客户经理等。

5. 按工作特点分类

（1）全职岗位：指要全天候从事工作的岗位。

（2）兼职岗位：指工作时间和强度较为灵活，一般不是全天候从事工作的岗位。

这些分类方式可根据具体情况和需要进行组合和调整，以适应不同组织和行业的实际情况。

（二）岗位探索

岗位探索是对岗位本身的工作内容和岗位发展前景的初步调研。对岗位的初步明确和把握，是做好职业生涯规划的重要一步，也可帮助高职生在应聘时有的放矢，提高求职成功率。岗位探索的内容主要包括以下几个方面。

1. 岗位概况

岗位概况是对岗位的定义、工作内容及要具备的素质等方面进行的阐述，这是岗位的基本内容，是理解一个岗位的最直观方面。岗位概况的内容包括该岗位是什么（岗位的一般定义），该岗位做什么（核心工作内容——“典型一天”），该岗位要具备什么（岗位胜任素质），谁从事过和正在从事这个岗位（从业者体会）。

高职生在探索岗位时主要任务就是要了解这个岗位的核心工作内容和岗位的明确要求。在明确了岗位要为公司、部门做哪些工作后，高职生就可根据工作内容来判断自己是否喜欢，能否胜任此工作。

2. 岗位规范

通过了解岗位的规范，高职生可对某一岗位的基本情况进行快速认知。

（1）岗位规范的定义。

岗位规范是指对岗位工作内容、职责、权限、行为准则等方面进行明确规定和规范的文件或标准。岗位规范的制定旨在规范员工在岗位上的行为和工作方式，提高工作效率和工作质量，保障组织的正常运作。

（2）岗位规范内容。

岗位规范包括以下几个方面的内容：

岗位职责：对岗位所需承担的具体工作任务和职责进行阐述，明确工作内容和工作目标。

权限范围：明确岗位在工作中所具有的决策权和操作权限，避免岗位间的职权重叠和交叉。

行为准则：规定岗位工作人员在工作中应遵守的行为规范和道德规范，包括工作纪律、工作态度等方面的要求。

工作流程：描述岗位工作人员在工作时应遵循的工作流程和操作步骤，确保工作的顺利进行。

绩效评估标准：确定岗位工作人员的绩效评估标准和评价方法，以评估员工的工作表现和工作质量。

安全规范：规定岗位工作人员在工作中应遵守的安全操作规范和安全防护措施，确保员工的安全和健康。

3. 岗位晋升和职业发展

岗位是在职能的基础上根据具体需要而分化产生的，所以在同一部门、同一职能上一定会有多个类似的岗位，提前了解岗位的晋升路径能为自己岗位轮换、工作转换、升职等带来极大的便利。高职生应当了解与该岗位相关的岗位都有什么、该岗位的职业发展路径是什么。

一个部门里通常会有众多职能相同、工作相似的岗位。例如，在人力资源部门里，与招聘专员工作相似的岗位有培训专员、考核专员等。高职生对相关岗位进行岗位探索，有利于高职生全面了解部门职能并培养多方面能力，也有利于高职生进行职业选择和个人定位。

一个岗位是有其固定的晋升路径的。以招聘岗位为例，晋升路径为招聘专员→招聘经理助理→招聘经理→招聘总监，但具体的晋升岗位和路径要结合企业类型和企业所处的发展规模，很可能一些中小公司的招聘专员就负责整个公司的招聘工作。因此，高职生应当明确自己的岗位在企业里的晋升方向，这样有利于激发工作热情和提升信心。

企业员工的职业发展是指员工在组织内部不断提升职业技能和经验，逐步实现个人目标的过程。以现代公司制为背景，员工常见的职业发展路径如图 2-2 所示。

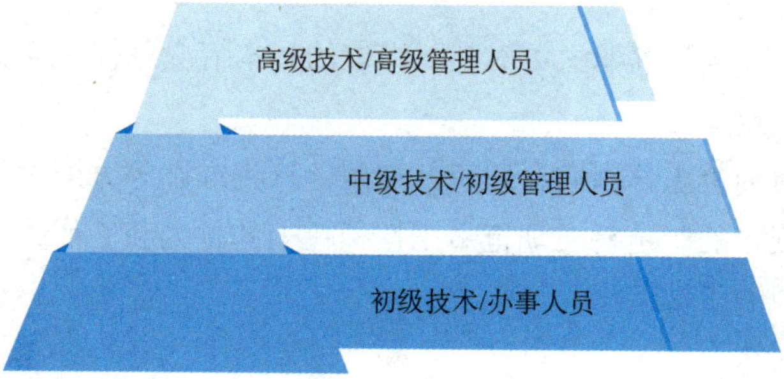

图 2-2　职业发展路径

其主要职业转换和晋升路线如下：

初级技术人员（技术助理）→ 中级技术人员（技术工程师）→ 高级技术人员（高级技术顾问）→ 技术专家（首席工程师）→ 技术管理人员（首席技术官）

普通职员（办事人员）→ 初级管理人员（主管 / 经理）→ 中级管理人员（总监 / 高级总监）→ 高级管理人员（副总裁 / 总裁）→ 高层管理人员（CEO/ 董事长）

4. 不同背景下的岗位要求

岗位的通用要求加上不同背景下的岗位理解构成了一个岗位的最终描述。高职生在求职时要特别考虑以下因素，主要包括：不同行业对这个岗位的理解是什么（行业背景下的岗位要求），不同类型企业及企业所处发展阶段对这个岗位的理解是什么（企业背景下的岗位要求），不同领导和上司对这个岗位的理解和要求是什么（人为背景下的岗位要求）。

“隔行如隔山”是对岗位不同理解的最好注释。同样的一个岗位名称，在不同行业里有可能做完全不同的工作，当你选择一个具体岗位时，一定要了解该岗位所属的行业是什么，以及这个行业对岗位的具体要求是什么。

不同性质的企业，如外资、国企、私企等性质完全不同的企业对岗位的理解也是大相径庭的。企业所处的发展阶段、发展规模也是影响岗位理解的关键因素，相对来说，大企业对岗位的要求正规一些，而小企业则随意一些。

虽然业内对一个岗位有其通用的要求，但还要考虑公司领导、部门和上司对岗位的具体理解和要求。

5. 个人与岗位的差距

综合了解岗位要求后，就可以进行差距的量化和补充。通过自我探索，个人可以全面、准确地了解自己与岗位间的差距。差距是可以量化的，如管理能力不强，英语发音不标准等。量化可使行动方向更明确，知识补充更有针对性。

案例 2-6

王超的委屈

王超是某高职院校会计专业的一名学生，他对自己的专业非常有信心，因为任何一家企业都需要会计。临近毕业找工作时，他去应聘一家房地产中介公司的会计，招聘广告上写明是招聘会计。经过面试后，王超被录取了。去报到时，却被告知，按照公司规定，所有员工必须在基层锻炼一段时间，熟悉公司的整个运作流程后方可回到本职岗位。于是王超就被分派到分店做业务员，每天工作很辛苦，和会计专业根本不相关，而且公司也没有告知王超何时能够调回会计岗位。一段时间后，王超实在无法忍受，只好提出辞职。公司以违反劳动合同为由，要求王超支付违约金。

分析：王超在不了解岗位具体工作内容是什么的情况下，就仓促签约，导致自己陷入困境。这提醒高职生在求职的时候，一定要了解岗位的具体工作内容，仔细分析，询问工作细节，了解清楚后再决定是否签约。

活动与训练

岗位大盘点

一、训练目标

对某岗位有清晰的认知。

二、程序与规则

1. 材料准备：黑笔、A4 纸。

2. 活动要求：以小组为单位完成下列活动。

（1）列出与所学专业相关的初始岗位（2～3 个）。

（2）了解岗位的核心内容、胜任素质、晋升方向，并找出不同行业对岗位的不同要求。

（3）查阅资料，按小组汇总材料。

（4）小组分享。

三、评价与反馈

以小组为单位进行分享，并进行组间评价，教师点评。

四、参考时间

20 分钟。

探索与思考

1. 说说你想去什么类型的组织，为什么？

2. 思考不同组织间同一岗位的区别。

3. 请列举出和你专业相关的岗位？

模块三　自我认知

模块导读

自我认知是职业生涯规划的基础，是高职生择业就业意识从“我想干什么”的幻想转变为“我能干什么”的现实的过程，也就是实现择业者知行统一的过程。在职业生涯中了解自己的人更容易实现职业成功与满足。

首先，高职生要认识自己，了解自己的兴趣、性格。其次，能正确理解能力与职业的关系，在职业规划中能重视对个人能力的认识和培养，着力提高自身的学习能力、实践能力、创新能力，学会知识技能，学会动手动脑，学会生存生活，学会做人做事。最后，审视并树立王确的价值观，尊重别人的价值观。

能力标准

分类	具体内容
知识	1. 能说明自我认知的概念和内涵； 2. 了解职业兴趣、职业性格、职业价值观、职业能力的概念和分类； 3. 了解性格与职业发展的关系； 4. 明确能力的概念
技能	1. 能运用霍兰德的职业兴趣理论探索个人职业兴趣； 2. 洞悉各种性格特质与职业选择的关系，运用 MBTI 测试个人职业性格； 3. 能够借助测评工具明晰个人的主要职业能力
态度	1. 通过不同的方法实现对自身的客观认知； 2. 估算个人的职业能力，做出合适的职业选择； 3. 树立积极正确的就业价值观

学习导航

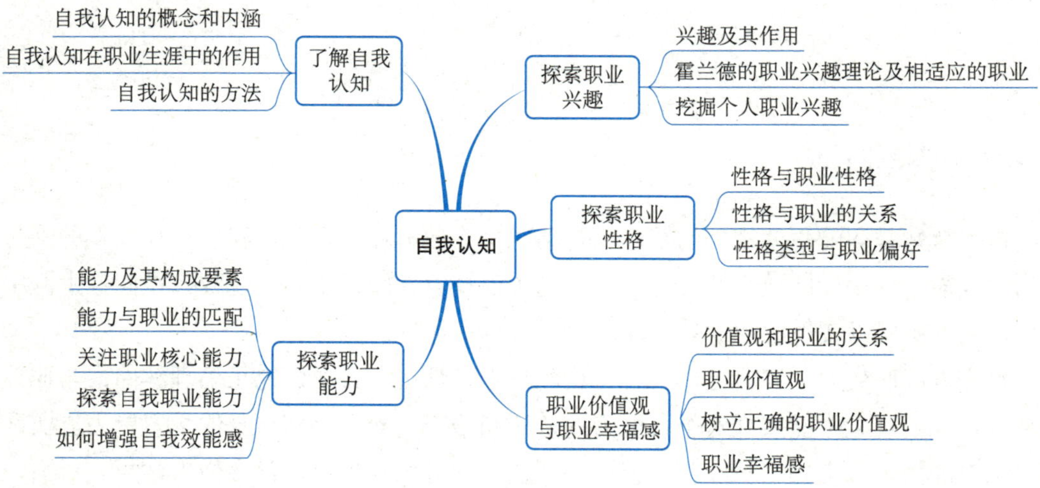

3.1 了解自我认知

导入案例

一斤米的价值

一个青年向一位哲人求教。

"大师，我有一件事不明白，它使我整夜睡不好觉，也使我很迷惘，希望您能给我指出一条光明的道路。"青年很虔诚地说。

哲人没有说话，青年继续说道："有人赞我是天才，将来必有一番作为；也有人骂我是笨蛋，一辈子不会有多少出息。依您看呢？"

"你是如何看待自己的？"哲人反问。

青年摇摇头，一脸茫然。

哲人说："譬如同样一斤米，用不同眼光去看，它的价值也就迥然不同。在炊妇眼中，它不过做两三碗米饭而已；在农民看来，它最多值一元钱罢了；在卖粽子的人眼中，包成粽子后，它可卖出三元钱；在味精厂家眼中，它可提炼出味精，卖八元钱。不过，米还是那斤米。"哲人顿了顿，接着说："同样一个人，有人将你抬得很高，有人把你贬得很低，其实，你就是你。你究竟有多大出息，取决于你到底怎样看待自己。"

青年豁然开朗。

分析：每个人都有自己不同的价值。平庸者的最大价值是平庸，卓越者的最大价值是卓越。道理很简单，就看自己如何正确地认知自己，如何去进行一生的奋斗与努力。

一、自我认知的概念和内涵

（一）概念

自我认知（也称“自我探索”）是指个人关于自己的识别与反省，是关于自己是怎样的人，应该有怎样的行为及他人对自己如何评价的认识。自我认知是主观自我对客观自我的认知与评价，包括自我感觉、自我观察、自我印象、自我分析、自我评价等。自我认知回答的问题一般是“我是谁”“我是个什么样的人”等。

自我认知就是从个人职业发展角度对自我进行分析、研究，明确个人的职业发展方向，获得自我价值认同。它是个体进行职业决策的重要前提，主要从兴趣、人格、能力、价值观等几个维度进行探索。性格决定一个人最自然的行为，兴趣决定一个人喜欢做什么，能力决定一个人能够做什么，价值观决定一个人愿意做什么。

案例 3-1

马克·吐温成功的秘密

作为职业作家和演说家，马克·吐温在文学领域和演说领域取得了很大的成功。在其成功前，他曾经试图成为一名商人。他先是投资开发打印机，花费了整整三年时间，最后把千辛万苦借来的 5 万美元全部赔光了。他又发现出版商因为发行他的著作而赚了大钱，他很不服气，心想，自己写文章自己出版发行，所有的利润不就都是自己的吗？为什么不自己开一家出版公司呢？于是他又投资开了一家出版公司。但是，写作与经商是截然不同的事情，他很快就陷入了债务危机，出版公司破产了。经过两次失败的打击，马克·吐温终于认识到经商不是自己所擅长的，于是他彻底断绝了经商的念头，转而到全国巡回演讲，在演讲的间隙里埋头写作。很快，马克·吐温因其风趣幽默的风格而声名远扬，成为知名的演说家，其撰写的小说也成为脍炙人口的作品。

分析：尺有所短，寸有所长。马克·吐温开始的经商经历是“把宝贝放错了地方”。成功的原则是选择最能使自己的长处得以发挥的职业。

（二）内涵

自我认知的四个维度：

（1）兴趣：是人们对事物的喜好和关切情绪，是解决问题的意愿与动机。

（2）性格：是基因与心智成长共同作用的产物。

（3）技能：是完成活动所需的特定能力。

（4）价值观：是意义的创造与表达，是一个对周围人和事物的意义的总体评价和看法。

这四个维度之间的关系整合成一个完整的独特的个体，即“自我”，在职业选择中共同起作用。其中价值观是核心，性格是关键，兴趣和技能是两个重要的辅助因素。

知识链接

霍兰德职业兴趣理论

约翰·霍兰德是美国约翰·霍普金斯大学的心理学教授，美国著名的职业指导专家。他于 1959 年提出了具有广泛社会影响的职业兴趣理论。认为人的人格类型、兴趣与职业密切相关，兴趣是人们活动的巨大动力，凡是能引起人们兴趣的职业，都可以提高人们的积极性，促使人们积极地、愉快地从事该职业，且职业兴趣与人格间存在高度的相关性。霍兰德认为人格可分为现实型、研究型、艺术型、社会型、企业型和常规型六种类型。

经过多年的发展，职业兴趣测验已在教育、培训、企业管理等领域被广泛应用。企业招聘时，通过对应聘者职业兴趣的测试来判定其属于哪种类型，并由此决定其职位分配。在企业的日常管理中，如果出现员工和职位不匹配的情况，也可通过职业兴趣测验测试出员工的职业兴趣，再安排与其职业兴趣相匹配的岗位。霍兰德的职业兴趣理论对个人升学就业具有重要的指导和参考作用，目前已成为众多职业咨询机构的重要工具。

课堂活动

自我探索

在希腊圣城德尔斐神庙的神殿上刻有一条著名的神谕，告诫人们要“认识你自己”。这至今仍是一句天启式的至理名言。

1. 我是谁？

你是否了解你自己？请为自己画出一幅自画像，写出 20 个“我是……”。

2. 自己眼中的“我”

假如我是一种动物，我希望是 ________，因为 ________________。

假如我是一位演员，我希望是 ________，因为 ________________。

如果举行假面舞会，我愿意扮作 ________，因为 ________________。

3. 他人眼中的“我”

别人说我 ________。

认为我是________，因为______________。

我们在选择职业的过程中，可能会受到各种外来因素的影响，如金钱与地位、家人的期望、朋友的影响等。如果这些因素过度影响职业选择，则会导致我们错戴“金手铐”。不要让他人观点发出的“噪声”淹没你内心的声音，一定要遵从自己的性格、兴趣、能力等，才能找到正确的方向。因为性格决定我们适合做什么，兴趣表露我们真心喜欢什么，能力明确我们能做什么。

自我认知不仅要通过分析式思维了解自己在价值观、兴趣、能力等各方面的特征，还应通过整合式思维把这些特征综合起来，使我们各方面的心理特性协调发展。这样才不至于出现如“自己喜欢的不是自己擅长的”“自己在做的不是自己喜欢的”等不协调的情况。

二、自我认知在职业生涯中的作用

自我认知是职业生涯规划中的关键步骤和环节，如果主观评价高于社会客观评价，则往往会导致碰壁或失败；如果主观评价低于社会客观评价，则会导致信心不足、犹豫不决，很可能会错失良机。只有个人对自己的主观评价与社会对自己的客观评价趋于一致时，才容易取得成功。因此，客观的自我认知是职业生涯规划得以有效实施的前提。

（一）自我认知帮助高职生树立正确的职业目标

尺有所短、寸有所长。每个人都有别人无法比拟的长处，也有自我难以克服的缺点。职业生涯规划必须结合自身特点，不同的兴趣、性格、爱好与技能，会引导个体树立不同的职业理想和职业目标。自我认知，是对自我的深层次剖析，了解自己的能力大小，明确自己的优势和劣势，根据过去的经验选择，推断未来的工作方向，从而树立自己的职业目标。

（二）自我认知是自信的源泉和依据

高职生在自己的生活经历和所处的社会境遇中，能否客观地认识自我、评价自我，正确地塑造自我形象，把握自我发展规律，培养积极的自我意识，将在很大程度上影响或决定自身职业选择。每个人都是独特的，既有自己的优势，也有自己的不足，只有全面客观地认识自我，才能自主充分地接纳自我，从而更好地树立自信。也就是说，自信是产生在正确认识自我的基础上的。过于高估自己，就是自负，而过于低估自己，就是自卑，这些对于职业生涯来说都是不利的。

（三）自我认知是职业生涯规划的基础和起点

在职业生涯规划中，认识自我就是要使自己了解：我适合干什么——个人特质；我喜欢干什么——职业兴趣；我最看重什么——职业价值观；我能够干什么——职业技能。

选择适合自己的职业，自我认知是重要的第一步。其包括认识自己的优势与劣势、自己的独特性和发展潜力；认识自己的理想、价值观、兴趣爱好、能力、性格等心理特点。正确的职业生涯规划离不开自我认知，个人需要避免空想和低估自己的实力，以确保职业生涯规划能够真正落地并取得成功。

案例 3-2

根据火灾选助手

一位老板想从值得信任的甲、乙、丙三位助手中，选拔他们分别负责财务管理、业务推广、策划后勤的工作。这位老板想了解三位助手的性格特点，根据性格分配适合他们的工作。于是他安排三位助手下班后留在公司与他一起研究问题，其间故意制造了一起假火灾，以便观察他们三人的性格特点。结果发现，在火灾面前三人的表现完全不同。甲说："我们赶快离开这里再想办法。"乙一言不发，马上跑到墙角拿起灭火器去寻找火源。丙则坐着不动，说："这里很安全，不可能有火灾。"老板通过三位助手各自的行为表现，找到了满意的答案。他认为，甲首先离开危险区，立于不败之地，表现出客观、谨慎、稳重、老练的性格特征；乙积极向危险挑战，抢先救火，忠于公司，表现出勇敢、大胆、敏捷、果断的性格特征，也敢于冒险；丙对公司的安全早有全面了解和信心，甚至可能是才智过人，早已看出这是一出"戏"，表现出沉着冷静、深谋远虑的性格特征。老板根据他们的性格特征，分别将甲、乙、丙安排在不同的岗位上，充分发挥他们的性格优势，做到人尽其才。他认为甲的性格适合财务管理工作，乙的性格适合业务推广工作，丙的性格适合策划和后勤工作。

分析：在选择和安排职业时，如果善于把人的性格特征和职业特点结合起来考虑，就可以更好地利用人的性格优势和潜能，发挥人的主观能动性，从而获得较高的业绩和效率。

三、自我认知的方法

自我认知的方法是多种多样的。总体来说，可以综合利用他人评价、橱窗分析法、360° 评估法等方法进行全方位的自我认知。

（一）他人评价

全面的自我认知，包括来自周围不同人物角色的建议，他人评价是探索自我的一个重要方法。除了自己，父母、亲戚、老师、同学等这些和我们长期共同生活的人对我们也比较了解，而且相对于自我反省，他人的反馈意见可能更为客观，通过他人的反馈我们可以对自己的某一方面有更加全面的了解。收集并分析他人对自己的评价，有利于深入认识自我。

知识链接

一代诤臣——贞观名相魏征

魏征（580—643 年），字玄成，钜鹿郡（一说在今河北省巨鹿县，一说在今河北省馆陶县，也有说在河北晋州）人，唐朝政治家、思想家、文学家和史学家，因直言进谏，辅佐唐太宗共同创建“贞观之治”的大业，被后人称为“一代名相”。

相传唐太宗因兵源短缺，而应宰相封德彝的请求，下旨征用不到参军年龄的男子入伍。当诏令转到门下省时，魏征竟拒旨意而不签字。太宗大怒，直斥道：“我已经决定，你怎么敢反对？”魏征回道：“把湖水抽干捉鱼，虽能得到鱼，但是到明年湖中就无鱼可捞了；把树林烧光捉野兽，也会捉到野兽，但是到明年就无兽可捉了。”唐太宗沉吟半晌，下令停止征兵之事，还赏了魏征一口金瓮。

《旧唐书·魏徵传》中写道，李世民用“夫以铜为镜，可以正衣冠；以史为镜，可以知兴替；以人为镜，可以明得失。”高度赞扬了魏征，把魏征对他的评价尊为镜子，足见他人评价的重要性。

（二）橱窗分析法

橱窗分析法是自我认知的一个重要方法，是一种借助直角坐标系不同象限来表示人的不同表现部分的分析方法。坐标的横轴正向表示别人知道，负向表示别人不知道；纵轴正向表示自己知道，负向表示自己不知道。横纵坐标把橱窗分成四个部分，即四个橱窗，这四个橱窗的含义分别是：

橱窗 1：“公开我”，是指自己知道、别人也知道的部分，属于个人展现出来、无所隐藏的信息。例如：个人的外貌、身高、性别。

橱窗 2：“隐私我”，是指自己知道、别人不知道的部分，属于个人内在的隐私和秘密。例如：童年往事、痛苦辛酸的经历、身上的隐疾、心中的某些不快，以及自身不愿意让人知道的信息。

橱窗 3：“潜在我”，是指自己不知道、别人也不知道的部分，是潜能巨大、有待开发的部分。例如，从没有上台讲过话的人，可能一直不知道自己的演讲能力很强。

橱窗 4：“背脊我”，是指自己不知道、别人却知道的部分，就像自己的背部，自己看不到，别人却看得很清楚。例如，个体习惯的小动作、口头禅等，自己很难发现，除非别人告知。

通过橱窗分析法进行自我探索，能帮助个体有意识地探索“潜在我”和“背脊我”的内容。对于“潜在我”的探索，需要个体积极主动探索新的领域、尝试新的行动。对于“背脊我”的探索，个体只要能够虚心诚恳、真心实意地征询他人的意见和看法，多与家人、朋友、同事等开展交流，就能够了解“背脊我”的部分。

（三）360° 评估法

360° 评估法源自人力资源管理中的绩效考核方法，其特点是评价维度多元化（通常是 4 个或 4 个以上）。360° 评估法是由熟悉自己、与自己关系密切的来自不同层面的人员作为评估者，如家人、老师、朋友、同学等，对自我进行多角度的评估。这种方法可减少盲目地自我评估，当别人对自己的某一评价都很一致时，这个反馈意见就非常值得去重视。要注意的是，在获得很多反馈时，要懂得分辨，尤其是那些反馈差异很大的信息，更需要花一些时间去了解和辨别。

例如，可以通过评估表（如表 3-1 所示）测试一下自己，然后相互交流表中的结论，看评价是否客观。

表 3-1　360° 评估

评价人群	优点	缺点
自我评价		
家人评价		
朋友评价		
同学评价		
老师评价		
结论		

知识链接

南北朝后赵皇帝石勒

南北朝后赵皇帝石勒举行宴会招待大臣，宴席上，他问一个大臣，说：“你看我可以比得上古代什么样的帝王？”

大臣吹捧说：“陛下英明神武，比汉高祖还强，别人更比不上了。”石勒笑了笑说：“你说得太过分了。我要是遇到汉高祖，只能做他的臣下，大概跟韩信、彭越差不多。要是我生在汉光武帝那个时候，倒可以和他并驾齐驱，还说不定谁胜谁负呢！”

活动与训练

我的自画像

一、训练目标

让学生在受保护的环境下，画出自己脑中清晰或模糊的自画像，在自我体验、讨论与分享的过程中逐步探索自我、认识自我、接纳自我。

二、程序与规则

1. 在 10～15 分钟内，每人在白纸上画一幅“自画像”。可以用任何形式来画自己，抽象的、形象的、写实的、写意的，总之把自己心目中的东西画出来，可以有标题也可以无标题。

2. 小组内分享“自画像”。

三、讨论

1. 向小组其他成员简单阐述画的意图。

2. 同组成员就自己不理解的地方提问。

3. 所有作品在展板上展示，小组派代表在全班分享。

四、总结

“只有你喜欢上真实的自己，别人才会喜欢真实的你。”认识自我是一切的起点，我们可以通过自我认识塑造一个健康的自我，和自己达成某种和解，从而更加勇敢地去面对生活中的风雨波折。

探索与思考

1. 自我认知有哪些具体方法？

2. 科学系统的自我认知有哪些作用？

3.2 探索职业兴趣

导入案例

兴趣的关键作用

一个人找到自己真正的兴趣，并不是一件容易的事情，有时还要经过反复和波折。不过，一旦发现了兴趣所在，每个人都可以在激情的推动下走向成功。

爱因斯坦非常聪明，被誉为“科学巨人”，但他在求学的时候，一点也不聪明，甚至被当作“低能儿”看待。他喜欢静静地坐着，常常发呆，父母一度以为他有智力障碍。小学的成绩表现糟透了，除了数学成绩卓越，其他都很差，在班上永远是最后一名，老师甚至对家长直言：“做什么都一样，反正你的孩子将一事无成。”但是，连中学毕业证书都没拿到的爱因斯坦终究还是成功了，在历经许许多多的波折之后，他进了瑞士联邦理工学院（苏黎世）就读。爱因斯坦成功的两个关键是叔叔的慧眼与父母的充分信任：他的工程师叔叔使他对数理越来越有兴趣；他的父母坚信儿子一定会成功。兴趣和父母的信任让一个曾被当成智障者，踏上了光明的人生新旅程。

分析： 兴趣会在一个人学业和职业的成功中起着重要的作用。诺贝尔物理学奖获得者丁肇中说：“兴趣比天才重要。”的确，在生活中，如果一个人对某类活动有强烈的喜好，就会乐此不疲。它可以影响人的职业定位和职业选择，在工作中能够激发人的潜能，增强人的职业适应性和稳定性。

一、兴趣及其作用

（一）兴趣和职业兴趣

兴趣是指人们力求认识某种事物和从事某项活动的心理倾向，以特定的人、事物或活动为对象，常常伴随积极的情绪体验。兴趣是人积极探索某种事物的认识倾向。

职业兴趣是人们追求某种职业或从事某种职业的个性取向。职业兴趣能够提高一个人的职业满意度。预测个人职业选择的最好方法就是询问这个人自己想做什么。

一个人对某种职业有兴趣，他在学习和工作中就能全神贯注、积极热情，富有创造性地努力完成所从事的工作。如果一个人对自己的专业或工作毫无兴趣，那么就会缺乏自觉不断追求新成就的热情，即使聪明能干，也无法在本专业或本行业中有所建树。在择业过程中，职业兴趣一旦产生，就会成为择业的重要影响因素。

（二）直接兴趣和间接兴趣

所谓直接兴趣，是指对认识事物或从事活动本身有兴趣；所谓间接兴趣，是指对事物或活动本身虽没有兴趣，但对认识事物或从事活动的结果有兴趣。直接兴趣是对活动本身感兴趣，如因为喜欢英语而努力学习英语。间接兴趣是对活动的结果感兴趣，如为了得到老师的赞扬而学习英语。一般认为，直接兴趣更持久、活动促进效果更好。在工作过程中，两种兴趣都是必要的。如果缺乏直接兴趣，就会使工作成为一种沉重的负担；如果缺乏间接兴趣，就会丧失工作的目标和恒心。

知识链接

匡衡与凿壁偷光

西汉时期的匡衡年幼时就非常喜欢看书。可是当时他家境贫寒，为了读书，他凿通了邻居文不识家的墙，借着偷来的一缕烛光读书，最终感动了邻居文不识，在大家的帮助下，小匡衡学有所成。在汉元帝的时候，经大司马、车骑将军史高推荐，匡衡被封郎中，迁博士。

匡衡的成功在于他对自我兴趣的认知，他把自己感兴趣的事情作为职业目标，从而激发了职业行动，并实现了职业目标。

（三）兴趣的三个发展阶段

从兴趣的发生和发展来看，一般要经历这样一个过程：有趣—乐趣—志趣。

1. 有趣

有趣是兴趣过程的第一阶段，也是兴趣发展的低级水平，其往往易起易落，转瞬即逝，非常不稳定。处于这一阶段的兴趣常常与人们对某一事物的新奇感相联系，随着这种新奇感的消失，兴趣也会自然消失。

2. 乐趣

第二阶段为乐趣，乐趣又被称为爱好。其是在有趣定向发展的基础上形成的，是兴趣发展的中级水平。在这一阶段，人们的兴趣会向专一的、深入的方向发展。例如，一个人对汽车很感兴趣，他不但会学习这方面的知识，还会亲自装配和修理，并参加相关的兴趣小组和论坛。

3. 志趣

当乐趣同一个人的社会责任感、理想、奋斗目标结合起来时，便会转化为志趣。其是兴趣发展的高级水平。志趣是取得成就的根本动力，是成功的重要保证，具有社会性。

案例 3-3

小吴的专业

初中时期的小吴在一次课外拓展活动中接触到了工业机器人，从此对机器人产生了浓厚的兴趣。高中时在市里举办的科技创新比赛中小吴凭借自己设计的“纸箱机器人”荣获二等奖，他立志将来报考与机器人相关的专业。然而，小吴高考不理想，只能读专科，因为他的父亲、舅舅、小姨都从事物流行业，所以家里极力主张他报考物流专业，最终他选择了某职业技术学院物流管理专业。拗不过家里人的小吴，通过网络自学了大量机器人专业知识，并在某机器人公司在网络上举办的工业机器人知识竞赛中荣获第一名，还得到了一次免费参观企业的机会，这件事一直是他骄傲的事情。由于所学专业不是他感兴趣的方向，专业课学得不是很好。大三上学期，小吴跟同学参加了沈阳市组织的专场招聘会，当他看到某机器人企业招聘时，异常兴奋，但和自己专业不对口，因此心情一落千丈。从招聘会回来，小吴就开始思考自己到底要干什么，自己未来的出路在哪里。

分析：小吴不喜欢所学专业，这将直接影响他未来的职业发展。对小吴来说，当务之急是调整好自己，认清自己，重新做规划，在个人兴趣与职业之间找到一个结合点，再进行职业定位。

（四）兴趣的作用

兴趣是人认识某种事物或从事某项活动时的心理倾向。一般来说，兴趣对人的一生有很大的作用。

1. 兴趣可以开发智力

兴趣是最好的老师，是开发智力、挖掘潜能的“钥匙”。兴趣是一种强大的精神力量，它可以使人集中精力去获取知识，并创造性地开展工作。古今中外著名的科学家、艺术家之所以能对人类作出贡献，是由于他们的兴趣和他们对事业的责任感相结合而凝成了一股强大力量，这种力量推动他们不懈努力进而取得成功。当一个人对某种事物感兴趣时，便能调动整个身心的积极性，积极地感知、观察事物，积极思考、大胆探索，使情绪高涨，想象丰富，并具有克服困难的意志。

2. 兴趣可以提高效率

当一个人对某一工作不感兴趣时，即便是很努力，也无法体会到工作的快乐。而兴趣使工作不再是一种负担，而是一种享受。兴趣可以调动身心的全部精力，使个人以敏锐的观察力、高度集中的注意力、深刻的思维和丰富的想象投入工作，从而提高工作效率。

据研究，如果一个人对某一工作有兴趣，就能发挥他全部才能的 80%～90%，并且能长时间保持高效工作而不感到疲倦，表现为做这件事情不会累，而且会忘记时间，深深地投入这件事情中。当人们在专心致志地、积极地参与从事某种活动时，他们会感到最为愉快和满足。这种“聚精会神”“忘我”的状态称为心流。而对工作没有兴趣的人，只能发挥全部才能的20%～30%，也容易精疲力竭。多方面的兴趣可以使人善于应对多变的环境。

3. 兴趣是行动的动力

英国著名人类学家古道尔从小就喜欢生物，她中学毕业后，对黑猩猩的强烈兴趣促使她不畏艰险，只身进入森林与黑猩猩一起“生活”了10年，并获得了极宝贵的第一手资料，为揭开黑猩猩的秘密作出了贡献。在学校里被人骂成“智障”“低能儿”的爱迪生，却显示出杰出的物理才华。在课堂上“智力平平”的达尔文，在大自然的怀抱里却显得异常聪明和敏锐，最终成为进化论的创始人。

是什么使他们由愚蠢变得聪明？是兴趣。找到了自己最感兴趣的工作，就等于踏上了通向成功的道路。因为对于一个人来说，对工作感兴趣，就会有钻研精神，有钻研精神就会出成就。

（五）职业兴趣的作用

1. 职业兴趣会影响职业的选择

在求职择业的过程中，人们除了考虑待遇等问题，还常常将是否对某种工作有兴趣作为重要的考虑因素，一旦发现自己对某种职业有浓厚的兴趣，他们就会努力地去谋取或追求这一职业。

2. 职业兴趣可开发个体潜力

在职业活动中，职业兴趣能够促使一个人发挥自己的主动性和创造性，以一种积极的态度面对工作。当遇到困难时，在职业兴趣的引导下，人们会积极地去思考，想方设法解决这一难题。在这一思考的过程中，个体潜力会得到充分的开发，能力也在会不知不觉中得到增强，从而更容易在职业活动中取得新成果。

3. 职业兴趣帮助个人更快适应职场环境

在职业兴趣的引导下，人们会以一种乐观向上的态度面对自己所处的职业环境，努力去适应它，以谋求更大的发展。他们会快速进入自己的职业角色并设法适应本职工作，使自己在职业活动中尽早摆脱新人的标签。

（六）职业兴趣的培养

职业兴趣是可以通过多种途径，以及自己的努力去改变、发展和培养的。在培养职业兴趣时，可从以下几个方面努力。

1. 培养广泛的兴趣

具有广泛兴趣的人，不仅对自己职业领域内的事物有浓厚的兴趣，而且对其他方面的事物也有一定的兴趣。这类人眼界比较开阔，解决问题时也可以从多方面得到启发，在职业选择上有较大的余地。

2. 要有中心兴趣

人的兴趣应广泛，但不能浮泛，要有一定的集中爱好，即广且有重点，才能学有所长。如无中心兴趣，往往会流于表面，难以深入学习，没有确定的职业方向，难有成就。

3. 重视培养间接兴趣

人在最初接触某种职业时，往往对职业本身缺乏强烈的兴趣，这时可以从间接兴趣入手培养职业兴趣。如了解职业在社会中的意义、对人类的贡献、职业的发展机会等以引起职业兴趣。

4. 积极参加职业实践

只有通过职业实践，才能对职业本身有深刻的认识和了解，才能激发自己的职业兴趣。职业实践活动包括生产实习、社会调查、参观访问，以及组织兴趣小组等。

5. 客观评价自身能力

兴趣是成功的前提，但事业成功也必须具备该职业所要求的能力。因此，在培养职业兴趣的同时要客观评价自己的能力，看自己能否胜任某种职业。在此基础上形成的职业兴趣才是长久的。

二、霍兰德的职业兴趣理论及相适应的职业

兴趣本身不是为了从事某种职业而产生和形成的，但可根据兴趣的指向对职业进行分类，这样就出现了职业兴趣类型。不同的兴趣特征适合不同的职业。霍兰德职业兴趣理论影响最为广泛，他将职业兴趣分为六种基本类型，具体介绍如下。

（一）现实型（R）

这类人习惯发现目标、创造目标。特点是遵守纪律、喜欢安定、感情较为贫乏、洞察力不够敏锐。他们喜欢操纵工具、机器，能适应客观自然和具有明确任务的环境，重视物质的实际收益。这类人比较适合从事有明确要求和需要一定技能技巧，能按一定程序进行的工作，如技术型职业（计算机硬件人员、摄影师、制图员、机械装配工）和技能型职业（木匠、厨师、技工、修理工、农民、一般劳动者）。

（二）社会型（S）

这类人乐于助人、惯于交际、容易合作、重视友谊、责任心强。他们适合要求理解他人、缓和他人行为的环境。如教育工作者（教师、教育行政人员）和社会工作者（咨询人员、公关人员）。

（三）研究型（I）

这类人好奇心强、强调分析和反省。他们乐于选择观念革新、具有开拓性的生产环境。他们喜欢智力的、抽象的、分析的、独立的定向任务，偏好要求具备智力或分析才能，并将其月于观察、估测、衡量、形成理论、最终解决问题的工作，如科学研究员、教师、工程师、电脑编程人员、医生、系统分析员。

（四）艺术型（A）

这类人具有丰富的想象力，有理想、好激动、善于创新。他们精于利用情感、直觉与想象来开创艺术形式或创造艺术作品。他们喜欢要求具备艺术修养、创造力、表达能力和自觉，并将其用于语言、行为、声音、颜色和形式的审美、思索和感受的工作。例如，艺术方面包括演员、导演、艺术设计师、雕刻家、建筑师、摄影家、广告制作人；音乐方面包括歌唱家、作曲家、乐队指挥；文学方面包括小说家、诗人、剧作家。

（五）管理型（E）

这类人具有热情、好奇心和冒险精神，他们自信、交友广泛、精力旺盛、善于表达自己的意见。他们喜欢要求具备经营、管理、劝服、监督和领导才能，以实现机构、政治、社会及经济目标的工作，如项目经理、销售人员、营销管理人员、政府官员、企业领导、法官、律师。

（六）常规型（C）

这类人顺从，具有良好的自我控制能力，但缺乏想象力。他们喜欢稳定、有秩序的工作环境。他们喜欢要求注意细节、有精确度、有系统、有条理，能够记录、归档，根据特定要求或程序组织数据和文字信息的职业，如秘书、办公室人员、记事员、会计、行政助理、图书馆管理员、出纳员、打字员、投资分析员。

然而，大多数人都并非只有一种性向（倾向性或适应性），如一个人的性向中很可能同时包含社会性向、现实性向和研究性向。霍兰德认为，这些性向越相似，相容性越强，一个人在选择职业时所面临的内在冲突和犹豫就会越少。

课堂活动

岛屿度假计划

通过一个小活动，可以更好地了解自己的职业兴趣。

活动目标：分析自己的职业兴趣。

活动时间：40 分钟。

假如你获得了一次免费度假旅游的机会，可以去如表 3-2 所示的 6 个岛屿中的一个。唯一的要求是你必须在这个岛上待满半年。请不要考虑其他因素，按照自己的喜欢程度选出你最想前往的 3 个岛屿。

表 3-2 岛屿测试

岛屿名称	描述
A 岛 美丽浪漫的岛屿	岛上遍布着美术馆、音乐厅，弥漫着浓厚的艺术文化气息。同时，当地的原住民还保留了传统的舞蹈、音乐与绘画，许多文艺界的朋友都喜欢来这里找寻灵感
I 岛 深思冥想的岛屿	岛上人迹罕至，建筑物多僻处一隅，平畴绿野，适合夜观星象。岛上有多处天文馆、科博馆及科学图书馆等。岛上居民喜好沉思、追求真知，喜欢和来自各地的哲学家、科学家、心理学家等交换心得
C 岛 现代、井然的岛屿	岛上建筑物十分现代化，是进步的都市形态，以完善的户政管理、地政管理、金融管理见长。岛民个性冷静保守，处事有条不紊，细心高效，善于组织规划
R 岛 自然原始的岛屿	岛上保留有热带的原始植物，自然生态保持得很好，也有相当规模的动物园、植物园、水族馆。岛上居民以手工见长，自己种植花果蔬菜、修缮房屋、打造器物、制作工具，喜欢户外运动
S 岛 温暖友善的岛屿	岛上居民个性温和、十分友善、乐于助人，社区均自成一个密切互动的服务网络，人们多互助合作，重视教育，关怀他人，充满人文气息
E 岛 显赫富庶的岛屿	岛上的居民热情豪爽，善于企业经营和贸易。岛上的经济高度发展，处处是高级饭店、俱乐部、高尔夫球场。来往者多是企业家、经理人、政治家、律师等，财富论坛和其他行业峰会曾多次在这里召开

1. 按自己第一选择的岛屿分组就座，并按照顺序记录好自己最想去的3个岛屿的代码。

2. 同一岛屿的人进行交流：自己为什么选择这个岛屿，看看大家有什么共同的兴趣爱好，并归纳关键词。

3. 根据大家的交流给自己的小组命名并选取一个标志物和 LOGO 标识，在白纸上制作一张本小组的宣传海报。

4. 每个小组请一位同学用 2 分钟时间展示自己小组的宣传海报并在全班介绍一下本小组成员的共同特点。

其中自己最想去的 3 个岛屿的代码，即为霍兰德职业代码，根据以上探索和测试的结果，就可以找出与自己职业兴趣类型相符的职业。

三、挖掘个人职业兴趣

找到自己的兴趣点，也就回答了职业生涯规划的第一个基本问题，即“我到底想干什么”。然而，很多人面临的主要问题是自己没有特定的兴趣爱好，或者自己兴趣过于宽泛而不专注。其实每个人都可以通过刻意练习，培养一个终身的、稳定而持久的兴趣爱好。这就需要进行以下的训练。

（一）多尝试、多练习

有些人常说对某次活动没有兴趣，也不爱好。究其原因，主要是没有尝试和练习的结果。对某项活动缺乏兴趣的人，一般是怀疑自己缺乏某种能力，怕做不好，惹人笑话，干脆说没兴趣、不喜欢。事实上，只要肯练习，在练习中获得成就感，兴趣爱好也就产生了。

（二）加入同类组织

加入同类组织，一方面可以与同行交流，提高自己的水平。另一方面又可强化自己的兴趣，使其升华，甚至将兴趣变为终生职业。

（三）积极发表自己的作品，力争得到社会的承认

在兴趣爱好问题上，人是希望有所作为的，积极发表自己的作品，能增强自己的信心，给自己带来希望，得到承认后，你就会成为一个有用的人，一个有价值的人，一个有利于社会的人。

这个训练过程还需要我们不断地验证、否定、打磨、扩充……坚持下去，相信自己肯定会不断突破自身的局限，培养出具有核心竞争力的兴趣爱好。

活动与训练

职业生涯幻游

一、训练目标

通过畅想未来职业生涯，寻找自己的职业兴趣。

二、程序与规则

大家根据前面的测试，闭上眼睛想象自己已经通过时空旅行去到十年后的世界。想象十年后的你是什么样子，你在做什么，你周围是些什么样的人。5 分钟后睁开眼睛，回到

现在。欢迎你旅游归来，请用画笔或文字把刚才的旅途心境与感受描绘出来。一起分享讨论：

十年后的你居住的场所____

十年后的你居住场所的周围环境____

十年后的你居住场所的周边人群____

十年后的你从事的工作（含读书）____

十年后的你工作的具体内容是____

十年后的你工作的场所____

十年后的你工作场所的周围环境____

十年后的你工作场所的周边人群____

探索与思考

1. 如何挖掘自己的职业兴趣？

2. 职业兴趣有哪些作用？

3.3 探索职业性格

导入案例

职业规划专家的小实验

职业规划专家做过一个小实验：让被测试者在一张纸上或是书页边上签上自己的姓名，然后说："完成了吗？好，现在换一只手再签一次。"大多数人给出的反馈都是感到别扭。因为大多数人在第一次签名时会用到惯用手。然而，当换另一只手时，通常会感觉别扭、困难、要花很多时间、花费更多精力和心思。职业规划师认为用手的习惯可以很好地说明找到与性格匹配的职业的重要性。使用你惯用的那只手时，你会感到舒适和自信；若强迫使用另一只手，这当然可以提升你的能力，但绝不会像先前那样灵活自如，收到的效果当然也就不那么令人满意了。

分析：清晰地了解自己的职业性格，找到与自己性格相匹配的职业，可以让你的职业生涯得心应手、游刃有余。

一、性格与职业性格

人们常说："性格决定命运。"这句话更深的含义是，什么样性格的人适合从事什么样的职业。在职业的选择上，性格和职业相匹配，能够增强人在职业上的幸福感。这也是近年来许多用人单位在招聘选人时加入了性格测试这一项目内容的重要原因。近年来，国外用人单位在招聘时出现一种新观念，即认为性格比能力重要。他们认为，如果一个人能力不足，可以通过后期的培训逐渐提高，但如果一个人的性格不好，则很难通过后天培养改变，正所谓"江山易改，本性难移"。所以这些单位在招聘时，会把性格测试放在首位，当性格与职业吻合时，才会对其能力进行测试考查。

（一）性格概念

性格是一个人在对现实的稳定态度和与之相适应的行为方式中所表现出来的个性心理特征。人的性格特点主要表现在态度、意志、情绪三个方面。

1. 态度

态度主要是指在处理各种社会关系方面的性格特征，如能言善辩或沉默寡言、直率或虚伪、细致或粗心。

2. 意志

意志主要是指人在对自己行为的自觉调节方面的性格特征，如主动或被动、勇敢或怯懦。

3. 情绪

情绪主要是指人产生情绪活动时在稳定性、持续性和主导心境等方面表现出来的性格特征，如情绪起伏波动的大或小。对于高职生来讲，应塑造阳光心态，把正面情绪调动起来，使自己经常处于积极的情绪中。

（二）职业性格

职业性格是指人们从事某种职业后，因为职业需求或者对该职业从业者普遍要求所形成的较为固定的性格要素集合。如果一个人的性格能和职业性格匹配，那无疑是一件幸福的事情；如果一个人的性格与职业性格相去甚远，那可以说是一种折磨。每种职业都对性格特征有特定的要求，如驾驶员要求具备情绪稳定、心思细腻的职业性格特征；护士要求具备耐心细致、热情待人的职业性格特征；艺术家要求具备想象力、创造性等职业性格特征。

二、性格与职业的关系

中国古代教育家孔子非常重视性格在一个人事业发展中的作用。鲁国大夫季康子向孔子打听他几个得意门生的才干，孔子一一作答。季康子问有军事才能的子路可否从政？孔子说子路相当果敢，可为统御之帅，如果从政，恐怕不太合适，因为怕他过刚易折。季康子又问请子贡出来做官好不好？孔子说不行，子贡太通达，把事情看得太透彻，功名利禄全不在眼下，如果从政，也许会是非太明，所以不妥当。季康子又问冉求是否可以从政？孔子说冉求是个才子，文学家，名士气太浓，也不适合从政。一生仕途坎坷的孔子，已对个人性格给事业发展带来的影响有了深刻的认识。可见，一个人从事的职业和未来的发展方向都是与性格息息相关的。

人的性格类型与职业间有着一种内在的相关性：一方面，不同的性格类型符合不同的职业要求；另一方面，从事某种特定职业的人员，会按照职业的要求，不断巩固或者调整原有的性格特征，甚至影响职业原有的一些特点。从上述的例子我们不难看出，性格对一个人的成功有着很大影响，如果一个人从事的职业是依据其性格选择的，与他的个性相适应，那他工作起来就会得心应手，心情舒畅，且容易取得成绩。如果性格与职业不相适应，那性格就会阻碍工作的顺利进展，使从业者感到乏味、被动、力不从心、精神紧张，不易取得成功。从此意义上讲，在职业生涯中要考虑的个人性格，可被认为是人生职业的定位。根据自己的性格特征，选择适合从事的职业，会更容易取得成功。

案例 3-4

道路选择带来的差别

初入职场，北京某职业学院的小刚放弃了去国有银行工作的机会，选择了去一家麦当劳餐厅工作。他有自己的规划：前几年努力打拼，让自己快速从初级员工升为高级员工，接着升至经理，再到总监。第一个月，他并没能当上见习经理，于是从服务生开始做起。上级见他非常努力，就不断赋予他新的任务与挑战，随着经验的增长，他的职级也不断攀升。毕业 10 年后，小刚顺利成为业务骨干。会计专业出身的他遵从了自己的性格，从事一份管理者的工作，并且在漫长的职场历练中实现了阶段性目标。小刚坦言："那些职位既需要工作能力，还需要文化背景和难以预测的个人际遇。"

分析：职业性格是职业生涯规划中的重要考量因素。俗话说："强扭的瓜不甜。"如果职业性格能和职场规划吻合，那么个人成功的概率就会提高。反之，职场之路就会因人职不匹配而变得格外坎坷。职场打拼必须不忘初心，勇往直前，直至实现自己的人生理想。

三、性格类型与职业偏好

迄今为止，应用在各个领域的最常见的性格评价工具是 MBTI。性格类型的概念是由瑞士的精神分析家卡尔·荣格于 1920 年在他的《心理学类型》中提出来的。根据大量的观察，荣格推断不同的行为是源于个人在运用心智方面具有不同的倾向。人们习惯按照各自的倾向行事，于是逐渐形成了各自的行为模式。荣格提出，世界上有三个维度和八种性格类型。到了 20 世纪 50 年代，美国的一对母女迈尔斯和布里格斯在此基础上多发展出一个维度，并逐渐形成了 MBTI 性格类型理论。

MBTI 性格类型理论是目前国际上权威的、广泛使用的理论。其系统地把握了人的性格，也解释了为什么不同的人对不同的事物感兴趣、擅长不同的工作，并且有时不能互相理解的现象。

案例 3-5

选择职业的"量体裁衣"

早在张桐鑫快毕业的时候，家里人便建议他留在宜宾通过考试找一份较为稳定的工作，理由是张桐鑫从小老实本分，性格也较为内向，思维不够活跃，想法也较为单纯，他说："当时正在招社区干部，家人都希望我参加考试，认为这个工作比较适合我，是个不错的机会。"可张桐鑫自己却认为这个工作太局限，而且工资才一千元，远远没有达到他最初的要求，便断然放弃了这次机会。

张桐鑫身边有两个好朋友，毕业以后都选择外出闯荡，一位做汽车销售员，一位做电影城的服务人员，不出3年的时间，前者升职为销售助理，也有了自己的小汽车，而后者当上了领班，月收入超过了3500元，这都令张桐鑫羡慕不已。他们的学历都不高，也都是从底层做起，于是张桐鑫不顾家人的反对，毅然来到了成都。

在两位朋友的推荐下，张桐鑫先后在汽车卖场及电影城工作，但都因为业绩不达标，做满3个月的试用期就离开了。"卖汽车全靠脑子和嘴巴，朋友私下也给了我很多指点，比如要和顾客拉近关系，要主动和潜在客户加强联系，要尽可能扩大自己的销售对象范围等，可我天生口才就不怎么好。"

如今，张桐鑫回到宜宾，采纳家人的意见，准备参加事业单位的招聘考试，他告诉记者，这两年的求职经历让他明白了，选择职业很关键，一定要契合自身特点，找到自己的优势和劣势，"量体裁衣"才会事半功倍！

分析：人生的秘诀在于经营自己的长处，在现实生活中，我们只有选择适合自己性格的职业，才能在工作中发挥自己的长处。如果性格与职业搭配得当，职业生涯之路必然会更加平坦。因此，高职生在选择职业时一定要考虑自己的性格特征，尽量选择适合自己性格的工作，使自己的性格和职业相吻合。

MBTI性格类型理论把人的性格分为4个维度，每个维度有2个方向，共计8个方面，MBTI的性格分类标准及性格类型如表3-3所示。

表3-3 MBTI的性格分类标准及性格类型

分类标准	类型	特点	类型	特点
能量倾向	外倾（E）	注意力和能量都主要指向外部的人和事，习惯从事外界活动，喜欢与人打交道	内倾（I）	注意力和能量主要集中于内心世界，喜欢独处、内省和安静
接受信息	感觉（S）	注意和留心事物的细节，用感官接受信息，着眼于现在	直觉（N）	用超越感官的方式获取信息，相信灵感，从整体上看事物，着眼于未来
处理信息	思维（T）	崇尚逻辑公正，通过事实和数据作出决定，有一套既定的行为准则，很少让自己的个人情感影响决定	情感（F）	通过个人的价值观和感受作出决定，决策通常会主观化、感情化，注重人际和睦
行动方式	判断（J）	倾向于通过思维去组织、计划和调控自己的生活，喜欢条理分明、秩序井然，希望凡事都在掌控中，注重结果，通过完成任务获得满足	知觉（P）	倾向于用感觉和知觉的方式做决定，不介意变化，态度总是灵活机动的，希望事情能任其自然发展，注重过程，通过接触新事物获得满足

（一）MBTI 各种类型的主要特征

MBTI 各种类型的主要特征比较如表 3-4、表 3-5、表 3-6、表 3-7 所示。

表 3-4　外倾型（E）和内倾型（I）的特征比较

外倾性（E）	内倾型（I）
与他人相处时精力充沛	独处时精力充沛
行动先于思考	思考先于行动
喜欢边想边说出声	在心中思考问题
易于“读”和了解；随意地分享个人感受	更封闭、更愿意在小群体中分享个人感受
说多于听	听多于说
高度热情参与社交	不把兴奋表现出来
反应快，喜欢快节奏	仔细考虑后，才有所反应
注重广度而不是深度	注重深度而不是广度

表 3-5　感觉型（S）与直觉型（N）的特征比较

感觉型（S）	直觉型（N）
相信确定有形的东西	相信灵感或推理
对概念和理论兴趣不大，除非他们有实际意义	对概念和理论感兴趣
重视现实性和常情	重视可能性和独创性
喜欢使用和琢磨已知的技能	喜欢学习新技能，但掌握后很容易厌倦
留意具体的、特定的事物；进行细节描述	留意事物的整体概况、普遍规律及象征含义；用概括、隐喻等方式进行表述
循序渐进地讲述有关情况	跳跃性地展现事实
着眼于现实	着眼于未来，留意事物的变化趋势，喜欢从长远角度看待事物

表 3-6　思维型（T）和情感型（F）的特征比较

思维型（T）	情感（F）
退后一步思考，对问题进行客观的、非个人立场的分析	超前思考，考虑行为对他人的影响
重视符合逻辑、公正、公平的价值；一视同仁	重视同情与和睦；重视准则的例外性
被认为冷酷、麻木、漠不关心	被认为情感过多，缺少逻辑性，软弱
认为坦率比圆通更重要	认为圆通比坦率更重要
只有当情感符合逻辑时，才认为它可取	无论是否有意义，认为任何感情都可取
被“获取成就”所激励	被“获得欣赏”所激励
很自然地看到缺点，倾向于批评	惯于迎合他人，着重维护人脉资源

表 3-7 判断型(J)和知觉型(P)的特征比较

判断型(J)	知觉型(P)
做了决定后最为高兴	当各种选择都存在时，感到高兴
“工作原则”：工作第一，玩耍其次（如果有时间的话）	“玩的原则”：先享受，然后再完成工作（如果有时间的话）
建立目标，准时完成	随着新信息的出现，不断改变目标
愿意知道他们将面对的情况	喜欢适应新情况
着重结果（重点在于完成任务）	着重过程（重点在于如何完成工作）
满足感来源于完成计划	满足感来源于计划的开始
把时间看作是有限的资源，认真地对待最后期限	认为事件是可更新的资源，而且最后期限也是有收缩的

（二）MBTI 人格组合类型

在 MBTI 中，4 个维度上 8 种态度的不同表现正好组合成 16 种性格类型，如表 3-8 所示。

表 3-8 16 种性格类型

	S	S	N	N	
I	ISTJ 内倾感觉思维判断	ISFJ 内倾感觉情感判断	INFJ 内倾直觉情感判断	INTJ 内倾直觉思维判断	J
I	ISTP 内倾感觉思维知觉	ISFP 内倾感觉情感知觉	INFP 内倾直觉情感知觉	INTP 内倾直觉思维知觉	P
E	ESTP 外倾感觉思维知觉	ESFP 外倾感觉情感知觉	ENFP 外倾直觉情感知觉	ENTP 外倾直觉思维知觉	P
E	ESTJ 外倾感觉思维判断	ESFJ 外倾感觉情感判断	ENFJ 外倾直觉情感判断	ENTJ 外倾直觉思维判断	J
	T	F	F	T	

（三）MBTI 对应的典型职业

由 MBTI 的 4 个维度和每个维度的两个方面，一共可以组成 16 种性格类型，并对应典型的特点和职业，如表 3-9 所示。

表 3-9 性格类型与典型职业对应表

类型	特点	典型职业
外倾 / 感觉 / 思维 / 判断（ESTJ）	天生的生意人及机械专家。对那些看起来没有实际利益的事情不感兴趣，但需要时也会花心思在这些事情上。喜欢组织及经营事业、活动。可以是一位好主管，只要他能真正地去理解他人的感受及观点	法律工作者、政治家、警务人员、军人

续表 3-9

类型	特点	典型职业
外倾 / 感觉 / 思维 / 知觉（ESTP）	不慌不忙，“兵来将挡，水来土掩”，很能享受其中的乐趣。喜欢机械及运动，最好的朋友都不经常一起出去玩，可能有些率直，不敏感，不喜欢冗长的解释，喜欢真实的，最好是可以处理、拆解及重组的事	管理人员、企业家、推销员、仲裁者、辩护律师、企业家、房地产开发商、演艺工作者
内倾 / 感觉 / 思维 / 知觉（ISTP）	冷眼旁观、保守安静，以好奇心来分析及观察人生。有出人意料的幽默感，对与人不相干的原则、因果关系、机器如何运转等比较感兴趣。专注于自己认为有必要花心思的事，否则是浪费时间及精力	商人、机械师、手艺者、宝石匠、驾驶员、外科医生、运动员、音乐家、美术家
内倾 / 感觉 / 思维 / 判断（ISTJ）	安静、认真、集中注意力、彻底、实际、合理、可靠、有秩序，喜欢有组织的事情。认真负责，只要是应做的事情就下决心完成，不管别人的劝阻或抗议	银行查核员、审计员、会计税务代理、图书管理员、牙科医生、验光师、法定书记员、法律研究员、教师
外倾 / 感觉 / 情感 / 判断（ESFJ）	热心肠、擅长表达、受欢迎、负责，天生的合作者、积极的参与者。喜欢和谐，且善于制造这种氛围。若是为别人做些好事，需要别人的赞赏和鼓励。对抽象思考或技术主题不太感兴趣；喜欢直接影响人生活的事	推销员、教师、神职人员、教练、私人秘书、办公室接待人员
外倾 / 感觉 / 情感 / 知觉（ESFP）	外向、随和、接纳、友善，享受一切自己所拥有的。为了朋友，会把事情弄得更有趣一些。喜欢运动、制作东西，急切地想要知道发生什么事情与结果。认为牢记事实比熟悉理论容易；在需要一般常识及实际操作能力的场合中，最能展现自己	教导员、政府官员、新闻记者、演说家、小说家、电影编剧、剧作家
内倾 / 感觉 / 情感 / 知觉（ISFP）	孤独、幽默、安静、友善、敏感、仁慈。不寻求突出、避免纠纷，不会强迫别人接受自己的意见和价值观，不喜欢领导，却是一位忠实的跟随者。不喜欢匆忙地工作，喜欢享受当下的情境，喜欢轻松地完成工作	护士、园艺家、林业家、兽医、画家、雕刻师、编舞者、导演、作曲家、剧作者、小说家、诗人、厨师、时尚设计师
内倾 / 感觉 / 情感 / 判断（ISFJ）	安静、友善、负责，忠实地尽义务。周到地、精细地、谨慎地、耐心地完成例行工作及细节，体谅、关心别人的感受	监护人、图书馆馆员、中层管理人员、医生、保险代理人
外倾 / 直觉 / 情感 / 判断（ENFJ）	易感应的，可依靠的，通常比较真诚地关心别人的想法和需要。处理事情的时候比较能顾虑别人的感受，能轻松地提出一个计划或领导一个团体讨论。和睦地活跃于社团，也会用心学习功课	大众传播业者、神职人员、临床医学家、教育家、基础护理医师
外倾 / 直觉 / 情感 / 知觉（ENFP）	亲切、热忱、精力旺盛、聪明的、富于想象力的，几乎能做他感兴趣的任何事情。能迅速解决任何困难及随时愿意帮助任何人解决问题，通常他们随机应变的能力较强，无论想要什么，都能找到理由	教导者、政府官员、演说家、新闻记者、小说家、电影编剧、剧作家
内倾 / 直觉 / 情感 / 知觉（INFP）	热心、忠实，但很少表达出来，直到他们清楚认识你后才表达出来。认真学习、思考并喜欢独立计划。不管责任多大，无论如何都要完成，太重视人际关系，较少重视地位及生理环境	政府工作人员、社会工作者、幼儿咨询员、人文学科方面教育家

续表 3-9

类型	特点	典型职业
内倾 / 直觉 / 情感 / 判断（INFJ）	以不屈不挠取胜，以创意完成要做的事情，在工作中表现出最大的努力。沉静有力的、忠实的、为人着想的、敬重坚定，喜欢被人尊重，遵循他们认定为好的事物	临床医生、临床心理学家、精神病医学家、特殊领域教师及作家
外倾 / 直觉 / 思维 / 判断（ENTJ）	热心、坦白、喜欢研究，各种活动的领导者，善于条理分明及机智地谈话，如公开演讲。易于吸收知识及乐于增加自己的知识面	陆军将领、高级管理人员
外倾 / 直觉 / 思维 / 知觉（ENTP）	迅速的、聪明的、精通很多事的、可激励同伴的、活泼的、直率的。能机智地解决新问题及有挑战性的问题，但可能会忽略例行工作。易转换兴趣，对所要的任何事物，都会很巧妙地找到合适的理由	教师、创新事业中的称职领导
内倾 / 直觉 / 思维 / 知觉（INTP）	安静、谨慎、考试出众的。善于精细地推论，通常主要的兴趣是理想，对宴会及闲聊没兴趣	科学研究人员，经营主管人员
内倾 / 直觉 / 思维 / 判断（INTJ）	对他们喜欢的工作，无论是否有人帮忙，都会有组织地完成。怀疑的、批评的、独立的、坚决的，通常也是固执的，需要学会舍弃比较不重要的事物，以便去获得重要的事物	教师、逻辑学家、数学家、技术专家、科学家

活动与训练

探索职业性格

一、训练目标

运用 MBTI 方法探索职业性格。

二、程序与规则

1. 建议时间。

30 分钟。

2. 准备材料。

A4 白纸、签字笔。

3. 测试须知。

人的性格类型包括由 4 个维度组合而成的 16 种类型。

注意：

（1）参加测试的人员请务必诚实、独立地回答问题，只有如此，才能得到有效的结果。

（2）MBTI 提供的性格类型描述仅供测试者确定自己的性格类型，性格类型没有好坏，只有不同。每种性格特征都有其价值和优点，也有缺点和需要注意的地方。清楚地了解自己的性格优势与劣势，有利于更好地发挥自己的特长，在为人处世中避免自己性格中的劣势，能更好地和他人相处，更好地做重要的决策。

（3）只要是认真、真实地填写了测试问卷，那么通常情况下都能得到一个和自己性格相匹配的类型。希望你能从中或多或少地获得一些有益的信息。

4. MBTI 职业性格测试题。

请根据以下描述，结合自身真实情况作出自我评价，在每题A、B对应的方格中评分，A+B 的评分相加必须为 5（如表 3-10 所示）。

提示：0—从不；1—很少；2—说不好；3—很多；4—极多；5—总是。

表 3-10　性格类型测试题

（1）	□ A □ B	先了解别人的想法，再做决定 不和别人商量，就做决定
（2）	□ A □ B	自己是一个富于想象或凭直觉的人 自己是一个讲求精确，讲求事实的人
（3）	□ A □ B	根据现有资料和情境的分析，对他人进行评判 运用同理心与感觉来了解他人需要及价值观，并以此对他人进行评判
（4）	□ A □ B	顺着他人意思做出承诺 做明确的承诺，并确实给予实践
（5）	□ A □ B	有安静、独立思考的时间 能与他人打成一片
（6）	□ A □ B	运用熟悉的好方法来完成工作 尝试运用新的方法来完成工作
（7）	□ A □ B	以合乎逻辑的思考及按部就班的分析得到结论 根据过去生活的体验及信息来得到结论
（8）	□ A □ B	定下完成工作的最后期限 拟定时间表，并严格执行
（9）	□ A □ B	和他人稍谈话题后，再自我思考一番 和他人尽兴畅谈某事后，再自我思考一番
（10）	□ A □ B	设想各种可能发生的情况 按实际的情况处理问题
（11）	□ A □ B	被认为是一个擅长思考的人 被认为是一个敏于感觉的人
（12）	□ A □ B	事前详细考虑各种可能性，事后反复思考 搜集需要的资料，稍做考虑后，做出明确决定
（13）	□ A □ B	拥有内在的思想和情感，而不为他人所知 与他人共同做某些活动或事件
（14）	□ A □ B	抽象与理论 具体与实际

续表 3-10

(15)	□ A □ B	协助别人探索他们自己的感受 协助别人作出合理的决定
(16)	□ A □ B	问题的答案保持弹性，且可修改 问题的答案是明确的、可预知的或可预测的
(17)	□ A □ B	很少表达自我内在的想法及感受 自在地表达自我内在的想法及感受
(18)	□ A □ B	从大处着眼 从小处着手
(19)	□ A □ B	运用常识，凭着信念来做决定 运用资料分析事实来做决定
(20)	□ A □ B	事先做详细计划 根据临时需要而作计划
(21)	□ A □ B	结交新朋友 独处或只与熟人交往
(22)	□ A □ B	重视概念 重视事实
(23)	□ A □ B	相信自己的想法 相信经证实的结语
(24)	□ A □ B	尽可能用记事本记载事情 尽可能少用记事本记载事情
(25)	□ A □ B	在团体中详细地讨论新奇、未决定的问题 自己先想出结论然后和他人讨论
(26)	□ A □ B	拟订详细的计划，并通过严格的执行来确保计划的成功实施 拟定计划，但不一定执行
(27)	□ A □ B	是理性的 是感性的
(28)	□ A □ B	随心所欲做些事 尽量事先了解别人期望自己做什么
(29)	□ A □ B	成为众人的焦点 退居幕后
(30)	□ A □ B	自由想象 检视实情
(31)	□ A □ B	体验感人的情境或事物 运用能力、分析情境
(32)	□ A □ B	在预定的时间内开会 在一切妥当或安适的情况下，宣布开会

5. 计分方法。

将计分表（如表 3-11 所示）中每列的总分相加，共 4 对，8 个分数。

分别找出每对中分数更高的一项，即为你个人的四种性格。例如，内倾型 18 分，外倾型 22 分，则取外倾型为个人性格，其他以此类推。

每个性格都有一定程度上的差别，如果在相对应的两个性格中（如外向型对应内向型），有一方的程度较强，即表示另一方程度较弱，其比照分数如下：

30—40 分，表示这一性格非常强，几乎没有另一对应性格。

25—29 分，表示这一性格比另一性格强。

22—24 分，表示这一性格比另一性格稍强一些。

20—21 分，表示兼具这两种性格的特质。

计分方式如表 3-11 所示。

表 3-11　计分方式

维度	内倾（I）	外倾（E）	直觉（N）	感觉（S）	思考（T）	情感（F）	知觉（P）	判断（J）
题号及答案	（1）B	（1）A	（2）A	（2）B	（3）A	（3）B	（4）A	（4）B
	（5）A	（5）B	（6）B	（6）A	（7）A	（7）B	（8）A	（8）B
	（9）A	（9）B	（10）A	（10）B	（11）A	（11）B	（12）A	（12）B
	（13）A	（13）B	（14）A	（14）B	（15）B	（15）A	（16）A	（16）B
	（17）A	（17）B	（18）A	（18）B	（19）B	（19）A	（20）B	（20）A
	（21）B	（21）A	（22）A	（22）B	（23）A	（23）A	（24）B	（24）A
	（25）B	（25）A	（26）B	（26）A	（27）B	（27）B	（28）A	（28）B
	（29）B	（29）A	（30）A	（30）B	（31）A	（31）A	（32）B	（32）A
总分								

探索与思考

1. 你希望将来从事什么职业？你的性格适合你将来要从事的职业吗？如果你的性格特点不适合你将来要从事的职业，怎么办？

2. 性格可以改变吗？有没有很好的改变性格的方法？

3.4 职业价值观与职业幸福感

导入案例

作家的选择

一个满腹经纶的作家出名后有了些财富，便开始环游世界，他带着一些金钱及书本就开始旅游。有一次他搭上了一艘船，准备开启海上之旅，不料半途下起一阵可怕的暴风雨，每个人都在急忙抢救自己身上值钱的东西，可作家却只拿起了笔记本。一旁的人问他：“你不打算保住你的财产吗？”作家回答：“我所有的财产都在我身上了。”当暴风雨过后，有些人因拿了过重的财物而无法逃出，而作家幸运地活了下来，等到了另一个城市，他便将这个冒险的故事写成书。一路上他靠着文笔才华顺利地回到了家乡。

分析：我们知道，作出什么样的决定，就会采取什么样的行动，有什么样的行动就会有什么样的结果，从而会有什么样的命运。而主宰自身作出不同决定的关键因素就是自己的价值观，因此树立正确的职业价值观，比作出决定更重要，改变陈旧的观念，进行自我职业价值取向分析与调整，可以帮助自己作出正确的选择。

价值观因人而异，是指个人对客观事物及自己行为结果的意义、作用、效果和重要性的总体评价，是对“什么是好的”总的看法，是推动并指引一个人作出决定、采取行动的原则与准则，是个性心理结构的核心因素之一。价值观是人的信念的源泉，是生活为了什么，工作为了什么，我们应该怎样去做人的最为本质的深层动机，是人们内在的驱动力。

一、价值观和职业的关系

价值观在人们的生涯发展中往往起到极其重要的作用，甚至可能超过兴趣和性格对个人的影响。具体来说，价值观和职业的关系主要表现在以下三个方面。

（一）价值观对职业的影响

价值观往往决定职业期望，影响职业方向和职业目标的选择。在职业生涯规划中，价值观被视作职业定位的最关键因素，只有所从事的职业与自我价值观相符合时，个人才能充分调动积极性，最大限度地去发挥自己的能力，满足高层自我实现的需要，产生成就感。价值观受所从事职业的影响而发展变化。通过对所从事职业的认知、了解和体验，人的价值观的内容也会不断改变和更新。人们在从事某项工作前，对工作的认识是表面的、肤浅的，只有经历并努力后，才会有收获，才能了解其价值所在。

（二）价值观对择业的影响

每个人的职业价值观都不同，对某一职业的评价和取向也会不同。如果在择业时选择了与自己价值观不符的职业，则可能面临价值观的冲突。在高薪待遇、事业发展、人际和谐、环境舒适、工作安稳等方面有矛盾时，究竟应最看重什么？左右你选择的，往往就是自己内心的价值观，其影响着个人的决策。而有些高职生对自己的价值观并不是很清楚，因此在进行生涯规划和职业选择时，高职生应当重视对自身价值观的认知，追求有意义的人生。

（三）价值观对职业生涯规划的影响

由于个人在身心条件、年龄阅历、教育状况、家庭影响、兴趣爱好等方面的不同，人们在职业取向上的目标和要求也不同。例如，你的父母是不是常常用他们的价值标准来影响你在专业、职业方面的选择呢？当你的观点与他们的意见发生分歧时，这种冲突就是不同价值观之间矛盾冲突的体现。

知识链接

如何进行选择

在一场讲授如何做好人生规划的专业课中，老师问学生："假设你一个人外出旅游，来到了一个峡谷，发现几米深的地方有一个手提包，而且手提包是打开的，里面明显装着一沓钞票，同时你还发现，在悬崖边有一些看起来长得不是很牢固的树根，这树根可以帮助你到达手提包的位置，拿到这笔意外的财富。当然，你更有可能因此而摔断脖子。你会选择离开还是靠近？"

一半以上的学生选择了离开，毕竟，再多的财富也比不上宝贵的生命。

老师没有发表意见，继续问："如果将那个装钱的手提包换成一个小男孩，他此时正奄奄一息地发出求救的呼唤——你又会怎么选择呢？"学生考虑了几秒钟后，全部选择了靠近。"面对相同的环境，相同的危机，相同的后果，你们却做出了不同的选择，这是为什么呢？"老师问。

"因为目标不同，一个目标是为了取得财富，一个目标却是为了营救生命，相比之下当然生命要比财富重要。"一个学生说。

老师："只是因为个人所设定的目标不同，所以你们的价值观也就不同了。现在，我们换个内容。"老师接着说，"如果你有一个女朋友，你希望能和她厮守终生，但对方却不这样认为，也许她不是真的喜欢你。这时候，如果你一意孤行地付出自己的情感，那么结局会有两个：要么她被你感动，被动地和你在一起，但这段感情随时都有可能出现问题；要么她仍旧冷漠地离开了你，任你对她再好也没有用——这时，你是选择毅然离开，还是坚持靠近？”

学生陷入了两难的思考。毕竟，面对自己所爱（甚至可能是此生唯一的爱情），在尚未出现绝望的信号之前，怎能轻易放弃？有些人甚至想，只要能够挽回恋人的心，自己牺牲一切也在所不惜。

“假若角色互换，”老师看到大家都不吭声，于是话题一转，“你是那个被人苦苦追求的女孩，在你根本没有打算接纳对方的前提下，你会选择离开，叫对方彻底死心，还是选择靠近，听任感情自由发展？”

互换了角色之后，学生变得不再迟疑，纷纷表示：“既然不爱人家，就该及早离开，免得耽误了对方的青春和幸福！”

老师微笑着说：“既然你们能够明白，在不喜欢一个人的时候，一定要给对方一个明确的答复，不要耽误、伤害别人，那么易地而处，当你是一个追求者时，又何必甘愿深陷泥沼之中，糟蹋自己的青春与幸福呢？”学生噤声不答，过了几秒钟后，他们提出了这样的疑问：“请问老师，我们今天讨论的课题与人生规划之间有什么直接的联系吗？”

老师掷地有声地说：“在人生的课题中，离开与靠近是一门很大的学问，有很多人在面对问题的时候，本该离开却选择了靠近，本该靠近却又选择了离开，所以他们的人生路途，走得跌跌撞撞、痛苦不堪。如果你们连分辨离开与靠近的智慧都没有，分不清什么是‘势在必行’，什么又是‘势所不行’，那么所有的人生规划都将沦为空谈，再怎么学也是枉然啊！”

由于各种职业在劳动强度和性质、劳动条件和待遇等方面都存在差别，在人们心目中各种不同的职业便有好坏高低之分，这些评价就是人们的职业价值观，其影响着人们对就业方向和具体职业岗位的选择。

二、职业价值观

（一）职业价值观的概念

职业价值观是指人生目标和人生态度在职业选择方面的具体表现，也就是一个人对职业的认识和态度及对职业目标的追求和向往。理想、信念、世界观对职业的影响，集中体现在职业价值观上。职业价值观决定了人的职业期望，影响职业方向和职业目标选择，决定了就业后的工作态度和工作绩效水平，从而决定了职业发展的质量。

从社会角度来讲，由于社会分工和生产力水平的影响和限制，各种职业在劳动性质的内容上，在劳动难度和强度上，在劳动条件和待遇上，在所有制形式和稳定性等诸多问题上，都存在着差别。劳动内容、劳动手段、劳动方式、劳动对象等的不同，决定了每种职业都有各自的特性。再加上传统思想观念等的影响，各类职业在人们心目中的声望地位便也有好坏高低之分，这些评价影响了人们的职业价值观。

价值观是可以发生变化的，个人由于所处的生涯发展阶段、社会环境的不同，需求也会发生改变，从而可能导致价值观的改变，当今社会中多元价值观的冲击也会导致原有价值观体系的混乱乃至改变，因此价值观需要不断地澄清和审视。

（二）职业价值观的内涵

根据不同的标准，人们对职业价值观的种类划分也不同。大致说来，可分为以下 12 类。

1. 收入与财富

工作能够明显有效地改变自己的财务状况，将薪酬作为选择工作的重要依据。工作的目的或动力主要源于对收入和财富的追求，并以此提高生活质量，彰显自己的身份和地位。

2. 兴趣特长

以自己的兴趣和特长作为选择职业最重要的因素，能够扬长避短、趋利避害、择我所爱、爱我所选，可以从工作中得到乐趣和成就感。

3. 权力地位

有较高的权力欲望，希望能够影响或控制他人，使他人照着自己的意思去行动；认为有较高的权力地位会受到他人尊重，从中可以得到较强的成就感和满足感。

4. 自由独立

弹性工作，不想受太多的约束，可以充分掌握自己的时间和行动，自由度高，不想与太多人发生工作关系，既不想治人也不想治于人。

5. 自我成长

工作能够给予受培训和锻炼的机会，使自己的经验与阅历能够在一定时间内得以丰富和提高。

6. 自我实现

工作能够提供平台和机会，使自己的专业和能力得以全面运用和施展，从而实现自身价值。

7. 人际关系

将职场人际关系看得非常重要，渴望能够在一个和谐、友好甚至被关爱的环境中工作。

8. 身心健康

工作能够免于危险、过度劳累，免于焦虑、紧张和恐惧，使自己的身心健康不受影响。

9. 环境舒适

追求职业工作环境舒适宜人。

10. 工作稳定

工作相对稳定，不必担心经常出现裁员和辞退现象，免于经常奔波找工作。

11. 社会需要

能够根据组织和社会的需要响应某一号召，为集体和社会作出贡献。

12. 追求新意

希望工作的内容经常变换，使工作和生活显得丰富多彩，不单调枯燥。

案例 3-6

就业还是继续深造

湖南某职业院校建筑工程技术专业的大三学生小张，面临就业还是继续学习深造的选择。作为建筑类专业的学生，他在顶岗实习阶段就深受用人单位青睐，就业完全不成问题，而且现在是建筑行业比较繁荣的时期，在建筑行业的职业发展前景也相当广阔。但是小张始终心怀一个学历梦，他想继续提高自己的学历，争取在以后的就业和职业发展中拥有更好的平台。经过深思熟虑，小张选择了参加相关专业的“专升本”考试，希望继续深造，取得更高的学历。

分析：这个问题实际上涉及深层次的职业价值观。小张为了圆自己的学历梦，放弃了眼前良好的就业机会。他认为，虽然自己在建筑行业工作的时间会晚一些，但有了本科学历，工作机会会更多，发展速度也会更快。如果以后考研，则会学到更深奥的理论知识，他的选择反映了与其职业选择紧密联系的职业价值观。

有代表性的职业价值观测试量表（WVI）是舒伯于 1970 年编制的，用来衡量工作中和工作以外的价值观以及激励人们的工作目标。量表将职业价值分为三个维度：一是内在价值观，即与职业本身性质有关的因素；二是外在价值观，即与职业性质有关的外部因素；三是外在报酬。共计 13 个因素：①利他主义；②审美主义；③智力刺激；④成就动机；⑤自主独立；⑥社会地位；⑦权力控制；⑧经济报酬；⑨社会交往；⑩安全稳定；⑪轻松舒适；⑫人际关系；⑬追求新意。我国学者宁维卫在职业价值观的研究中对舒伯的职业价值观问卷（WVI）进行了修订，制定了适合中国人的职业价值观问卷，抽取了 5 个因素进行研究，分别是进取心、生活方式、工作安定性、声望、经济价值。

（三）职业价值观的意义

职业价值观是一个人对各种职业价值的基本认识和基本态度。俗话说：“人各有志。”

这个“志”表现在职业选择上就是职业价值观，其探讨人们在职业选择和职业生活中，在众多的价值取向里，优先考虑哪种价值。当有矛盾冲突，或妥协与放弃时，常常是出于职业价值观的考虑。职业价值观是一种具有明确的目的性、自觉性和坚定性的职业选择的态度和行为，对一个人的择业动机、职业目标和职业方向的选择起着决定性的作用。由于职业价值观的不同，有的人喜欢稳定的职业，有的人喜欢富于挑战刺激的职业，有人喜欢领导和指挥别人的职业，有的人喜欢能赚钱的职业，等等。因此，认真了解和分析个人的职业价值观，对正确定位自身职业、进行职业生涯规划有重要意义。

价值观对动机模式有重要的影响，在同样的条件下，具有不同价值观的人，其动机模式不同，产生的行为结果也不同。

三、树立正确的职业价值观

（一）高职生职业价值观的困惑

1. 自我价值与社会价值的冲突

在职业活动中，部分人更加注重自我价值的实现，坚持以自我为中心，当个人利益与集体利益发生矛盾时，他们往往会牺牲集体利益而选择个人利益。然而，职业的发展取决于社会价值，高职生择业不仅要考虑自身意愿，还要思考社会的需要。所以，高职生在择业时还应把实现自我价值和社会价值统一起来，把社会需要作为职业选择的立足点。

2. 眼前利益与长远利益的冲突

许多人面临着眼前利益与长远利益该如何取舍的问题。其中，不乏学生仅仅看中眼前的薪酬回报和短期利益，而忽视了个人职业生涯的长远发展，这是非常不明智的选择。每个高职生都应树立一个正确的择业观，在充分发挥自己的才能，获得相应回报的同时，又符合社会需求，符合自己的职业发展规划。

3. 个人理想与社会现状的冲突

人们还面临着个人职业理想与社会现状之间的矛盾。高职生在校期间对未来的工作生活充满了美好的憧憬，对未来的职业满怀期待，但当他们进入社会后，会因为对自己能力认识不清、社会实践经验缺乏而出现准备不足、适应不良等情况，最终导致高职生在职场中举步维艰。

案例 3–7

博士生应聘环卫工人：一个非同寻常的选择

最近，某社交媒体上的报道描绘了一位名牌大学博士毕业生放弃高薪职业，选择成为一名环卫工人的故事。类似这样的事情，近年来偶见报端。据报道，这位王姓博士毕业生在国内顶尖的以理工科著称的名牌大学获得了计算机科学博士学位，工作了几年后，选择应聘成为一名编制内的环卫工人。这个决定让很多人感到震惊，因为通常认为博士毕业生会选择从事高薪职业，而不是成为一名环卫工人。

在接受采访时，王博士说道："我发现自己越来越焦虑，对生活没有什么信心。做环卫工不仅可以让我感到平静，还可以帮助我更好地了解生活中的不同方面。"同时，他认为，这样的选择，可以缓解自己的工作焦虑，帮助自己获得安稳的生活，也为社会贡献自己的一份力量，能让整个社会更加和谐美好。

（资料来源：综合网络媒体消息改写）

分析：王博士的选择受到其价值观的深刻影响。这样的选择说明他追求安稳的体制内工作，愿在平凡岗位上为社会作出贡献。这与在现代社会中许多人过于追求个人成功和自我实现的通常做法截然相反。这样的选择也许不值得提倡，但可以让他感到平静并更好地了解生活中的不同方面。我们应该尊重每个人的选择，同时也应该为自己的选择负责任。

（二）职业价值观的调适

1. 正确处理好职业价值观与金钱之间的关系

金钱是人们从事职业活动的物质报酬，很多高职生认为上学是为了获得学历、找到工作，工作的目的是挣钱，把获得金钱视为工作的唯一奋斗目标。但是，对于刚走出校门的高职生来说，拥有的知识、能力、经验和阅历还不足以使自己在社会上获得大量的金钱回报。有些急功近利的高职生甚至想"一夜暴富"，这些高职生很容易被人诱惑、利用，甚至误入歧途。所以，树立健康正确的金钱观是十分必要的，特别是面对现今较严峻的就业形势，高职生更应该认清形势，尽可能地坚持以自我成长和未来发展为求职时的首要考虑因素。

2. 处理好淡泊名利与追逐名利的关系

名利是人的欲望使然，欲望可使人成就大的事业，也可使人自我毁灭。以合理、合法、公正、公平的方式追名逐利在一定程度上对个人、对社会都有益，但它需要有限度，该知足时则知足，该进取时则进取。

3. 职业价值观中个人与社会的关系

人不能离开社会而独立存在，个人只有在工作中为社会作贡献才能实现自己的职业价值。例如，让一个富于科学创造力、不善言辞的学者去从事幼儿园教师的工作，可能使国家损失一位杰出的科研工作者，而社会不过多了一个也许并不出色的幼儿园教师而已。因此，我们反对只为个人考虑，而不考虑国家和社会需要的职业价值观。

4. 正确处理好职业价值观与个人兴趣、特长的关系

个人在确定职业价值观时，一定要考虑到它是否与自己的兴趣、特长相适应。如果一个人从事一份自己不喜欢的工作，那么他很难全身心地投入工作中，相反，如果一个人选

择了一份自己喜欢的工作，那么他可以充分调动自己的积极性，挖掘个人潜能，从而获得职业上的成功。

5. 职业价值观与职业选择的关系

由于受家庭环境、教育、兴趣爱好等多方面的影响，不同个体的职业价值观是不同的，而这种不同会影响人们对就业方向和具体职业岗位的选择。另外，由于不同个体所受教育、兴趣爱好和所处环境的不同，其在职业取向上的目标和要求也是不相同的。在许多场合，我们往往要在一些得失中作出选择。例如，是要工作舒适轻松，还是要高标准的工资待遇？当两者有矛盾冲突时，最终影响高职生决策的是存在于内心的职业价值观。当然，每个人的职业价值观都不会只有一个，但是在现实生活中往往“鱼与熊掌不可兼得”。在选择职业时，要找到自己认为最重要的东西，不要患得患失。因此，高职生很有必要明确并不断审视自己的职业价值观。

案例 3-8

拼搏创业的张明

张明，个子不高，十分斯文，戴着一副眼镜，毕业于美术学院室内设计专业，公务员。近十年来公务员这一职业被国内大多数群体认为是炙手可热、受人追捧的“铁饭碗”，国考的报名甚至出现“千军万马挤独木桥”的现象。可是他因为不喜欢稳定工作，毅然选择了辞职。张明从大二起就开始了自己的实习和打工生涯，积累了专业设计的经验，了解了公司运作的模式，也为自己将来创业积累了人脉。辞职后，他与一个同学合作，两人借款筹钱，办理各种手续，经过多日的奔波与辛劳，张明的公司挂牌开张了，开始自己搞装饰设计。公司经营良好，还招聘了6名员工。说到为什么自主创业，张明解释道：“现在房地产发展得很火，我是学室内设计的学生，不愿意四平八稳地工作，我的梦想就是开一家自己的公司，做自己的老板，找到自己存在的价值。”

分析：职业价值观作为人们对待职业的一种信念和态度，往往决定了人们的职业期望，影响着人们对职业方向和职业目标的选择。有什么样的职业价值观就会有什么样的职业选择，尤其是在诸多的选择有矛盾冲突时。例如，是要工作舒适轻松，还是要高标准的工资待遇；要成就一番事业，还是需要一个被关爱的环境。职业价值观起到决定性的作用。可见，价值观对职业生涯的影响是深远的。

四、职业幸福感

（一）职业幸福感的内涵

追求幸福是每个人毕生的所求所愿。所谓职业幸福感，是指主体在从事某一职业时基本需求得以满足、潜能得以发挥、力量得以增长所获得的持续快乐体验。职业幸福感既是个人对企业或组织的满意度、忠诚度的体现，也是个人自身价值实现和生活质量的一个衡量标准。马斯洛的需求层次理论和弗鲁姆的期望理论，分别从人的需求和期望两个不同的角度反映了人对未来美好事物的不懈追求。

马斯洛的需求层次理论从两个方面阐述了人的需求。一方面，人都是有需求的，其需求取决于他已经得到了什么，还缺少什么，只有尚未满足的需求能够影响行为。换言之，已经得到满足的需求不再能起到激励作用。另一方面，人的需求有高低层次，某一层次的需求得到满足后，另一层次的需求才会出现。人的需求是由低级向高级不断发展的，这种需求由低到高，包括生理的需要（经济保障、工资待遇等）、安全的需要（工作稳定、工作条件等）、情感的需要（人际关系、团队合作）、尊重的需要（成就、地位、声望、自主性）、自我实现的需要（发展和成长、兴趣、创造性、社会意义）。

弗鲁姆的期望理论从努力—绩效、绩效—奖赏、奖赏—个人需求三个层面循序渐进地反映了人性的自我进步和追求价值的过程。其基础是自我利益，每个人都在寻求获得最大的自我满足。在企业管理中，期望理论强调了双向期望的重要性，包括管理者期望员工表现出积极的行为，员工期望管理者的奖赏及其人生目标的实现等。因此，企业可以通过影响员工个人需要的实现来提高他们的工作积极性，引导他们在企业经营中的行为。

案例 3-9

小王的职业幸福感

江苏某高职院校毕业生小王找到了一份在一个房地产公司做房产销售的工作，底薪加提成每月可以拿到 10000 多元，但是工作一年后她毅然辞去了现在的工作，选择到民政局下属的一个公益性单位工作，月薪只有 3000 元左右，还没有编制。很多人不理解她放弃高薪职位的做法。她说虽然在房产销售工作期间拿到的工资多，但是她完全没有职业幸福感，工作压力特别大；相反，在这个公益组织工作虽然工资不高，但是没有原来巨大的工作压力，职业幸福感反而比原来高。

分析：从小王的例子中可以看出，一个人的工资待遇并不是满足其职业幸福感的决定性因素。职业价值观有多重维度，其中“利他性”是一个重要因素。助人为乐是中华民族的传统美德，小王后来就业的公益组织虽然没有高薪，但却可以帮助他人，同时自己也能获得成就感。

（二）职业幸福感的提升

人的一生有大约 1/3 的时间在工作，如果可以在工作中获得快乐、满足等体验，产生职业幸福感，则是一件非常有价值的事情。职业幸福感关系着人的生存状态和工作效率，它是帮助人们维持职业热情、建立职业目标、获得职业成功的内在动力源。依据职业生涯理论中的三叶草模型——兴趣、能力和价值，要想在职业中提升幸福感，一般有热爱工作、能力提升和自我实现三种路径。

1. 职业幸福感来源于对工作的热爱

俗话说："兴趣是最好的老师。"当人们全身心地投入工作，热爱工作本身时，工作往往可以带给我们精神的愉悦感，这种沉浸其中的快乐感觉就是职业幸福。全身心投入一份工作，乐于接受它带来的一切挑战。部分职场人可能并没有在工作中体会到幸福感，这就需要改变外在环境和调整内在心态，深刻领会"干一行爱一行，专一行精一行"的含义，转变工作态度，在工作中找出兴趣点，尝试换一个角度去看待工作和职业发展，秉持精益求精的工匠精神，或许能体会到全新的职业幸福感。

2. 职业幸福感来源于工作能力的提升

当真正学会一项技能的时候，人们会发自内心地为自己高兴。还记得自己为了学会骑自行车而不畏摔倒吗？记得自己因为一次考试成绩进步而信心满满吗？工作也是一样，任何职业都有一个从"菜鸟小白"到"经验老手"的发展过程，虽然过程中会痛苦、挣扎，可回过头看却收获满满。秉持终身学习的理念，获得新的经验和技能，即使在平凡的工作岗位中也坚持做好点滴小事，提升工作效率和工作能力，就会让自身体会到职业的幸福感。

3. 职业幸福感来源于自我价值的实现

拿破仑曾说过："不想当将军的士兵不是好士兵。"这句话不一定所有人都赞同，但有理由相信，当不好士兵的将军一定不会成为好将军。青年学生需要仰望星空，可也应脚踏实地，学会在基层岗位上努力奋斗，实现人生价值。俗话说："求职不易，立业更难。"立业不仅包含"谋生"，更包含"发展"。有研究表明，当财富收入达到一定程度后其对幸福度的影响就会非常小。所以，要提升职业幸福感，建功立业、实现梦想、凸显价值是重要途径。这就需要青年学生一代学好技能本领，在工作中发挥主观能动性，艰苦奋斗、勇敢追梦，实现个人价值的同时也为国家和社会作出应有的贡献，相信这样的职业生涯，一定会让自身充满成就感和幸福感。

案例 3-10

把个人创新梦想投入国家发展大潮

史晓刚，"90 后"创业新星、硬件极客，枭龙科技公司创始人，他既有智商又有情商，还有点小'偏执"，他享受工作，乐在其中。大学毕业不久，他就创立了自己的科技公司，致力于 AR 核心技术及产品研发。受哥哥影响，史晓刚从小就喜欢钻研新奇的电子产品。从初中起，他就开始参加各类科技竞赛。高二时利用单片机编程制作了一套可测量不规则物体体积的装置，荣获青少年科技创新大赛一等奖。大学四年，他还以负责人身份管理着本校大学生实践创新项目。

毕业后，史晓刚在一家大型科技企业从事了两年研发工作，但按捺不住的创业激情，促使他从一颗“螺丝钉”转变为科技创业者。自25岁创业至今，史晓刚始终奋战在科研一线，突破了多项AR核心技术，取得核心专利48项，被破格评为正高级职称。作为AR项目负责人，他主持了国家重点研发计划1项，省部级重点研发专项7项，攻克了大视场角纳米光栅波导仿真设计、硅基纳米压印模板制备、纳米压印批量制备工艺等“卡脖子”关键技术，研发出高性能纳米光栅波导显示光学芯片。自主研发意味着从0～1，史晓刚带领团队专注于做好底层技术，稳扎稳打，从走过的弯路中不断反思、调整、再出发。通过几年的努力，枭龙科技已经成为国内AR领域的代表性公司。

作为“90后”创业者，史晓刚的成功激励着无数有梦想、有追求的年轻人，他受聘成为多所高校“双创”指导教师，开设讲座与年轻人分享自己的创业故事。他希望在自己的能力范围内，帮助更多高职生实现自己的梦想。

史晓刚建议：“大学毕业生要把个人理想融入事业中，尽早挖掘自己的兴趣，锻炼能力。坚持下去，做任何一件事情，都要有十年磨一剑的决心和勇气。”他认为，广大青年可以尽情发挥聪明才智，通过创新创业实现人生和社会价值，为国家的科技创新贡献自己的青春力量。

分析：青年学生要把个人的理想追求融入党和国家的事业之中，为党、为祖国、为人民多作贡献。史晓刚的创业经历正好体现了这一点，他把个人的创业梦想投入国家发展大潮中，始终奋战在科研一线。从史晓刚的故事中可以体会到：每个人都在追寻自己的理想，但个人理想追求永远不是孤立存在的，只有把个人理想与党和国家事业发展紧密相连，才可以获得更有意义的人生价值。

活动与训练

了解你的职业价值观

一、训练目标

通过本测试，可以大致了解自己的职业价值观倾向，有助于为自己选择理想的职业。

二、程序与规则

1. 建议时间：20分钟。

2. 测验设计：本测试共52题，可帮助测试者大致确定自己的职业价值观类型。

（1）你的工作必须经常解决新的问题。

（2）你的工作能为社会福利带来看得见的效果。

（3）你的工作奖金很高。

（4）你的工作内容经常变换。

（5）你能在你的工作范围内自由发挥。

（6）工作能使你的同学、朋友非常羡慕你。

（7）工作带有艺术性。

（8）你的工作能使人感觉到你是团体中的一分子。

（9）无论你怎么干，你总能和大多数人一样晋升和涨工资。

（10）你的工作使你经常变换工作地点、场所或方式。

（11）在工作中你能接触到各种不同的人。

（12）你的工作上下班时间比较随便、自由。

（13）你的工作能使你不断获得成功的感觉。

（14）你的工作赋予你高于别人的权力。

（15）在工作中，你能试行一些自己的新想法。

（16）在工作中你不会因为身体或能力等因素，被人瞧不起。

（17）你能从工作的成果中，知道自己做得不错。

（18）你的工作需要经常外出、参加各种集会和活动。

（19）只要你从事这份工作，就不再被调到其他意想不到的单位和工种上去。

（20）你的工作能使世界更美丽。

（21）在你的工作中，不会有人常来打扰你。

（22）只要努力，你的工资会高于其他同年龄的人，升级或涨工资的可能性比其他工作大得多。

（23）你的工作是一项对智力的挑战。

（24）你的工作要求你把一些事务管理得井井有条。

（25）你的工作单位有舒适的休息室、更衣室、浴室及其他设备。

（26）你的工作有可能使你结识各行各业的知名人物。

（27）在你的工作中，能和同事建立良好的关系。

（28）在别人眼中，你的工作是很重要的。

（29）在工作中，你经常接触到新鲜的事物。

（30）你的工作使你能经常帮助别人。

（31）你在工作单位中，需要经常变换工作岗位。

（32）你的工作使你受到别人尊重。

（33）同事和领导人品较好，相处比较随意。

（34）你的工作会使许多人认识你。

（35）你的工作场所很好。例如，有适度的灯光，安静、清洁的工作环境，甚至恒温、恒湿等优越的条件。

（36）在工作中，你为他人服务，使他人感到很满意，你自己也很高兴。

（37）你的工作需要计划和组织别人的工作。

（38）你的工作需要敏锐地思考。

（39）你的工作可以使你获得较多的额外收入。例如，常发放实物；可以购买打折的商品；常发放商品的提货券；有机会购买进口货。

（40）在工作中你是不受别人差遣的。

（41）你的工作结果应该是一种艺术而不是一般的产品。

（42）在工作中你不必担心会因为所做的事情让领导不满意，而受到训斥或经济惩罚。

（43）你在工作中能和领导保持融洽的关系。

（44）你可以看见你努力工作的成果。

（45）你在工作时需要经常提出许多新的想法。

（46）由于工作的关系，经常有许多人来感谢你。

（47）你的工作成果常常能得到上级、同事或社会的肯定。

（48）在工作中，你可能做一个负责人，虽然可能只领导很少几个人。你信奉“宁做兵头，不做将尾”的俗语。

（49）你从事的工作，经常在报纸、电视中被提到，因而在人们的心目中很有地位。

（50）你的工作有数量可观的夜班费、加班费、保健费或营养费等。

（51）你在工作时较为轻松，精神上也不紧张。

（52）你的工作需要和影视、戏剧、音乐、美术、文学等艺术打交道。

三、测评结果及说明

在回答题时，若自己认为“很不重要”记 1 分，“较不重要”记 2 分，“一般”记 3 分，“比较重要”记 4 分，“非常重要”记 5 分。将总得分记入如表 3-12 所示的表格中，据此判断自己拥有哪一类职业价值观。

表 3-12　职业价值观测量得分

项目	价值观	题目序号	总得分	项目	价值观	题目序号	总得分
1	利他主义	2，30，36，46		8	经济报酬	3，22，39，50	
2	美感	7，20，41，52		9	社会交际	11，18，26，34	
3	智力刺激	1，23，38，45		10	安全感	9，16，19，42	
4	成就感	13，17，44，47		11	舒适	12，25，35，51	
5	独立性	5，15，21，40		12	人际关系	8，27，33，43	
6	社会地位	6，28，32，49		13	变异性	4，10，29，31	
7	管理	14，24，37，48					

本测试将人的职业价值观分 13 种类型，各类型的基本含义如表 3-13 所示。

表 3-13　职业价值观各类型的基本含义

项目	价值观	题目序号	说明
1	利他主义	2，30，36，46	工作的目的和价值，在于直接为大众的幸福和利益尽一份力
2	美感	7，20，41，52	工作的目的和价值，在于能不断地追求美的东西，获得美的享受
3	智力刺激	1，23，38，45	工作的目的和价值，在于不断进行智力操作、动脑思考、学习，以及探索新事物，解决新问题
4	成就感	13，17，44，47	工作的目的和价值，在于不断创新，不断取得成就，不断得到领导与同事的赞扬，或不断实现自己想要做的事
5	独立性	5，15，21，40	工作的目的和价值，在于能充分发挥自己的独立性和主动性，按自己的方式、步调或想法去做，不受他人的干扰
6	社会地位	6，28，32，49	工作的目的和价值，在于从事的工作在人们的心目中有较高的社会地位从而使自己得到他人的重视与尊敬
7	管理	14，24，37，48	工作的目的和价值，在于获得对他人或某事物的管理支配权，能指挥和调遣一定范围内的人或事物
8	经济报酬	3，22，39，50	工作的目的和价值，在于获得丰厚的报酬，使自己有足够的财力去获得自己想要的东西，使生活过得较为富足
9	社会交际	11，18，26，34	工作的目的和价值，在于能和各种人交往，建立比较广泛的社会联系和关系，甚至能和知名人物结识
10	安全感	9，16，19，42	不管自己能力怎样，希望有一个安稳的工作，不会因为奖金、工资、调动工作或领导训斥等经常提心吊胆、心烦意乱
11	舒适	12，25，35，51	希望能将工作作为一种消遣、休息或享受的方式，追求比较舒适、轻松、自由、优越的工作条件和环境
12	人际关系	8，27，33，43	希望一起工作的大多数同事和领导人品较好，相处时感到愉快、自然，认为这就是很有价值的事，是一种极大的满足
13	变异性	4，10，29，31	希望工作的内容经常变换，使工作和生活显得丰富多彩，不单调、枯燥

探索与思考

1. 价值观会对职业产生什么样的影响？
2. 如何树立正确科学的职业价值观？

3.5 探索职业能力

导入案例

张强的多元发展之路

张强是一位热衷于自我提升和职业规划的职场人士。他在自己的职业生涯中，通过明智的决策和不断的努力，成功实现了从基层员工到高层管理者的转变，并在此过程中展示了出色的职业生涯管理能力。

张强在刚步入职场时，便对自己的职业发展有着清晰的认识和规划。他意识到，要想在职场上取得成功，不仅要有扎实的专业知识和技能，还需要具备多方面的能力和素质。因此，他制订了一个全面的职业生涯发展计划，包括短期、中期和长期的目标。

在职业生涯的初期，张强专注提升专业技能和积累工作经验。他努力学习和掌握所在行业的前沿知识和技术，并通过实践不断提高自己的工作能力，同时他也积极参与公司的各种项目和活动，锻炼自己的团队协作和领导能力。

随着工作经验的积累和能力的提升，张强逐渐获得了更多的机会，但也面临着更多的挑战。他开始主动寻求跨部门合作和跨领域学习的机会，以拓宽自己的视野和增强自己的综合能力。他通过参与多个项目的管理和领导工作，锻炼了自己的项目管理、团队协作和决策能力。

在职业生涯的中期，张强意识到自己的职业发展需要更多的战略思考和创新能力。于是，他开始关注公司的发展战略和市场趋势，并积极参与公司的战略规划工作。他通过学习先进的管理理念和商业知识，不断提升自己的战略思维和创新能力，为公司的发展贡献了自己的智慧和力量。

经过多年的努力，张强成功实现了从基层员工到高层管理者的转变。他不仅在自己的专业领域取得了卓越的成就，还为公司的发展作出了重要贡献。他的职业生涯管理案例，为其他职场人士提供了宝贵的启示和借鉴。

分析：从张强的案例中可以看出，职业生涯管理是一个持续不断的过程，需要人们在不同的阶段制订不同的目标和计划。在职业生涯的初期，人们应该专注提升专业技能和积累工作经验；在中期，人们应该注重拓宽视野和增强综合能力；在后期，人们应该关注战略思考和创新能力。通过不断努力和学习，人们可以更好地管理自己的职业生涯，实现个人价值并取得职业成功。

一、能力及其构成要素

（一）能力

通俗地说，能力是指一个人能够干成某件“事”的本领。能力总是与活动联系在一起，它只有在活动中才能体现出来，并在活动中得以发展。心理学对能力的定义为个体顺利完成某种活动所必须具备的个性心理特征。日常工作中，我们说的能力通常是指个人或组织在特定领域或任务上所具备的知识和技能水平。

能力按照其获得的方式（先天具有与后天培养），可以分为能力倾向和技能两大类，即“能力＝技能＋能力倾向”。在现实生活中，个人的能力水平往往是能力倾向和技能两方面相互作用的结果，能力通常表示个人在工作中能够做什么。

我们还常用到“自我效能感（self-efficacy）”这个词语，它也被认为是能力的一个重要组成部分，即个人对自己的能力，以及运用该能力将得到何种结果所持的信心或把握程度，是预测个人行为的重要指标。

（二）能力倾向

能力倾向又称性向（aptitude），是指经过适当训练或被置于适当的环境下完成某项任务的可能性，也就是说，能力倾向是指一个人能学会做什么，以及一个人获得新知识和新技能的潜力如何，而不是当时就已经具备的现实条件。职业能力倾向即指经过适当学习或训练后或被置于一定条件下时，能完成某种职业活动的可能性或潜力。

（三）技能

技能是人通过后天学习和练习而获得的能力。

1. 专业知识技能

常常与专业学习或工作内容直接相关，如机械师懂得汽车引擎的工作原理。专业知识不能迁移，需要经过有意识的、专门的培训。而其重要性常常被夸大。

2. 自我管理技能

经常被看作个性品质，被用来描述或说明人具有的某些特征。例如，紧张的还是放松的，听从的还是自我指导的。可以从非工作生活领域转换到工作领域，需要练习才能获得。在工作中，这项技能对取得成就和处理人际关系是最有帮助的。有专家认为：“它们是成功所需要的品质，是个人最有价值的资产。”

3. 通用技能（或称可迁移的能力）

通用技能是指职业生涯中除岗位专业能力之外的基本能力，适用于各种职业。它们可以从生活中的方方面面，特别是工作外得到发展，可以迁移应用于不同的工作之中。可迁移的能力是个人能够持续运用和最能够依靠的技能。

知识链接

可迁移技能的构成

1. 沟通表达：包括口头和书面表达能力，能够清晰、准确地传达信息，以及倾听他人的观点和需求。

2. 组织管理：指为了有效地实现目标，灵活地运用各种方法，把各种力量合理地组织和有效地协调起来的能力。

3. 问题解决：能够识别问题，分析原因，提出并实施解决方案，以及从经验中学习。

4. 社交技能：包括与人交往、建立关系、处理冲突等，这些技能在各种领域中都非常重要。

5. 团队合作：能够与他人协作，共同完成任务，处理冲突，建立和维护良好的工作关系。

6. 学习和适应：善于发现并记录、保持好奇心、勤奋有毅力、坚持不懈；能够应对变化，快速适应新环境，保持灵活和开放的心态。

7. 思维能力：包括理解力、分析力、综合力、比较力、概括力、抽象力、推理力、论证力、判断力等。

8. 批判性思维：能够从不同角度分析问题、评估信息、提出解决方案，并作出明智的决策。

9. 创新思维：能够产生新的想法和解决方案，具备发现和创造新事物的能力，以应对复杂问题和挑战。

10. 时间管理：能够合理规划时间，设置优先级，有效完成任务，提高工作效率。

11. 自我管理：能够自我激励、自我约束、自我反思和自我提升，保持个人成长和进步。

12. 技术技能：如数据分析、项目管理等，这些技能在特定领域或行业中能得到广泛的应用。

二、能力与职业的匹配

在职业领域中，能力是决定人们职业活动效果的基本因素。能力与职业的关系非常密切，是职业选择的重要依据，是高职生开启职业大门的钥匙。因此，高职生对自己的能力要有一个清楚的认识，根据自己的能力选择相应的职业，选取与自己能力一致的职业，只有这样，才能在社会的竞争中立于不败之地。只有当一个人的能力和工作的要求相匹配时，才能将能力发挥到最理想的状态，能力水平越高，工作表现越好，越容易获得满足感。

每个人具备的能力不同，选择的职业就会有差异。从能力差异的角度来看，在选择职业时应遵循下列原则。

（一）能力类型要与职业相吻合

人的能力发展方向存在差异。职业研究表明，职业可以根据工作的性质、内容和环境划分为不同的类型，并且对人的能力也有不同的要求。因此，需要注意以下几点：

第一，要注意能力水平与职业层次基本一致。一种职业或职业类型由于所承担的责任不同，可分为不同层次，不同职业层次对人的能力有不同的要求。因此，在根据能力类型确定了职业类型后，还应根据自己所达到或可能达到的能力水平确定相吻合的职业层次。

第二，要充分发挥能力倾向原则。能力倾向是指一个人的潜能，即其能力的发展前景及未来可能的潜在成就。它包括人的身体条件、智能、性格、兴趣等是否适合某个方面的职业领域。高职生在进行职业生涯规划时，更应该注重的是自己的能力倾向，可以通过能力倾向测评准确掌握自己的能力倾向，更好地确定自己的职业发展方向，使自己得到充分的发展。

第三，根据自己的智能结构选择职业。每个人都具有一个由多种能力组成的能力系统，在这个系统中，每个人各方面能力的发展是不平衡的，常常是某方面的能力占优势，而另一些能力则不太突出，选择职业时应选择最能运用优势能力的职业。加德纳多元智能理论指出，每个人至少拥有 8 种相对独立的智能类型，包括语言智能、音乐智能、逻辑智能、空间智能、运动智能、内省智能、交往智能和自然观察智能。个体从事与自己的优势智能相匹配的工作，则更易取得成功。而且不同个体把自己的智能按有效方式排列组合，可能会产生惊人的效果。人们取得成功所需要的才能和智慧是不一样的，所以高职生要根据自己独特的智能结构去寻找合适的职业。

（二）一般能力要与职业相吻合

一般能力即智力能力，包括注意力、观察力、记忆力、思维能力和想象力等。不同的职业对人的一般能力的要求是不同的，有些职业对从业者的智力水平有绝对的要求，如大学教师、科研人员、律师等都需要有较高的智商。智力在很大程度上决定着人们所从事的职业类型。

（三）特殊能力要与职业相吻合

特殊能力又称专业能力，也称特长，是指从事某项专业活动的能力。要顺利完成某项工作，除要具有一般能力外，还要具有该项工作所要求的特殊能力。例如，数学研究人员需要具有计算能力、逻辑思维能力和空间想象能力；画家需要具备较强的颜色识别能力等。一般认为，计算能力、音乐能力、绘画能力、写作能力、动作协调能力、空间想象能力等都是特殊能力。

同时，心理学的实践证明，人的特殊能力与智力的关系很小。一个人具有较高的智力水平，可能会拥有一些特殊的才能，但也可能缺乏某些如音乐、美术方面的特殊能力；而那些有美术、音乐才能的人，其聪慧性既可能在平均水平之上，也可能在平均水平之下。例如，智障人士周舟的智商相当于 3 岁儿童，但他却能担当专业乐团的指挥。所以，不能从一个人的能力倾向来推测他的智力，同样也不能从一个人的智力水平来推测这个人的特殊能力。

知识链接

一般能力与特殊能力

人的能力多种多样。从职业的角度，按照能力的适用性一般可以将人的能力分为一般能力和特殊能力。

一般能力，是指顺利完成各种活动所必备的基本能力。这种能力集中体现在认知活动中，也就是一般意义上的智力，我们也可称为“认知能力”或“认知智力”，如注意力、观察力、记忆力、想象力、思维力和言语能力等。

特殊能力，是指顺利完成某种特殊活动所必备的专门能力，与某些职业活动密切相关。例如，在进行音乐、绘画、飞行活动中，就需要相应的音乐、绘画及高空适应能力。能力的差异表现在质和量两方面：质的差异表现在个体具备不同的特殊能力及能力类型方面；量的差异表现在能力发展的水平和年龄差异方面。

三、关注职业核心能力

职业核心能力是人们职业生涯中除岗位专业能力之外的基本能力，其可以让人自信和成功地展示自己，并根据具体情况进行选择和应用。它适用于各种职业，能够适应岗位的不断变换，是伴随人终身的可持续发展能力。德国、澳大利亚、新加坡称之为“关键能力”；美国称之为“基本能力”，在全美测评协会的技能测评体系中被称为“软技能”；在我国被称为“关键能力”。

1998 年，我国原劳动部在《国家技能振兴战略》中把职业核心能力分为八项，称为“八项核心能力”，包括与人交流、与人合作、解决问题、自我学习、信息处理、数字应用、创新革新、外语应用。这八项职业核心能力可以分为“职业社会能力”和“职业方法能力”两类。

（一）职业社会能力

职业社会能力是指与他人交往、合作、共同生活和工作的能力，其既是基本生存能力，又是基本发展能力，是劳动者在职业活动中，特别是在一个开放的社会生活中必须具备的基本素质。职业社会能力包括“与人交流”“与人合作”“解决问题”“外语应用”能力。

（二）职业方法能力

职业方法能力是指主要基于个人的，具有具体和明确的方式、手段的能力，其主要包括独立学习、获取新知识技能、处理信息的能力，是劳动者的基本发展能力，是在职业生涯中不断获取新的知识、信息、技能和掌握新方法的重要手段。职业方法能力包括“自我学习”“信息处理”“数字应用”“创新革新”能力。

四、探索自我职业能力

2022 年《前程无忧人力资源白皮书》显示，对管理人员的企业培训投入情况所占比重分别为绩效管理（58.3%）、领导力（51.8%）、项目管理（49.5%）、团队合作（26.6%）、沟通与技巧（24.2%）。对普通员工的企业培训投入情况所占比重分别为专业岗位技能（74.4%）、执行力（41.5%）、创新技能（34.3%）、团队合作与建设（29.7%）、沟通与技巧（30.4%）。对比企业培训，可以窥见企业现在对高职生在职业能力方面的关键需求点。

（一）能力倾向测试

能力倾向测试，又称性向测试，它可以预测一个人将来在某方面的“可能”成就，挖掘出职业发展潜能。最常用的测验有如下几种：

（1）差别能力倾向测验（DAT），分别测验文字推理、数字推理、抽象推理、文书速度、准确性、机械推理、空间关系、拼写和语言应用。

（2）一般能力倾向成套测验（GATB，美国），对 11 项能力倾向进行评估，分别是一般学习能力、语言能力、数理能力、判断能力、图形知觉能力、符号知觉能力、运动协调能力、手指灵活度、手腕灵巧度、眼手足协调和颜色鉴别。

（3）我国公务员录取考试中常用到的《行政职业能力倾向测验》（*administrative aptitude test*，AAT），是用来测试公务员所具备的一般潜能的一种职业能力测试，包括数量关系、判断推理、常识判断、语言理解与表达、资料分析五个方面的行政能力测试。

（二）经验分析

对过去的成就事件进行分析总结，对自己的能力排序，澄清自己所具备的职业能力，常用的有“我的成就故事清单”等方法。

五、如何增强自我效能感

（一）自我效能感概念

自我效能（self-efficacy）指人对自己是否能够成功地进行某一成就行为的主观推测与判断。这个概念是积极心理学中的一个重要概念，由美国斯坦福大学心理学家阿尔伯特·班杜拉在20世纪70年代首次提出。班杜拉对自我效能感的定义是“人们对自身能否利用所拥有的技能去完成某项工作行为的自信程度”。班杜拉认为除了结果期望，还有一种效能期望。结果期望是指人对自己某种行为会导致某一结果的推测。如果人预测到某一特定行为将会导致特定的结果，那么这一行为就可能被激活和被选择。效能期望是指人对自己能否进行某种行为的实施能力的推测或判断。它意味着人是否确信自己能够成功地进行带来某一结果的行为。当人确信自己有能力进行某一活动，他就会自信地去进行那一活动。

（二）自我效能感功能

自我效能感影响或决定人们对行为的选择及该行为的坚持性和努力程度，即影响人们的思维模式和情感反应模式，进而影响新行为的习得和表现。

（1）自我效能感高的人：期望值高、显示成绩、遇事理智处理、乐于迎接应急情况的挑战、能够控制自暴自弃的想法，需要时能发挥智慧和技能。

（2）自我效能感低的人：畏缩不前、显示失败、处理问题情绪化、压力面前束手无策、易受惧怕、恐慌和羞涩的干扰，当需要时，其知识和技能无法发挥。

（三）影响自我效能感形成的因素

1. 个人自身行为的成败经验

一般来说，成功经验会提高效能期望，反复的失败会降低效能期望。但事情并不这么简单，成败经验对效能期望的影响还要受个体归因方式的左右，如果把成功归因于外部机遇等不可控因素就不会增强效能感；如果把失败归因于自我能力等内部可控因素就会降低效能感。因此，归因方式直接影响自我效能感的形成。

2. 替代经验或模仿

人的许多效能期望源于观察他人的替代经验。这里的一个关键是观察者与榜样的一致性，即榜样的情况与观察者非常相似。

3. 言语劝说

言语劝说因其简便、有效而得到广泛应用。言语劝说的价值取决于它是否切合实际，缺乏事实基础的言语劝说对自我效能感的影响不大，在直接经验或替代性经验基础上进行劝说的效果会更好。

4. 情绪唤醒

班杜拉在“去敏感性”的研究中发现，高水平的唤醒会降低个人成绩，从而影响自我效能感。例如，个体在面临某项活动任务时的不良身心反应、强烈的激动情绪通常会妨碍行为表现从而降低自我效能感。当人们不为厌恶刺激所困扰时更容易成功。

5. 情境条件

不同的环境提供给人们的信息是相同的。某些情境比其他情境更难以适应和控制。当个人进入陌生而又易引起焦虑的情境中时，其自我效能感的水平与强度就会降低。

上述几种信息对效能期望的作用依赖于个体对其是如何认知和评价的。人们必须对与能力有关的因素和非能因素对成败的作用加以权衡，人们觉察到的效能程度取决于任务的难度、付出努力的程度、接受外界援助的多少、取得成绩的情境条件及成败的展示模式。班杜拉的社会学习理论认为，这些因素作为效能信息的载体影响成绩，主要是通过自我效能感的中介影响发生的。

（四）通过计划提升自我效能感

通过合理的职业生涯规划和设定合理的目标，可以有效提升自我效能感，研究自我管理的心理学家为高职生提供了以下建议：

（1）设定的目标应该具体，相应的任务可以用数字来衡量。模糊的目标会让人感觉不真实，并且遥不可及，而不能量化的任务会使人难以评估自己是否正在按照计划行事。设定具体目标，用数字衡量任务既使人明确知道了自己想要什么，又列出了用来衡量自己是否做到的指标，就可以随时检验自己处在什么样的阶段，是不是正在按照计划实现自己的目标。

（2）计划必须是此时此刻的你可以独自实现的，所有的任务都是可以完成的。如果在短期内实现最终目标有一点吃力，不妨把它拆解为一些相关的小目标。遇到困难无法前进时，可以问问自己“现在我能做到的最容易的事情是什么”。每个小小的、稳定的进步都构成了一个个成就经验，它们可以提升你的效能感，改变你对自己能力的认知，你会借助这些小小的成功，挑战更高、更难的任务。

（3）记得给计划中的每条都加上明确的时间限制。没有约束力的计划难以推动人马上行动，拖延的问题几乎会影响到每个人，阻止每个人去完成每天工作任务的一个最大的障碍就是拖延。做好时间管理，给计划中的每个小目标都明确规定完成时间，并严格按时间节点推进，才能形成良好的自我效能感。

活动与训练

本专业所需要的职业能力分析

一、训练目标

能分析本专业所需要的职业能力。

二、程序与规则

1. 分组：3～5 人为一个小组。

2. 小组讨论：本专业的毕业生可以从事哪些具体职业？

3. 讨论该职业所需要的各方面能力的掌握程度，并列于如表 3-14 所示的空白处（如文秘专业进行关于秘书职业的讨论）。

表 3-14　本专业所需要的职业能力分析

职业	语言能力	逻辑思维能力	管理能力	动手能力	身体协调能力	沟通能力	自省能力
秘书	一般	较强	一般	较弱	一般	较强	较强

探索与思考

1. 你未来想从事什么职业？你认为从事这一职业需要具备哪些职业能力？

2. 在憧憬未来时，你都考虑了哪些因素？还应考虑哪些因素？

模块四　职业生涯规划

模块导读

人生好比是一次远航，面对浩瀚无垠的大海，我们如果想拥有精彩的人生之旅，就需要精心设计航程。一个人的职业生涯是一个漫长的过程，对于职业院校的高职生而言，未来要从事什么类型的职业、扮演何种职业角色、事业的发展方向如何等，都需要事先作出设想和规划。

本模块主要通过阐述职业生涯目标基本知识，引导和帮助高职生充分认识职业生涯规划的重要性；通过学习职业生涯决策的基本知识、职业生涯规划设计的基本步骤等相关内容，高职生可以积极开展生涯探索和规划，促使其将生涯管理的理念付诸实践，从而最大限度地实现人生的目标与价值。

能力标准

分类	具体内容
知识	1. 认识职业生涯目标的概念； 2. 了解确立职业生涯目标的原则； 3. 了解职业生涯发展的相关理论
技能	1. 掌握职业生涯决策方法； 2. 能够制定合理的职业生涯目标； 3. 能够撰写职业生涯规划书，对自己进行生涯管理
态度	1. 客观认识自己与外部环境； 2. 找准自己的职业发展方向； 3. 为实现自己的职业理想，勇于付出和实践

学习导航

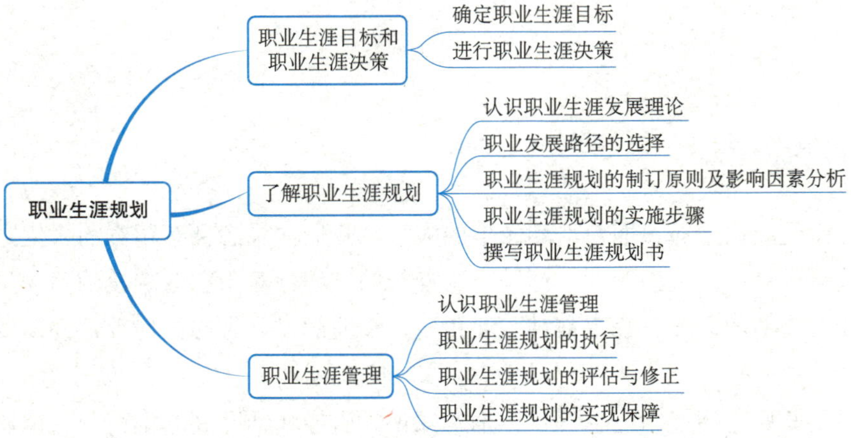

4.1 职业生涯目标和职业生涯决策

导入案例

选择职业目标，如何是“好”

读大学的时候，谢华发现自己对所学专业不是很感兴趣，只能硬着头皮读下去，但他把课余时间都用在了自学日语上，也渐渐开始参与网络字幕组的日本动漫翻译工作。谢华感觉找到了自己真正喜爱的事，他的翻译能力和文字表达能力日益提升。然而，临近毕业，同学们都忙着找工作，谢华却迷惘起来了，面对自己不喜欢却已“烙”上的专业背景和自己兴趣所在的日语翻译工作，他不知自己的职业目标究竟是什么。

分析：许多高职生在所学专业和自己兴趣爱好之间难以作出选择，这是经常会遇到的问题。学会运用职业目标的决策方法，是摆在每个毕业生面前的一道必答题。

一、确定职业生涯目标

高职生在自我评估、自我认知、环境分析、准确自我定位的基础上进行目标设定和生涯规划，无论对于充实地度过学校生活还是将来进入社会都具有重要的意义。坚定的目标将成为追求成功的驱动力，个人的成功与否，很大程度上取决于是否有明确的人生目标。因此，高职生应把设定职业生涯目标、制订具体的行动计划作为职业生涯设计的核心。

（一）职业生涯目标的概念

职业生涯目标，指个人在选定职业领域内未来某个时间点上所要达到的具体目标，是个人在职业领域理想的具体化。整个生涯规划，就是围绕一系列的大小目标展开的，因此确立目标是职业生涯规划的首要内容与关键步骤。

案例 4-1

明确目标的作用

有人曾做过实验：组织 3 个小组，让他们分别步行前往 10 千米以外的村子。第一组的人不知道村庄的名字，也不知道路程有多远。刚走了 2 千米左右就有人叫苦，走到一半时有人愤怒、抱怨，甚至有人坐在路边不愿再前行。第二组的人知道村庄的名字和路程，但路边没有里程碑，当大家都疲惫不堪时，有人说“快到了”，大家立马又振作起来。第三组的人不仅知道村庄的名字、路程，而且公路上每隔 1 千米就有一块里程碑，人们边走边看里程碑，每缩短 1 千米大家便感到一小会儿的快乐，很快就到达了目的地。

分析：当人们的行动有明确的目标，并且把自己的行动与目标不断加以对照，清楚地知道自己的行进速度及当前行动与目标的距离时，行动的动力就会得到维持和加强，人就会自觉地克服一切困难，努力达到目标。

（二）职业生涯目标的分类

1. 按照时间分类

个人职业生涯目标，按时间可以分为短期目标、中期目标、长期目标和人生目标。

（1）短期目标。通常是指 2 年内，具体到每年、每季度、每月、每周、每日的目标。短期目标是最清楚的目标。其主要特征有：

①目标具备可操作性。

②明确规定完成时间。

③主要服从于中期目标。

④目标要适应环境。

⑤目标要切合实际。

（2）中期目标。一般为 3～5 年，在整个职业生涯目标体系中起着承上启下的作用，也是职业生涯行动能否有效实施、生涯目标能否真正实现的重点。其特征主要有：

①通常与长期目标保持一致。

②结合自己的主观意愿和客观要求来制定。

③用明确的语言来定量说明。

④对目标实现的可能性做出评估。

⑤有比较明确的完成时间，可做适当调整。

（3）长期目标。一般指5～10年内的规划，它通常是一种个人职业生涯战略发展层面的设计与构想，在设计时以画轮廓为主，因此显得比较粗略、不具体，会随着自身情况和外部形势的变化而变化。设定长期目标需要考虑以下方面：

①目标有可能实现，具有挑战性。

②对长期目标充满渴望与动力。

③目标经过慎重考虑，与社会发展需求相结合。

④没有明确规定实现时间，在一定范围内实现即可。

（4）人生目标。人生目标即整个人生的发展目标，时间长达40年或以上，它设定了整个人生的发展目标和阶段。通过明确以人生目标为重要内容的职业生涯规划，将人生目标与有效职业生涯规划进行良性互动，可以帮助高职生形成清晰的自我认知和职业定位，确立人生的方向。

2. 按照性质分类

生涯目标按照性质的不同，可以划分为外职业生涯目标和内职业生涯目标。

（1）外职业生涯目标是指侧重于职业过程的、外在的、看得见的显性目标，主要包括工作内容、职务、经济收入、工作环境和工作地点等方面的目标。

（2）内职业生涯目标是指生涯发展过程中知识与经验的积累、观念的转变、能力和素质的提高及成就感、价值感等内心感受，是一种隐性目标，这些目标必须通过自己的努力才能实现。

根据弗兰克·帕森斯典型的人职匹配理论，职业生涯的内外目标不是独立的，两者是相辅相成、相互促进的，即内职业生涯目标的发展可以推动外职业生涯目标的发展，而外职业生涯目标的实现又可促进内职业生涯目标的实现。

作为高职院校的学生，在学校积累的文化知识和专业技能，可以成为未来发展所需要的基础能力。在求职择业阶段，要更注重自我发展和社会参与，包括提升学习能力、保持健康生活习惯、增强责任担当意识、注重实践创新锻炼等。

（三）制定职业生涯目标的原则

职业生涯目标的缺失和模糊，会导致职业选择错误，直接影响人生事业的成就。制定职业生涯目标时，需考虑以下原则。

1. 现实原则

目标的确立要符合社会与市场的需求。在确定职业生涯目标时，要考虑内外环境的现实需要。

2. 适合原则

目标的确立要适合自身的特点，尽量将目标建立在自己的最适性格、最大兴趣、最佳特长上。

3. 激励原则

目标的确立要恰到好处。树立远大的目标，能起到激励作用，但目标过高，脱离了实际，会因好高骛远而失败；目标太低，不用努力就能实现，那目标也就失去了意义。

4. 层次原则

目标的确立应该远近结合。在职业生涯发展过程中，高职生可以通过短期目标的实现来自我鼓励，体验达成目标的成就感，促使自己朝着更高的目标前进。但是，如果只有短期目标，也会失去奋斗的方向与动力。

5. 适度原则

在确立目标时，最好把目标集中在一点上，以期利用个人有限的资源产出最大的成长效益。

6. 明确原则

目标的确立要具体明确。如果目标含混不清，就起不到设立目标应有的促进行动作用。

7. 灵活原则

职业生涯规划是一个动态变化过程，职业生涯目标的设定要留有余地，可灵活调整，在实现目标的行动安排上，不要过急、过满或过于死板。

二、进行职业生涯决策

（一）职业生涯决策的内容

具体来说，职业生涯决策包括以下内容：

（1）选择何种专业与行业。

（2）选择行业中的哪种职业。

（3）选择怎样的策略，来获得某一特定的工作。

（4）从数个工作机会中选择其一。

（5）选择工作地点。

（6）选择工作的取向，即个人的工作作风。

（7）选择生涯目标或一系列的升迁目标。

（二）职业生涯决策的基本原则

职业生涯决策是对职业生涯事件决定和选择的过程。在进行职业生涯目标设定和职业定位时，要结合自身的实际。可以将以下五个原则作为职业生涯决策的基本原则。

1. 择已所爱

对职业生涯事件的决定和选择，首先要尊崇个人的职业兴趣和职业价值观。

2. 择已所长

任何职业都要求从业者掌握一定的技能，具备一定的能力条件。择业时必须对照自己的能力，选择最能发挥自己优势的职业。

3. 择世所需

社会需求是确定和调整职业生涯目标的重要参考，生涯决策必须遵循社会的发展规律，不可违背社会发展规律而行事。

4. 择已所适

职业生涯目标应是最适合自己的，而不必强求是别人眼中最好的，表面上无比美好的、实际却不适合自己也无法达成的目标。

5. 择已所利

决策是一个选“优”的过程，因此要遵循效益原则，在确立职业生涯目标时，要择己所利，本着利己、利他、利社会的原则，确立适合自己的目标。

案例 4-2

王刚同学的职业生涯决策

王刚同学是高职学校计算机专业的一名学生，他对编程有着浓厚的兴趣和扎实的基础，他在大学期间参加了很多项目和比赛，积累了不少经验和成果。在毕业前，他面临“专升本”、应征入伍和直接到公司入职三个选择。最终在经过自己的认真思考，并请教辅导员后，他作出了决定，入职到一家知名的软件公司，成为一名软件开发工程师。之后他在工作中不断地实践和创新，获得了不少的成就和认可。

分析：当人有了较为清晰的自我认知和职业环境认知，并确定了职业目标范围后，接下来就需要进一步搜集、加工信息，作出与个人职业生涯发展相关的一系列决策。

职业生涯决策是根据决策者的实际情况，结合主客观条件，经过一系列活动以后作出的生涯目标决定，同时为实现该目标而制定最优的个人行动方案。

（三）职业生涯决策工具

职业生涯决策有很多种方法，下面简要介绍 SWOT 分析法和建立生涯决策平衡单这两种常见的方法。

1. SWCT 分析法

SWOT 分析法是职业生涯决策中非常有用的工具。“SWOT”四个英文字母中 S 代表 Strengths（优势），W 代表 Weaknesses（劣势），O 代表 Opportunities（机会），T 代表 Threats（威胁）。从整体上看，SWOT 可以分为两部分：第一部分为 SW，主要用来分析内部条件；第二部分为 OT，主要用来分析外部条件。

通过 SWOT 分析可以找出对自己有利的、值得发扬的因素，以及对自己不利的、要避开的因素。发现存在的问题，找出解决的办法，明确发展方向。

一般来说，在进行 SWOT 分析时，应遵循以下四个步骤：

（1）评估自己的长处和短处。SWOT 分析可以帮助高职生找出自己的所长，找到自己最具竞争力的方面，从而去发现那些能够发挥个人特长和潜力、自身最能胜任的职业领域。

（2）审视自己的短处。每个人都有自己的劣势，现在社会的工作分工非常细，个人在兴趣、性格、价值观上具有一定的倾向性，不同的个性适合不同的工作，不同的工作需要不同个性的人。

（3）找出你的职业机会。不同的人面临不同的外部机会，如果个人能很好地利用外部机会，那将有助于职业发展。

（4）分析你的职业威胁。在职业环境中，除了机会，高职生同样面临挑战和威胁。因此高职生需要采用一些发展策略，提高自己适应社会的能力，把挑战转化为内在动力，避免甚至消除不利影响。

案例 4-3

田洛同学的 SWOT 分析

某高职学院的田洛同学，他的求职目标是做一名采购专员，在老师的帮助下，他进行了个人的 SWOT 分析：

优势 S：具有良好的英语水平，能够熟练进行听、说、读、写，具有较好的人际交往和沟通协调能力，具有强烈的责任心和团队意识，能熟练操作 Word、Excel、PPT 等办公软件。

劣势 W：缺乏社会经验、工作经验，对采购行业了解较少，缺乏商务谈判能力。

机遇 O：近年来国际采购“巨头”纷纷将中国作为自己跨国采购业的基地，采购人才是中国紧缺人才之一，采购管理人才队伍正在迅猛成长。

威胁 T：大批外资、合资企业涌入，传统的采购人员已无法满足企业急需的具备专业知识和技能的采购人员要求。

分析： 通过田洛同学的 SWOT 分析结果不难看出，在当前就业环境下，他选择将采购岗作为求职目标是具有一定科学性和合理性的，该岗位可以发挥自己英语水平高、人际交往以及沟通协调能力强等个人优势，但也应注意先通过积累工作经验，弥补目前存在的一些短板。以成长为现代高素质采购人员作为奋斗目标，制定职业发展规划，不断提升个人素质和技能。同时，在使用 SWOT 分析时，应该注意外部环境与内部环境的变化，确保分析的准确性和新颖性。

2. 建立生涯决策平衡单

生涯决策平衡单是生涯决策和职业咨询中的一种常用工具，可以有效协助当事人客观理性地分析多个潜在选项，通过量化的方式评估各个选项的利弊，并确认优先顺序。

决策平衡单可以使决策问题简单化，将重大问题的思考方向集中到四个方面：自我物质方面的得失，他人物质方面的得失，自我赞许与否（自我精神方面的得失），社会赞许与否（他人精神方面的得失）。通过决策平衡单，个人可以系统分析每个可能的选项，判断分别执行各选项的利弊得失，然后依据其在利弊得失上的加权计分排定各个选项的优先顺序，以执行最优先或偏好的选项。其实施的步骤包括以下几个方面：

（1）建立职业生涯决策平衡单。在平衡单中列出个人所考虑的 2～3 个潜在职业。

（2）判断各个职业选项的利弊得失。从上面提及的四个考查维度列出你选择职业生涯所考虑的因素，分别对四个方面的正面预期和负面预期进行分析，考虑每个因素的得失程度，从 -5～5 分（-5，-4，-3，-2，-1，0，+1，+2，+3，+4，+5）或 1～10 分给分，从而衡量各个职业选项。

（3）对各项考虑因素设置权重。为了体现出各项目不同程度的重要性，考虑每个选择中这些因素的得失程度，每个考虑因素可按照自己的情况设置权重。因此，在详细列出各项考虑层面之后，须再进行加权计分。即对当时个人而言，重要的考虑因素可乘以 1～5 倍分数，依次递减。

（4）排定各个职业选项的优先顺序。计算出各个职业选项的得分；把各因素的权重和利弊得失分数相乘后再累加，计算各个生涯选项的总分；依分数累计得出每一项职业选择的总分；依据各职业选项总分的高低，排定优先次序。这样，职业选项的优先次序就可作为咨询者职业生涯决策的依据。

案例 4-4

田杨同学的生涯决策平衡单

由于自己无法确定未来的求职目标，田杨在老师的指导下完成了自己的生涯决策平衡单，最后通过量化的加权分数，进一步明确了自己的意向岗位（如表 4-1 所示）。

表 4-1　生涯决策平衡单

选项		翻译		贸易专员		物流专员	
考虑因素	权重	分数	加权分数	分数	加权分数	分数	加权分数
通勤时间	4	8	32	8	32	7	28
工作时长	4	8	32	8	32	6	24
职业兴趣	5	5	25	8	40	7	35
持续学习	5	6	30	7	35	7	35
周末双休	4	10	40	10	40	7	28
稳定性	5	9	45	9	45	5	25
语言能力	4	5	20	7	28	8	32
工作环境	4	7	28	9	36	8	32
人际关系	4	8	32	5	20	6	24
企业文化	4	6	24	8	32	7	28
总计			308		340		291

分析：田杨同学利用职业生涯决策平衡单，从 3 个自己想从事的工作岗位中，综合通勤时间、工作时长、职业兴趣等考虑因素，分析出自己的意向岗位第一倾向是贸易专员。这个过程可以进一步探索、明确自己与意向岗位的匹配程度，也为后续围绕意向岗位制订求职计划、准备简历制作、面试等打下基础，有效提升求职成功的概率。

活动与训练

记录我的目标管理过程

一、训练目标

通过职业访谈确定自己的职业目标。

二、程序与规则

1. 对家人或者朋友开展一次职业访谈。

2. 完成职业访谈结果梳理表（如表 4-2 所示）。

表 4-2　职业访谈结果梳理

序号	问题清单	梳理结果
1	访谈人物中从事最多的职业是什么？	
2	我想从事这个职业吗？为什么？	
3	访谈人物如何评价他们的职业？	

续表 4-2

序号	问题清单	梳理结果
4	访谈人物还提到了哪些职业？他们是如何评价这些职业的？对此，我有什么想法？	
5	访谈人物觉得最满意的职业是什么？为什么？他们的想法对我有什么影响？	
6	关于职业，我的家人最常提到的事是什么？	
7	我的家人提到的这些事对我有什么影响？	
8	我决不考虑哪些职业？	
9	我考虑过哪些职业？	
10	选择职业时我还重视哪些条件？	

3. 现在我的意向职业是____。
4. 我对未来的职业期待是____。

探索与思考

1. 职业生涯目标有哪些类别？如何合理制定职业生涯目标？
2. 如何理性科学地作出职业生涯决策？

4.2　了解职业生涯规划

导入案例

大一新生是否应当转专业

李佳，某职业技术学院大一学生。李佳听说自己所学的心理学专业就业情况不太乐观，再加上她本来就不太喜欢自己的专业，于是萌生了转专业的念头。在学习了学院关于转专业的相关文件后，一方面她希望通过自身努力达到转专业的条件，争取在大一下学期转到自己喜欢的历史学专业；另一方面她又担心转专业会影响自己未来的发展。这样的选择困扰着她，反反复复的思想斗争令她非常痛苦。

分析：李佳的情况并非个例，大学生往往对所学专业的未来前景缺少客观、理性的判断，甚至对所学专业存在一定偏见。因此，应在大一阶段就开始探索职业、做好规划，使整个大学生活和将来的职业目标紧密联系在一起。

职业生涯是指一个人职业能力的获得、职业准备、职业选择、职业发展、职业调整，直到退出职业活动的完整的职业发展过程。它是个体职业生活的历程，包括职业的维持与变更、职务的升迁与职位的变动等，是个体职业发展的整体“路线图”。

一、认识职业生涯发展理论

生涯规划相关理论的发展，是一个多学派共同发展的过程。从生涯发展、生涯规划、生涯指导到生涯教育，推动了生涯理论本身的发展，更是对实践起到了极大的启发和指导作用。依据单一理论所发展出来的实用工具都有其一定的不足之处，所以最好的方法是综合运用生涯规划的相关理论和工具，从而制定出更好的生涯规划策略。

（一）舒伯的职业生涯发展理论

从 20 世纪 50 年代初开始，许多学者开始研究职业和生涯发展问题，并形成了一系列理论学说。美国学者唐纳德·舒伯就是其中的代表人物之一。

舒伯认为，人的每一个年龄阶段都与职业发展有着相互配合的关系，人的生涯发展会伴随着年龄的增长而递进，每个年龄阶段各有其生涯发展的任务。他将人的生涯发展按照时间顺序分为成长、探索、建立、维持、衰退五个阶段，这五个阶段覆盖了人的整个生命过程。

1. 成长阶段

从出生到 14 岁左右。此阶段的重点是身心的成长。通过经验个人可以了解周围环境，尤其是工作世界，并以此作为试探选择的依据。

成长阶段属于认知阶段，它又分为幻想期、兴趣期、能力期三个子阶段。此阶段个人通过游戏，玩耍，观察朋友、老师和家人等方式，开始了解自我、探索自我，逐渐建立起“自我概念”。

2. 探索阶段

15～24 岁。此阶段主要任务包括进一步明确“自我概念”、形成职业概念、自我检视、角色尝试、学校中的职业探索、休闲活动与兼职工作。

探索阶段又分为试探期、过渡期、尝试期三个子阶段。此阶段的个人在学校生活与校外生活中通过学校的考试、课外活动、社会实践、业余工作等活动研究自我，对自己的能力、兴趣和性格有所认识，形成自我概念和职业概念，并进行职业上的探索。

3. 建立阶段

25～44 岁。此阶段主要任务是凭借尝试错误以确定前一阶段的职业选择与决定是否正确。若自觉决定正确，就会努力经营，打算在此领域久留。但也有一些专业的领域，还未尝试就已开始了建立阶段。

建立阶段的两个子阶段分别是尝试期、稳定期。经过早期的探索与尝试后，发现真正适合自己的领域，并努力工作使其成为自己的永久职业。这一阶段是大多数人职业生涯周期中的核心部分。

4. 维持阶段

45～60 岁。此阶段属于专、精、升迁阶段，此阶段主要任务是维持这份工作，继续将它做好，并为退休做好计划。

5. 衰退阶段

65 岁以上。此阶段主要任务是在体力与心智逐渐衰退、工作活动将改变时，发展出新的角色，先是变成选择性的参与者，然后成为完全的观察者，直至职业生涯结束并开始退休生活。

由于职业生涯发展是一个持续、动态的过程，现实中各阶段的时间并没有明确的界限，其经历时间的长短常因个人条件的差异及外在环境的不同而有所不同，有时还可能出现阶段性反复。

在以上这些不同的阶段，人所扮演的角色也不同，且通常要同时扮演几个角色，如子女、学生、工作者、配偶、家长等，为了综合阐述生涯发展阶段与角色彼此间的相互影响，舒伯在 20 世纪 80 年代初创造性地设计出一个多重角色生涯发展的综合图形——生涯彩虹图，形象地展现了生涯发展的时空关系，同时很好地诠释了生涯的定义，如图 4-1 所示。

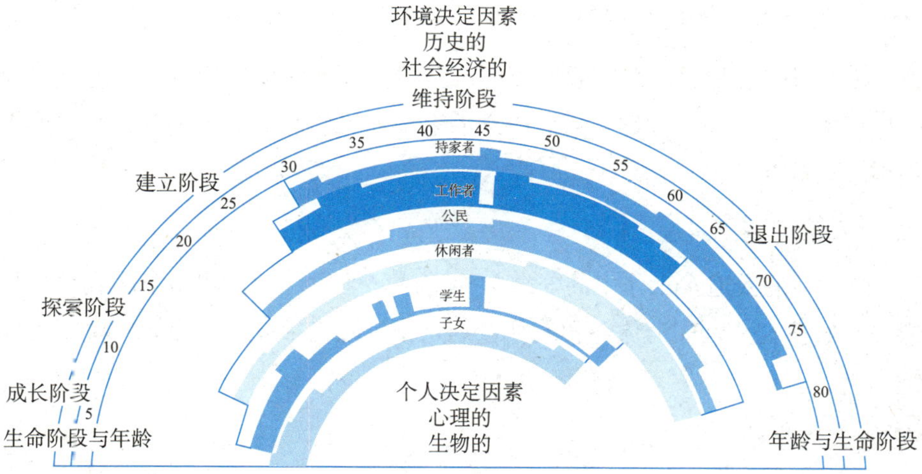

图 4-1　生涯彩虹图：生涯空间的六种角色（Super，1984）

综合阶段理论和角色理论，舒伯的生涯彩虹图把人生发展分为时间层面、广度层面、深度层面，最外面的一层代表横跨一生的“生活广度”，包括生涯发展的五个阶段；而里面的各层代表了“生活空间”，由个人在生涯不同阶段所扮演的角色组成。角色之间是交互影响的，某一角色的成功可能带动其他角色的成功；反之，某一角色的失败，也可能导致另一角色的失败。这除了受年龄增长和社会对个人发展任务期待的影响，往往还跟个人在各个角色上所花的时间和感情投入的程度有关。

（二）施恩的“职业锚”理论

“职业锚”的概念由美国施恩教授提出，是指当一个人不得不做出选择时，无论如何都不会放弃的职业中的那种至关重要的东西或价值观。“职业锚”实际上就是人们选择和发展自己的职业时所围绕的中心，也是影响职业决策的核心因素之一。

施恩教授根据自己对麻省理工学院毕业生的研究，确定了以下八种基本的“职业锚”类型。

1. 技术 / 职能型“职业锚”

技术 / 职能型的人，追求在技术 / 职能领域的成长和技能的不断学习，以及应用这种技术 / 职能的机会。他们对自己的认可来自他们的专业水平，他们喜欢面对来自专业领域的挑战。他们不喜欢从事一般的管理工作，因为这将意味着他们要放弃在技术 / 职能领域的成就。

2. 管理型“职业锚”

管理型的人追求并致力于工作晋升，倾心于全面管理，独自负责一个部分，可以跨部门整合其他人的努力成果，他们想去承担整个部分的责任，并将公司的成功与否看成自己的工作。具体的技术 / 职能工作仅仅被看作通向更高、更全面管理层的必经之路。

3. 自主 / 独立型“职业锚”

自主 / 独立型的人希望随心所欲地安排自己的工作方式和生活方式，追求能施展个人能力的工作环境，希望最大限度地摆脱组织的限制和制约。他们宁愿放弃晋升或工作扩展机会，也不愿意放弃自由与独立。

4. 安全 / 稳定型“职业锚”

安全 / 稳定型的人追求工作中的安全与稳定感。他们可以预测将来的成功从而感到放松。他们关心财务安全，如退休金和退休计划。稳定感包括诚信、忠诚，以及完成老板交代的工作。

5. 创造 / 创业型“职业锚”

创造 / 创业型的人希望使用自己的能力去创建属于自己的公司或创建完全属于自己的产品（或服务），而且愿意去冒风险，并克服面临的障碍。他们想向世界证明公司是他们靠自己的努力创建的。他们可能正在别人的公司工作，但同时他们也在学习并评估将来的机会。一旦他们感觉时机到了，便会走出去创建自己的事业。

6. 服务型“职业锚”

服务型的人是指那些一直追求他们认可的核心价值的人。这些核心价值包括帮助他人，保护人们的安全；通过新的产品消除疾病。他们一直追寻这种机会，即使这意味着变换公司，他们也不会接受不允许他们实现这种价值的工作变换或工作提升。

7. 挑战型“职业锚”

挑战型的人喜欢解决看上去无法解决的问题，战胜强硬的对手，克服无法克服的困难障碍等。对他们而言，参加工作的原因是工作允许他们战胜各种不可能。

8. 生活型“职业锚”

生活型的人喜欢允许他们平衡并结合个人的需要、家庭的需要和职业的需要的工作环境。他们希望将生活的各个主要方面配合为一个整体。正因如此，他们需要一个能够提供足够弹性让他们实现这一目标的职业环境。他们认为自己如何去生活、在哪里居住、如何处理家庭事务等和工作是一样重要的。

二、职业发展路径的选择

职业生涯路线选择是人生发展的重要环节，是职业生涯规划的重要内容，是高职生进行职业选择时面临的必答题。其核心问题是在对影响职业生涯选择的要素进行分析的基础上，确定自己的职业生涯路线。合理的职业生涯路线有利于个人安排今后的学习和工作。

（一）职业生涯发展路径

1. 纵向职业发展路径

纵向职业发展路径也称传统职业发展路径，是一种基于过去组织内员工的实际发展道路而制定出的一种发展模式。即员工在组织的某个职能领域里按等级或层次逐步向上发展，具体表现为职务的晋升和待遇的提高。其最大的优点是直观性、垂直性；但随着现代企业组织结构趋向扁平化，职位等级减少，员工走该发展路径的可能性降低。

2. 横向职业发展路径

横向职业发展路径是指员工在企业内部跨职能边界的工作变换，允许员工在企业内横向调动。这种横向流动不仅有利于激发个人的工作热情、增加个人工作经验，还有利于激发和保持整个组织的朝气与活力，实现组织内部的稳定与流动、维持与发展的平衡。缺点是横向调动并不一定得到加薪或晋升，员工却要花费精力和时间学习新的知识技能以适应新的岗位，有些员工对此路径缺少兴趣。

3. 双重 / 多重职业发展路径

双重 / 多重职业发展路径是发达国家组织激励和挽留专业技术人员的一种普遍做法，是指在组织行政职务阶梯之外，为专业技术人员提供两条或多条平等的升迁路径，一条是管理路径，另几条是技术路径。

这种双重职业路径的设计，有利于调动管理人员和专业技术人员的积极性，实现各尽其能、各展其长。

4. 网状职业发展路径

网状职业发展路径是一种建立在各工作岗位的行为需求分析基础上的职业发展路径设计，包括纵向岗位序列、横向发展机会及核心方向的发展路径。该路径认为晋升到较高层次之前需要丰富本层次的经历。这种路径有利于为个人带来职业发展的机会，帮助个人找到真正适合自己的工作，同时也有利于提高组织的应变性。

（二）职业发展路径选择

职业生涯路线的选择需要考虑以下几个问题：

一是个人希望向哪条路线发展，主要考虑自己的价值观、理想、成就动机等，由此确定自己的目标取向（我想往哪个方面发展）。

二是个人适合向哪一条路线发展，主要考虑自己的性格、特长、经历、知识结构、能力水平等，由此确定自己的能力取向（我能往哪方面发展）。

三是个人能够向哪一条路线发展，主要考虑自身所处的社会环境、政治与经济环境、组织环境等因素，由此确定自己的机会取向（我可以往哪方面发展）。

具体如图 4-2 所示。

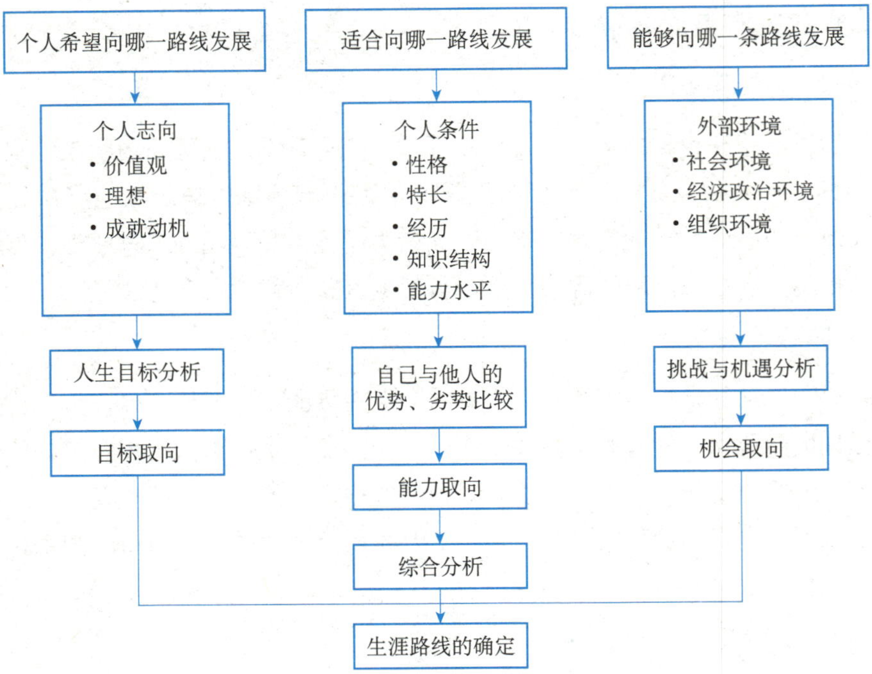

图 4-2　职业生涯路线选择

需要指出的是，职业生涯路线可能会出现交叉和转换，个人可以根据自身情况来决定。其中典型的职业生涯路线如表 4-3 所示。

表 4-3　几种典型的职业生涯路线

类型	典型特征	成功标准	主要职业领域	典型职业发展
技术型	主要注意力是工作的实际技术或职能内容。只愿在技术职能区提升	在本技术区达到最高管理位置，保持技术优势	工程技术、财务分析、营销、策划、系统分析	财务分析员—主管会计—财务部主任—公司财务副总裁
管理型	在信息不全的情况下，分析解决问题，善于影响、监督、操纵、控制组织成员，能被危机所激励，善于使用权力	管理越来越多的下级，承担的责任越来越大，独立性越来越强	政府机构、企业组织及其部门的主要负责人	工人—生产组长—生产线经理—部门经理—行政副总裁—行政总裁
稳定型	依赖组织，希望平稳，怕被解雇，倾向于按组织要求行事，高度的感情安全，没有太大的抱负，考虑退休金	一种稳定、安全、氛围良好的家庭、工作环境	教师、医生、研究人员、勤杂人员	助教—讲师—副教授—教授
创造型	要求有自主权、管理才能，能施展自己的特殊才能，喜好冒险，力求新的东西，经常转换职业	建立或创造某种完全属于自己的作品	发明家、风险投资者、产品开发人员、企业家	无典型职业通路，极易变换职业或干脆自己单干
自主型	随心所欲制定自己的步调、时间表、生活方式和习惯，认为组织生活是不自由的、侵犯个人的	在工作中得到自由与快乐	学者、职业研究人员、手工业者、个体工商户	在自由领域中发展自己的事业

需要采用如下理性的决策程序：

（1）确认要做出的决定。包括决定的性质、具体目标、决策的标准。

（2）确认所有的选择。不要在没做探索之前就匆忙决定，这样会将自己的选择面限制得很窄。

（3）收集相关信息。

（4）评估信息，按评估结果对所有选择进行排序。

（5）作出选择。

案例 4-5

职业院校学生的职业发展路线图

职业院校学生典型的职业发展路线图是一个 V 形图（如图 4-3 所示）。假如一位 22 岁左右的职业院校毕业生参加工作，即 V 形图的起点是 22 岁，以起点向上发展，V 形图的左侧是行政管理路线，右侧是专业技术路线。将路线分成若干等份，每等份表示一个年龄段，并将专业技术的等级、行政职务的等级分别标在路线图上，作为自己的职业生涯目标。

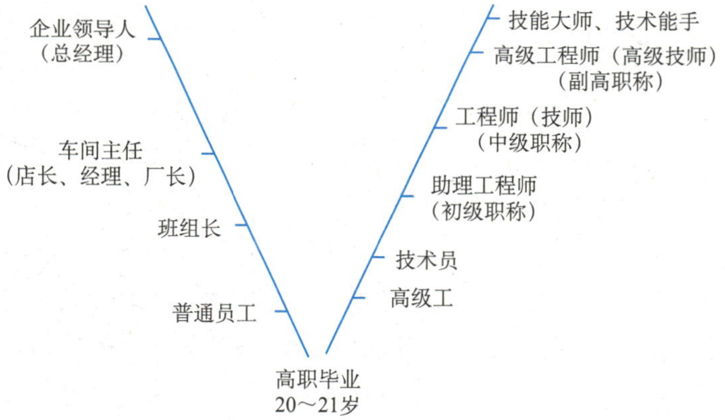

图 4-3　职业院校学生的职业发展路线

公司行政和业务的发展路线描述如表 4-4 所示。

表 4-4　公司行政和业务的发展路线列表

选项	价值	挑战	行动	未来
公司行政	1. 轻松 2. 人际关系 3. 社会价值 4. 工作经验 5. 积累 6. 存在感 7. 幸福感	1. 晋升 2. 工作倦怠 3. 人际关系 4. 风险 5. 时间受限 6. 心理 7. 边缘化 8. 名声 9. 地位 10. 竞争力 11. 收入	1. 突破自我关系短板 2. 进修 3. 灵活性 4. 降低期待（适应） 5. 提高核心能力（适应） 6. 业绩提升，扩大影响（适应） 7. 提升地位（适应）	打分 （未来 5 年）

续表 4-4

选项	价值	挑战	行动	未来
公司业务	1. 时间自由 2. 名声 3. 安全感 4. 收入高 5. 地位高 6. 成就感	1. 业绩压力 2. 升职压力 3. 客户压力 4. 业务能力提升	1. 提升业务能力，如看书、研究项目、钻研、参加培训 2. 技巧、考试，如新方法、公司考核 3. 人脉资源，包括综合实力、业务能力 4. 学习、看书、了解市场	打分 （未来 5 年）

分析：从价值、挑战、行动和未来等不同维度分析，可以帮助同学们非常直观地认知不同发展路线的特点，无论选择管理路线还是技能路线，在不同的岗位都要兢兢业业地工作、接受各自岗位的挑战，直面困难、努力上进，只有不断学习、不停进行自我提升，才能为自己赢得未来，获得职业发展的幸福感和成就感。

案例 4-6

林涛的跨界转型

在 IT 行业工作初期，林涛就展现出了对技术的热爱和出色的技术能力。然而，随着工作经验的积累和对行业的深入了解，林涛逐渐意识到，具备技术背景和管理能力的人才将更具竞争力。因此，林涛决定向管理领域转型。

一方面，他利用业余时间学习项目管理、团队管理等方面的知识，并通过参加培训课程和阅读相关书籍来不断提升自己的管理能力。另一方面，他还积极寻求实践机会，主动承担一些项目管理和团队协调的工作，以锻炼自己的管理能力和团队协作能力。

经过几年的努力，林涛成功地从一名软件工程师转型为一名项目经理。他不仅具备深厚的技术功底，还具备出色的项目管理能力和团队协作能力。

分析：个人职业发展需要不断学习和实践，不断拓展自己的职业领域和提升自己的综合能力。通过制定详细的职业规划，积极寻求实践机会，不断学习和提升自己的能力，我们可以实现自己的职业目标和发展梦想。

三、职业生涯规划的制定原则及影响因素分析

职业生涯规划是指个人结合自身情况、机遇和制约因素，为自己确立职业目标，选择职业发展路径，制订教育、培训和发展计划等，并为自己实现职业生涯目标而确定行动方案的过程。高职阶段是一个人职业生涯中的准备期和探索期。对于高职生来说，职业生涯规划有着更具体、更重要的内涵：在高职阶段，应当客观、全面地认识自己的能力、兴趣、个性和价值观，了解各种职业、行业、环境的需求趋势和影响因素，确立职业生涯发

展目标，选择实现这一目标的职业方向，制定行之有效的实施方案，包括相应的学习和培训计划，并进行及时的反馈和修正。

（一）制定的原则

高职生职业生涯规划的制定、实施、评估和修正是一个复杂的系统工程，每个人根据自身特点所制定的个人职业生涯规划都是不同的，但是其制定的过程依然是有规律可循的。在进行职业生涯规划时，应当遵循以下原则：

（1）职业生涯规划目标应切实可行，充分发挥自我发展需求的主导作用。

（2）将长远目标和阶段目标相结合。

（3）职业发展路径的规划应当清晰，各阶段的主要任务应当明确，以保证各个阶段目标的衔接。

（4）职业生涯规划应具有前瞻性，即对职业未来变化趋势、外部环境变化趋势、自身发展前景有一个科学的判断。

案例 4-7

生涯规划，行动为王

刘敏是某高等师范专科学校的学生。入学后她觉得所学专业并非自己喜欢的，正当她手足无措时，全国首届大学生职业生涯规划大赛开始，她也报名参加了校赛。虽然比赛没有取得理想成绩，但在过程中她了解了职业生涯规划的基础知识，考虑到自己的兴趣、能力及就业环境等因素，小刘最终把当一名幼儿教师确立为自己的就业目标。在学好本专业的同时，她选修了小学英语教育（学前方向）专业的课程，课余时间里她还有针对性地阅读了文学相关书籍，参加了学校的课外活动，考取了教师职业资格证书，提升了自己的实践水平和教学基本能力。也正是因为这些有计划的行动，她最终成功竞聘上幼儿园教师的工作岗位。

分析：刘敏正是因为有意识地学习并运用职业生涯规划的知识和方法，制订学习计划，并积极行动，付诸实践，才让自己能够尽早地针对市场需求做好准备，在严峻的就业形势下，实现成功就业、满意就业。

（二）影响因素分析

职业生涯规划的影响因素包括个人因素、家庭因素、教育因素、组织因素、社会因素等。

1. 个人因素

个人因素是影响职业生涯规划的核心因素。个人因素主要包括能力、知识技能和个性等方面。不同人的兴趣、爱好、价值观、需求及就业动机之间会有较大的差别，职业生涯规划应当与个性倾向、人格特质及能力特长等方面相结合。

2. 家庭因素

家庭是影响个人职业生涯的主要因素之一。家庭对个人职业生涯的影响主要体现在两个方面：一是个人成长的家庭环境影响着一个人的价值观念、行为模式、知识技能和职业理想等，从而影响个人的职业选择和职业发展；二是成年后的家庭情况，如个人是否结婚、抚养儿童数量的多少、承担的家庭经济负担等，对其职业生涯也有重大的影响。

3. 教育因素

首先，在个人进行职业选择时，教育程度不同的人具有的能力也不同。从受教育的程度来看，受教育水平越高，通常而言劳动创造能力就越强，也就越受用人单位青睐。

其次，大学期间所学专业、掌握的专业知识等，对于个人职业生涯有着决定性的影响，往往决定其职业生涯第一份职业的选择，甚至会决定其终生从事的职业。

最后，不同的专业背景、毕业院校和学历层次等，往往也会提供给个人不同的职业生涯发展平台。

4. 组织因素

作为组织中的一员，个人的成长发展无法脱离组织提供的环境条件。组织为个人提供的工作岗位、工作条件、培训发展机会以及相应的工作评价和工资报酬等，直接影响到个人职业发展。虽然每个人的职业生涯可以由个人自主选择决定，但是个人的职业目标或者职业理想都必须在组织提供的环境条件中实现。

5. 社会因素

社会文化环境、经济发展水平、政策和制度因素等会对个人职业选择和职业发展产生影响。例如，社会文化与习俗影响着个人的价值取向和职业观念；经济发展水平影响着就业机会和晋升机会；国家的方针政策及具体的制度、规则会影响组织的目标和发展。这些都会直接或间接地对个人的职业生涯规划和职业生涯发展产生影响。

四、职业生涯规划的实施步骤

职业生涯规划是在知己知彼的基础上确定个人的职业生涯发展方向、目标及路径，落实各项目标的具体措施，并根据外界环境的变化及个人的成长不断修正的过程。职业生涯规划能够使人明确“我是谁”“我在哪儿”“我能做些什么”“我该如何做”，让自己每天做的事情和自己的美好愿望科学、紧密地连接起来，是实现人生价值的关键。

职业生涯规划的实施步骤如下。

（一）确定志向

志向是事业成功的基本前提，没有志向，事业的成功也就无从谈起。俗话说："志不立，天下无可成之事。"纵观古今中外，各行各业的佼佼者都有一个共同的特点，那就是拥有远大的志向。立志是人生的起跑点，反映一个人的理想、胸怀、情趣和价值观，影响一个人的奋斗目标及成就。所以，在进行个人职业生涯规划时，首先要确立志向。

（二）自我评估

自我评估就是对自己做全面分析，通过自我分析，认识自己、了解自己。目的在于通过探索内在的自我，知晓自己的优势与劣势，从而找准自己的定位。

1. 自我评估的内容

自我评估的内容包括个人的兴趣、特长、性格、学识、技能、智商、情商、财商，以及组织管理、协调、活动能力等。

2. 自我评估的方法

（1）自评法：自我反省、自我分析。

（2）他评法：家长、同学、朋友对自己进行分析评价。

（3）测试法：利用职业测评工具（霍兰德职业兴趣、MBTI 职业性格等）对自己进行测评。

在自我评估时，往往是几种方法共同使用，最终得出交集。自我评估的内容主要包括生理自我、心理自我、理性自我和社会自我四个部分，如表 4-5 所示。

表 4-5　自我评估的内容

探索项目	对应内容
生理自我	主要包括自我相貌、身体、穿着打扮等方面的评价
心理自我	主要包括自我性格、兴趣、气质、意志、情感、能力等方面优缺点的评判与评估
理性自我	主要包括自我思维方式和方法、知识水平、价值观、道德水平等因素的评价
社会自我	主要包括对自己在社会上所扮演的角色，在社会中的责任、权利、义务、名誉，他人对自己的态度及自己对他人的态度等方面的评价

在这四个方面中，涉及的因素很多，其中重点要分析的是自己的价值观、兴趣和个性心理特征，而个性心理特征又包括性格、能力和气质。

（三）职业生涯机会评估

职业生涯机会评估，主要是分析内外环境因素对自己职业生涯发展的影响。只有对环境因素有充分了解，才能做到在复杂的环境中趋利避害，并根据环境的变化及时调整自己的职业目标与实施方案，使职业生涯规划具有科学性、前瞻性、可操作性。

1. 环境分析的内容

环境对个人职业生涯发展的影响是巨大的，它为每个人提供了活动空间、发展条件和成功的机遇。环境分析的内容包括对社会环境、组织环境和家庭环境的分析。

（1）社会环境。包括政治、经济、文化、社会价值观。

（2）组织环境。包括组织状况和特色、发展战略、管理制度、领导者风格等。

（3）家庭环境。包括家庭经济地位、家族期望、家族文化等。

2. 职业的选择

职业选择正确与否，直接关系到人生事业的成功与失败。据统计，在选错职业的人当中，约有 80% 的人在事业发展上未能取得成功。由此可见，职业选择对人生事业发展是何等重要。如何才能选择正确的职业呢？至少应考虑以下几点：

（1）性格与职业的匹配。

（2）兴趣与职业的匹配。

（3）内外环境与职业相适应。

（四）明确职业生涯目标

职业生涯目标的设定，是职业生涯规划的核心。一个人职业生涯规划的成功与否，甚至一个人的事业成败，在很大程度上取决于其是否科学地确立了适合自己的职业生涯目标。

要善于将职业生涯远期目标分解为有时间规定的长、中、短期分目标，目标分解的过程就是职业生涯不断清晰化、具体化的过程。在目标设定上，应综合考虑主客观现实条件，要保证目标适中，不可过高或过低。

（五）职业生涯路线选择与决策

职业生涯路线是指一个人选定职业目标后，选择从什么方向实现自己的职业目标。也就是在职业选择后，还需考虑发展路线的选择。职业生涯路线的选择取决于以下三个要素：我想往哪个路线发展？我能往哪个路线发展？我如何往那个路线发展？

通过自我评估、认识自己、分析环境确定未来职业目标之后，就要从自己的价值观、职业理想、成就动机等方面对自己的生涯发展路线作出规划，为以后从事的目标职业夯实基础。

（六）制订行动计划与措施

行动计划与措施的制订，是以缩小当下的自身条件与职业生涯的差距为目的，因此在进行理性分析后，制订出的行动计划与措施，既要可以实现，又应具有一定的挑战性。

对于刚入学的大学生，在确定了职业生涯目标、选择了职业生涯路线后，应根据其自身职业生涯路线制订具体的行动与措施。主要包括的内容有学业规划、成长规划及实践规划。

1. 学业规划

大学的职业生涯发展是从学业规划开始的，学生的主要任务就是学习，学习专业知识、学习相关技能、学习做人的道理、学习成功的方法等，这可能会影响大学生的一生。

2. 成长规划

大学期间成长规划的主要内容包括养成良好的生活习惯、培养健康的兴趣和良好的心态、树立正确的恋爱观、学会自我管理、培养良好的思维方式、培养科学的世界观、寻找属于自己的职业理想、学会将个人追求与国家社会发展需要相结合。

3. 实践规划

大学生职业生涯发展需要具备各方面的素质和能力，特别是实践操作能力。实践操作能力强的大学生无疑增加了找工作的砝码。而这种能力主要来自在校期间多方面的实践锻炼，尤其是社会实践。因此大学生应该制定详细的实践规划，通过参加学校各种社团、社会实践活动等，开阔视野，培养、锻炼动手能力，分析、解决问题能力等，在实践中成长、发掘潜能。

（七）执行与实施

及时、到位的行动，是确保职业生涯规划能够有效实施的保障。在进行自我分析、职业环境分析、确定自己目前与目标的差距后，接下来就需要做出相应的提升行动，如加强某个方面专业知识的学习、提升某种实际操作技能、培养综合素质等。每一项变化都需要实实在在的行动，这样才能缩短与目标的距离。职业生涯规划实施要把握以下几点。

1. 要注意提高自身的时间管理能力

增强时间观念，保证每项计划的执行都在自己的时间掌控之内。

2. 增强责任心及激励的力量

可以与亲朋好友讨论自己的职业生涯规划，可以对自己进行约束。

3. 定期检查目标的进度和计划措施的执行情况

至少每三个月进行一次检查和回顾，做好过程性监督，及时发现问题，以便提出解决方案。

4. 要注意提高自身的自我管理能力

不被外界事物影响到自己的计划，有良好的自我控制能力，保证计划的有效实施。

（八）评估与修正

评估反馈与修正是职业生涯规划的重要环节，也是保障职业生涯规划能否实施的关键环节。通过不断地反馈与修正，既能保证目标的合理性和措施的有效性，也能保证生涯目标的最终实现。

在制定职业生涯规划时，由于对自身和外部条件的了解不够深入，最初确定的职业生涯目标可能是错误的。经过一段时间的实施后，有意识地检查、评估自己计划的执行进度及阶段目标的达成情况，可以检验自己的职业定位与职业方向是否合适。在实施过程中总结经验和教训，不断对自我与环境进行评估，修正自我与环境认知，减少最终目标与分阶段目标的偏差，保证职业生涯规划的行之有效。

五、撰写职业生涯规划书

一份完整的职业生涯规划书应包括以下内容。

（一）扉页

包括题目、姓名、基本情况介绍等基本信息。

（二）总论（前言、引言）

主要写规划的目的及自己对规划意义的认识等。

（三）自我分析

一个有效的职业生涯设计必须是在充分且正确认识自身条件的基础上进行的。包括对兴趣、能力、性格、价值观、胜任能力等的测评结果，并进行自我探索小结。职业生涯规划书中的自我分析可包括以下内容：

（1）我的职业倾向分析。

（2）我的职业价值观判断。

（3）我的性格评估。

（4）我的能力盘点。

（5）个人经历回放。

（6）自我分析与评估总结。

（四）环境分析

分析环境条件的特点和发展变化情况，把握环境因素的优势与劣势。了解本专业、本行业的地位、形势，以及发展趋势。职业生涯规划书中可包括以下内容：

（1）社会环境分析。

（2）学校环境分析。

（3）家庭环境分析。

（4）行业环境分析。

（5）组织环境分析。

（6）职业分析。

（7）岗位分析。

（8）环境分析结论。

（五）职业定位

职业定位就是要为职业目标与自己的潜能及主客观条件谋求最佳匹配。这个规划环节包括确定职业方向、各阶段职业目标和总体目标、职业发展路径等内容。职业生涯规划书中可包括以下内容：

（1）明确可选的职业目标。

（2）职业评估与决策。

（3）职业生涯路径设计。

（4）职业定位结论。

（六）实施计划

在制订并实施职业生涯目标的行动计划时，要有具体的行动措施来保证。职业生涯规划书中可包括以下内容：

（1）长期、中期、短期职业生涯计划。

（2）各阶段计划的分目标，计划内容（专业学习、职业技能、职业素养）。

（3）计划实施策略。

（七）评估与反馈

整个职业生涯规划要在实施中检验，看效果如何，及时诊断职业生涯规划各个环节出现的问题，找出相应对策，对规划进行调整与完善。职业生涯规划书中可包括以下内容：

（1）可能存在的风险。

（2）预评估的内容。

（3）风险应对方案。

（八）结语

主要对在自己进行职业生涯规划的过程中帮助过自己的人表示感谢，最后给自己加油，表明自己能够完成规划所确定目标的决心和信心。

案例 4-8

撰写职业生涯规划书的注意事项

一、引言

职业生涯规划书的开篇需要引人入胜，并简要介绍自己的个人情况（背景、在校状态、当前的职业状况等）。同时，明确阐述本职业生涯规划书的撰写目的，以及期望通过该规划书实现的职业目标。

二、自我认知

在这一部分，同学们需要深入了解自己，对自己进行全面的评估，包括职业兴趣、职业能力、个人特质、职业价值观等，并使用一些常用的自我评估工具（霍兰德职业兴趣模型、MBTI 性格模型等）进行分析，这些信息将帮助同学们明确职业目标。在这个部分，要凸显你在职业生涯中所追求的核心价值和原则，以及它们对你的影响。

三、职业认知

在这一部分，同学们需要从不同的维度出发，分析外部环境对职业选择的影响。可从家庭环境、学校环境、社会环境、职业环境 4 个维度进行分析。例如，我的家庭经济状况相对稳定，家人希望我能够实现自己的职业目标，对我的职业选择提供了支持等。

四、职业目标

在这一部分，同学们可以在进行 SWOT/SMART 分析的基础上，明确职业目标，并描述未来几年内希望达到的职位或职业发展阶段。注意：职业目标具有灵活性，随着时间和经验的演变，或许需要进行调整和重新评估。持续进行 SWOT/SMART 分析，并根据需要对目标进行调整，以确保其与个人职业发展保持协调一致。

五、计划制订和实施

在这一部分，同学们需要设定实现职业目标所需的短期、中期和长期目标。短期目标可能涉及提升某些特定技能或获取特定工作经验，而中长期目标可能包括晋升到更高级别的职位或行业领导地位。确保目标具体、可量化，并与职业目标保持一致。

六、评估与调整

评估与调整是一个非常重要的过程，它可以帮助同学们审视自己的职业发展目标，并根据个人情况进行调整和优化，注重“目标契合度”。

七、结语

在结尾部分，同学们可以做一个简明扼要的总结陈述，并展望未来的职业发展。表达个人对自身职业目标和规划的坚定信念，并突出对职业生涯规划的全面思考和有效实施。此外，还可以强调个人对自身能力的自信，并表达对未来机遇和挑战的积极态度，以给人留下一个积极向上的印象。

分析：职业生涯规划的过程就是将个人职业选择的主观因素（自我认知）和客观因素（职业认知）进行综合分析与权衡，从而确定适合自身的职业奋斗目标，并为实现这一目标做出行之有效的计划和安排，而这些都被整理、记录在职业生涯规划书中，形成一个清晰的求职闭环，并指导学生不断进行自我调整、自我提升，最终实现成功就业。

活动与训练

职场角色体验活动

一、训练目标

通过角色扮演，让同学们提前体验职场生活，进一步思考适合自己的职业目标。

二、程序与规则

抽签确定不同的角色，按以下场景进行模拟职场活动。

1. 假定你是一名应聘者，请用 1 分钟时间进行自我介绍。

2. 假定你是一位招聘主管，请用 1 分钟时间阐述招聘会开始之前的开场白。

3. 假定你是一名销售人员，你的领导派你去客户公司介绍产品（一款“工作通知”发放小程序），请用 1 分钟时间描述这款产品。

4. 假定你是一名企业员工，年底工作总结时，老板让你填写加薪浮动比例，请用 1 分钟时间阐述你的加薪理由。

5. 假定你是一名营销部员工，你的老板让你参加新产品内部培训会议，请你起草一份会议通知并发放下去，请用 1 分钟时间阐述你接下来的做法。

6. 假定你是一名人力资源部员工，你约好的候选人临时爽约，请用 1 分钟时间表述你将计划如何向你的领导说明情况。

探索与思考

1. 施恩“职业锚”中八种职业锚的基本特点是什么？

2. 职业生涯规划实施要把握哪几个方面？

4.3 职业生涯管理

导入案例

李超的困惑

李超，某高职学校应届毕业生，所学专业为商务贸易。李超在校期间因忙于课业和参加学校的社团活动，实习经历很少，仅有一次毕业前在一家广告公司做项目助理的实习经历。转眼到了毕业的时刻，他陷入了无限的迷茫当中，不知道自己所学专业的对口工作是什么，也不清楚自己究竟适合怎样的工作。家人一直强调第一份工作的重要性，对李超的期望非常高，不知不觉也使他放缓了找工作的节奏。李超觉得自己没有想清楚就无法动起来，找不到好工作就宁可在家“蛰伏”。于是，他开始了一段艰难的自我摸索过程，直至毕业还没有找到适合自己的工作，甚至不知道自己应该从何做起。

分析：李超的问题在于没能对个人兴趣、能力和个人发展目标进行有效的管理。学习职业生涯管理相关知识并付诸实践，可以提升大学生在职业生涯规划过程中的执行能力，实现个体自我价值的不断提升和超越。

一、认识职业生涯管理

职业生涯管理是企业帮助员工制定职业生涯规划和帮助其职业生涯发展的一系列活动。

（一）职业生涯的阶段管理

1. 职业生涯的早期管理

职业生涯发展早期阶段是指个人经过学校系统的教育、培训之后步入社会融入工作单位的过程。这一阶段一般是指 19～30 岁。这是一个从学校步入社会，由学生转为员工，由未成年人到成年人等一系列角色转变的过程，是个人在角色转变过程中与工作单位互相了解、接纳、协调、融合的过程。

2. 职业生涯的中期管理

职业生涯发展中期阶段是指 30～50 岁。这是一个时间跨度较长，富于变化，既有可能获得职业生涯发展，又有可能出现职业生涯危机的一个职业生涯发展阶段。可以说，职业生涯发展中期阶段是一个人在事业发展道路上最为重要的阶段。

职业生涯发展中期处于三个生命周期的重叠时期，运行任务繁重。在这一阶段，人到中年，客观职业工作环境和家庭环境逐渐变化，开始出现个人理想预期与实际成就不一致的情况，此时子女对其职业认同与否，客观上会影响自己对最初作出的职业选择进行正确的判断。

3. 职业生涯的后期管理

职业生涯发展后期阶段通常指 50～70 岁，此时大多数人的事业已经达到顶峰，体能、学习能力均开始下降，个人对工作的参与度也逐渐减少，对职业发展的需求降低，开始考虑退休问题，并有意识地进行角色转换，从职业中期的中心、主导角色向后期的辅助指导、咨询角色转变。

（二）组织和个人对职业生涯的管理

1. 组织职业生涯管理

组织职业生涯管理是指组织进行的旨在计划和管理其与个人职业生涯有关的活动（如图 4-4 所示）。组织职业生涯管理的目标在于通过有效管理人才，帮助员工促进个人的不断成长，实现组织的不断发展。为了达到这一目标，组织针对员工开展了一系列旨在促进其成长的实践活动。组织职业生涯管理包括以下内容：

（1）将员工个人的职业生涯发展规划与组织的人力资源发展战略规划相协调。

（2）帮助员工进行职业生涯规划。

（3）针对员工职业发展的需求进行适时的培训。

（4）建立各种适合员工发展的职业通道。

（5）为员工提供各种资源、信息和职业指导。

（6）建立员工工作家庭平衡计划。

（7）员工退休计划。

2. 个人职业生涯管理

个人职业生涯管理是个人对其职业生涯进行规划、选择、开发和调整的活动过程。

个人可以自由地选择职业，但任何一个具体的职业岗位都要求从事这一职业的个人具备特定的条件，如教育程度、专业知识与技能水平、体质状况、个人气质及思想品质等，并不是任何一个人都能适应任何一项职业，这就产生了职业对人的选择。

一个人在择业上的自由度很大程度上取决于个人所拥有的职业能力和职业品质，个人的时间、精力、能力毕竟是有限的，要使自己拥有不可替代的职业能力和职业品质，就应该根据自身的潜能、兴趣、价值观和需要来选择适合自身优点的职业，将自己的潜能转为现实的价值，这就需要对自己的职业生涯作出规划和设计。

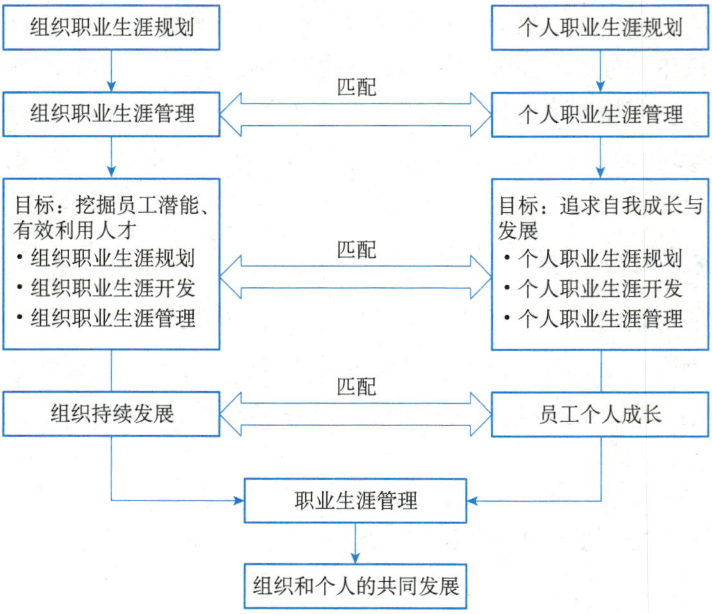

图 4-4　组织和个人对职业生涯管理示意图

一般来说，一个人的职业生涯需要经历确立职业意向、教育培训所确定的工作预备期和寻找工作、熟悉工作的早期阶段，到获得晋升、薪酬福利待遇提高、进入高层次管理和技术职位的中期阶段，再到职业能力、身心条件出现下降及角色转化的后期阶段。

二、职业生涯规划的执行

（一）执行的基本过程

生涯规划的实施过程实际上是保证生涯规划目标实现的过程。实施的过程是要指出计划的具体措施，包括路线、阶段、方法以及最后要达到的效果。实施的过程也应当有相应的计划安排，应清楚描述具体实施过程的每个要素。为了应对未来的不确定性，甚至要辅以其他备用计划。

实施计划一旦确定，接下来就要开始实质性的行动。没有行动的支持，一切的计划都只是空想。这是所有步骤中最艰难的一个步骤，因为要行动就意味着要付出，付出时间、精力、财物和汗水，但没有付出就没有回报。

（二）目标实施的 PDCA 循环法

职业生涯规划的执行和实施，可以采用 PDCA 循环法。PDCA 循环法是由美国质量管理专家戴明提出的，又被称为“戴明循环”，PDCA 是英文单词 Plan（计划）、Do（执行）、Check（检查）和 Act（处理）首字母的组合。该循环法有四个阶段：P 阶段、D 阶段、C

阶段、A 阶段，也称“计划阶段”“执行阶段”“检查阶段”“处理阶段”。具体循环过程如图 4-5 所示。

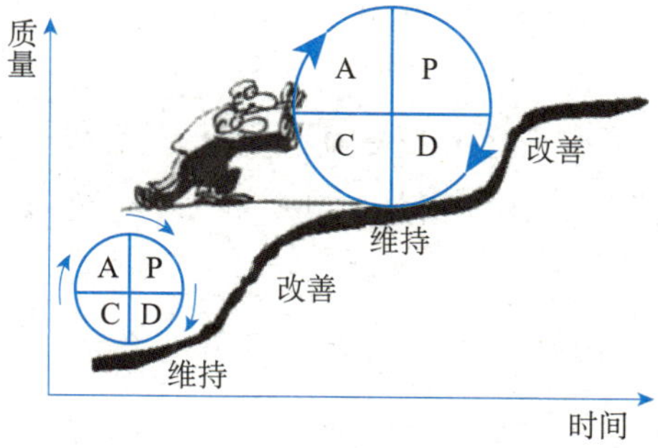

图 4-5　PDCA 循环

1. 计划（Plan）阶段

这个阶段的工作主要是找出存在的问题，通过分析，确定改进的目标及达成这些目标的措施和方法。要知道，实现目标的过程就是缩小自身同目标之间差距的过程。

（1）思想观念差距。只有与组织、社会相适应的思想观念，才能有效促进个人的职业目标按计划实现。

（2）知识差距。分析了解当前自己的知识水平和既定职业目标要求的知识水平之间的差距，不断学习新知识并将其应用到工作实践中。

（3）能力差距。能力差距是指自己目前具有的能力与实际工作需求之间的差距。

（4）心理素质差距。心理素质差距涉及一个人的毅力、面对变故和挫折时的心理承受能力和情感智力等。

最终，确定措施，根据上述问题找出对策，调整分阶段目标与计划。

2. 执行（Do）阶段

按照制订的计划和措施，严格地去执行。如果发现新的问题或情况，应及时修订计划内容，以保证达到预期目标。

3. 检查（Check）阶段

分阶段完成计划时，根据所确定的目标和要求对执行计划的结果实事求是地进行评估。

4. 处理（Act）阶段

（1）总结经验，巩固成绩。把成功的经验和失败的教训纳入自己的信息库中积累起来，以提高工作效率。

（2）解决问题，转入下一个循环。检查未解决的问题，找出原因，转入下一个 PDCA 循环中，作为下一个循环计划制订的资料和依据。

PDCA 循环的特点是环环相套、相互促进、螺旋式上升和发展。PDCA 循环的四个阶段是紧密衔接连成一体的。在实际的工作中，边检查边总结边调整计划，每次循环都会使大学毕业生就业水平不断提高。

总之，职业生涯规划的实施要把握以下几点：

（1）提高自身的时间管理能力，形成时间观念。

（2）对自己进行约束，增强责任心及激励的力量。

（3）定时检查目标的进度和计划措施的执行情况。至少每三个月进行一次检查和回顾，发现问题，及时解决。

（4）提高自身的自我管理能力，保证计划的有效实施。

三、职业生涯规划的评估与修正

职业生涯规划的评估即根据主客观条件的变化，及时针对规划的目标和行动方案作出调整，从而保证制定的方案不偏离自己确立的目标方向。大学生正处于人生观、价值观的形成阶段，社会的经济、政治、文化也都在发展变化，种种不确定因素会使原本制定好的规划设计与实际情况产生偏差。这就要求大学生应时时注意内外环境的变化，不断地审视自我、调整自我、修正策略和目标，重新调整自己的生涯设计，找出关键的有待改进之处。为这些有待改进之处制订详细的行动计划，从而保证职业生涯的顺利发展，最终实现人生的职业理想。

俗话说："计划赶不上变化。"当环境变化或者时空变化的时候，要使职业生涯规划行之有效，就必须对职业生涯规划进行修正。修正的内容包括职业目标的重新选择、职业生涯路线的选择、实施措施与计划的变更等。修正后的职业决策在实施一段时间后，还需及时进行评估，评估自己的职业决策，如果有太多负面反馈，就要重新拟定职业生涯规划。

（一）职业生涯评估的内容

1. 职业生涯目标评估

职业生涯目标不能定得过高或过低，既要有挑战性，又要经过努力才能实现。如果一直无法找到希望从事的工作，那么就要根据现实情况重新确定职业生涯规划目标。

2. 职业生涯路径评估

当出现更适合自身发展的机会或选择，而原定的发展方向缺少发展前景的时候，可以尝试调整职业发展方向和职业生涯路径。

3. 职业生涯实施策略评估

如果在向目标努力的过程中，没有收到实际的成效，则可以考虑改变行动策略。

4. 其他因素评估

包括身体、家庭、经济状况、机遇、意外情况等的评估。例如，如果自身条件不允许，可以放低自己的职业要求或对生涯目标作出调整。

（二）职业生涯评估的方法

1. 反思法

反思法是对职业生涯规划实践的回顾。例如，职业生涯规划中计划的学习时间有没有达到？学习上有什么收获？还有哪些问题？方法上有何体会？等等。

2. 调查法

调查法是指个人职业生涯规划在每一个近期目标实现后，对下一步的主客观环境、条件进行调查、分析，看看条件是否有变化？哪些变好？哪些变坏？总体如何？等等。要做到心中有数，然后根据变化的情况，适当地修改下一步拟订的计划。

3. 对比法

在进行职业生涯规划时，应多比、多思、多学，并借鉴他人科学的方法，有助于对自己的职业生涯规划进行修正。

案例 4-9

杜彬的职业生涯规划评估与调整

杜彬是某高职院校播音与主持艺术专业的一名学生，他在学习了《大学生职业生涯规划》课程后，撰写了自己的职业生涯规划书，围绕着“主持人”这一目标，将实施方案写得非常详细，得到了老师的肯定。但是，方案缺少了对生涯规划外的设想与评估调整方面的内容。于是，在老师的指导下，他为自己选择了两个备选职业：第一个备选职业是高校播音教师。如果未能进入传统广电当主持人，他也愿意进入高校成为一名播音教师，传授播音知识，把自己的思考与积累、成长与经验传递给学生，但是这个选项有学历提升的硬性要求。第二个备选职业是新媒体网络主播。随着直播带货进入人们的视野，带货主播也成为时下的一个热门职业。不过人们不知道的是，播音主持专业与带货主播其实有着紧密的联系，从前的购物频道其实就是带货主播的前身。成为一名全能型的新媒体主播，不仅要能直播带货，也要能一人搞定采编播，做出最个性化的内容，更好地获取流量。最后他做了小结：要成为主持人，需要具有稳扎稳打的能力、不断学习的能力、坚守热爱的能力，无论是播音教师还是业界主持人，都是“台上一分钟，台下十年功”，只有在热爱的事业上努力奋斗，才能闯出一片属于自己的天地。

分析：本案例中，杜彬同学在最初进行生涯规划时，缺少了评估与调整方面的内容，所制定的行动方案就必然是不完整的，因为职业生涯规划是一个持续、系统的过程，需要不断在实际行动中将评估、反馈与调整贯穿我们整个求职择业的全过程，这就提醒我们需要有意识地进行及时记录、积极思考及复盘、反思，以便更好应对生涯发展中的各种变化。

（三）职业生涯评估的注意事项

评估可以根据各类短期、中期、长期的预定目标和实际结果比照而行。一般来说，任何形式的评估都可以归结为自我素质和行为对现实环境的适应性判断，特别是面对变化的环境时，要针对当前的自我状态进行分析找出偏差，并作出修正。

1. 抓住最重要的内容

在职业生涯的某一阶段，总有一个最重要的目标，其他目标都是指向这个核心目标的，我们可以通过优先排序，重点评估那些可能达到这个核心目标的主要策略的执行效果。

2. 分离出最新的需求

针对变化了的内外环境，要善于发掘最新的趋势和影响。对于新的变化和需求，思考什么样的策略才是最有效且最有新意的。

3. 找到突破的方向

有时，在某一点上取得突破性的进展将对整个局面产生意想不到的影响。想一想，先前职业生涯规划中的策略方案，哪一条对目标的达成有突破性的影响？达到了吗？为什么没达到？如何寻求新的突破？

4. 关注弱点

管理学中著名的木桶理论是说一只沿口不齐的木桶，其容量的大小，不取决于最长的那块木板，而取决于最短的那块木板。在评估的过程中，不仅要肯定自己取得的成绩与长处，更重要的是切合变化的环境，发现自己的素质与策略的“短板”，然后想办法补齐。唯有如此，职业生涯这只“桶”才能有更大的容量。

（四）职业生涯规划的修正

1. 修正内容

修正的内容主要包括重新选择职业、对生涯路线进行重新选择、对阶段目标做适当调整、变更实施措施与计划。

职业生涯规划的调整主要在于保证人生愿景与目标的实现，所以在调整的过程也要不断问自己这几个问题：

（1）你的人生价值是什么？

（2）你有哪些技能和条件？

（3）你最感兴趣的事情是什么？

（4）你的人格特质是什么？

（5）你是否好高骛远？

（6）你建立了属于自己的就业信息网络吗？

生涯目标的调整事实上是一个不断认识自我、发现自我、调整目标的过程，调整的目的是保证整个生涯规划的有效性，根本目的是实现生涯目标。

2. 目标修正不宜过于频繁

目标是经过严密程序制定出来的，在制定时包括了对未来的预测和对不确定性的估计，所以在对目标进行修正时必须谨慎。如果变更频繁，目标就失去了严肃性，目标本身也就失去了意义。此外，还容易产生两方面的后果：执行目标时不认真，把目标当成摆设，使实现目标的过程变得不可捉摸；制定目标时不严肃，搞形式主义，敷衍了事，目标的质量大打折扣。

四、职业生涯规划的实现保障

职业生涯目标的实现，对高职生来说，是一种有效激励，会促使他们更加努力地朝着职业生涯规划的终极目标前进，直至到达事业成功的彼岸。高职生不仅要根据自己的实际情况寻找适合自己发展的职业生涯目标，而且要采取有效措施，确保已经确立的职业生涯目标最终得以实现。

（一）自信为实现目标提供动力

自信是成功的秘诀之一。年轻人由于缺乏生活经验和阅历，情绪容易大起大落，一旦遇到挫折，往往一蹶不振，因此自信心的作用就显得十分重要。职业生涯规划是自己的人生蓝图，若想将蓝图变为现实，则首先要树立自信。有了自信，才能面对现实，才能克服困难，才能产生无形的力量，推进职业生涯的发展，实现人生的美好愿望。

（二）潜能为实现目标提供力量

一个人要想实现自己的职业生涯目标，干出一番惊天动地的事业，需在树立自信、明确目标的基础上，进一步调整心态，开发潜能。著名的心理学家奥托·兰克指出，一个人所挖掘出来的能力只占他全部能力的 4%。也就是说，人类还有 96% 的能力未挖掘出来，人具有很大的潜能是不可否认的。任何一个平凡的人都蕴含着巨大的潜能，如果潜能得到发挥，那每个人都将有所作为。

（三）乐观是实现目标的“带路人”

积极乐观的情绪能把人带进“天堂”，悲观消极的情绪能把人引入“地狱”。如果没有发展变化，即使有乐观的情绪，人也不会快乐。在我们每个人成长的过程中，顺境和逆境始终交替，应及时对规划进行调整，学会在顺境中保持一份警醒，在逆境中表现出一种从容，以平常心对待人生。针对生涯目标的调整，对个人来说，大环境往往难以改变，而个人的主观能动性却可以充分发挥。在这种情况下，调整好心态最为关键。

（四）行动促成目标的实现

“心动不如行动”，只有行动，才有成功的可能性。职业生涯目标有长期目标、中期目标和短期目标。短期目标又分年目标、月目标、周目标和日目标。日目标的完成情况如何，直接影响周目标，周目标影响月目标，月目标影响年目标，年目标影响短期目标，以此类推，最后影响长期目标。所以，当日的事情能否完成并非小事。歌德有一句名言：“仅有知识是不够的，我们必须应用；仅有愿望也是不够的，我们必须行动。”

活动与训练

完成自我分析报告

一、训练目标

梳理自己与意向岗位的匹配度，找到差距，形成正确认知。

二、程序与规则

利用 SWOT 分析法，从机遇、威胁、优势、劣势四个维度出发，对自己未来的求职之路进行科学理性的分析。

1. 确定职业目标后，通过网络搜索等方式，列出其岗位职责与任职要求。
2. 根据岗位职责和任职要求，进行自我匹配，写出自我评价。
3. 基于以上内容，开展个人 SWOT 分析，完成自我分析报告。具体如表 4-6 所示。

表 4-6　自我分析报告

项目	情况分析
职业目标	1. 岗位职责： 2. 任职要求：

续表 4-6

项目	情况分析
自我评价（50 字以内）	（与意向岗位的匹配度）
就业环境分析	1. 机遇： 2. 威胁：
自我优劣势分析	1. 优势： 2. 劣势：

探索与思考

1. 什么是职业生涯管理？
2. 职业生涯管理分为哪三个方面？有什么特点？

模块五　职场适应

模块导读

随着大学生活的结束，学生即将告别熟悉的校园，踏入社会的大门，开启一段全新的职业生涯。从大学生到职场人士，这是一个充满挑战和机遇的角色转变。如何快速适应这一转变，实现从学生到职业人的角色转换，是每一个人都需要面对的问题。为了帮助大家顺利度过这一阶段，本模块将从三个关键方面展开：角色转变和职场适应、职场形象塑造、职场素养提升。通过深入探讨角色转变与适应的重要性，高职生要学会如何快速适应新的工作环境，树立正确的工作心态，实现角色的平稳转换。通过职场形象塑造更好地展示自己的专业素养和个人魅力，赢得他人的尊重和信任。通过聚焦职场素养提升进行基本礼仪与技能训练，培养基本的职业素养，更好地应对职场挑战。

能力标准

分类	具体内容
知识	1. 了解职场基本规则和文化、职场礼仪与职称素养； 2. 理解公司的基本运作方式、职场规则和文化，提高对职场环境的适应能力和应变能力； 3. 掌握职场基本素养
技能	1. 学会与同事、上司、客户等进行有效沟通； 2. 熟悉职场基本素养技能提升； 3. 掌握“工匠精神”
态度	1. 面对职场挑战和困难时能够保持冷静和自信； 2. 塑造追求卓越的职业精神，不断追求更高的工作标准和质量要求； 3. 对工作负责，勇于承担责任，积极解决问题

学习导航

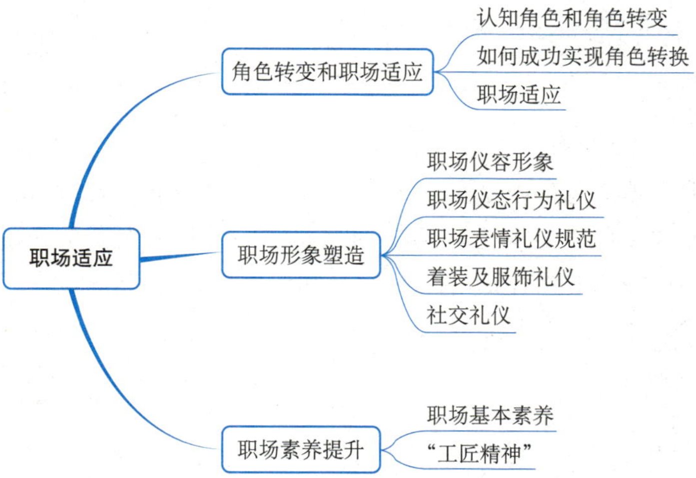

5.1　角色转变和职场适应

导入案例

不要看企业浑身是毛病

小萌毕业后，来到一家企业工作。刚来那几天，小萌充满了好奇，可是没几天，她发现这个企业与自己理想中的企业相差甚远，好多事情都与自己设想得不一样。说管理正规吧，自己看还有好多漏洞；说不正规吧，劳动纪律抓得又太严，自己觉得很不舒服。一次，小萌与一个同期来的伙伴发牢骚，说：“这个企业怎么浑身是毛病，干得真没意思。”不知怎么传到上司耳朵里，还没等到小萌对这个企业真正有所认识，就被炒了“鱿鱼”。开始小萌还满不在乎，觉得反正自己也不看好他们。可是，当她再次加入求职大军，并奔波了三个月，还没找到好于这家浑身是毛病的企业的时候，她才感到有些后悔，心想如果下次再有类似的企业接纳自己，自己一定接受教训，好好干。

分析：来到一个新的单位，最重要的是心态要好，对角色有一个正确的认知，迅速适应企业、融入企业。很多新人在进入公司后，会被分配到自己不擅长的岗位，如果用学生的眼光看待企业，或者用书本上学到的管理知识来套企业现状，就会导致自己心态变差，没有耐心去了解企业和被企业了解。每个企业都有自己的优势和劣势，每个同事都有独特的优点和缺点，要多看到企业能够给你的一面，看到企业和周围同事能让你学到的东西，这样就会干劲十足。最重要的是学会忍耐，千万不要用你的习惯去改变环境，而是要学会“入乡随俗”，适应新的环境。

一、认知角色和角色转变

（一）角色与职业角色

角色，本义是戏剧或电影、电视中，演员扮演的剧中人物，也比喻戏曲演员专业分工的类别。社会学对“角色”的定义是“与社会地位相一致的社会限度的特征和期望的集合体”。通俗地讲，就是我们在生活中的人际关系和肩负责任的集合体。

职业角色是指社会和职业规范对从事相应职业活动的人所形成的一种期望行为模式，如教师、医生、律师。

（二）学生角色与职业角色

1. 学生角色

学生是“学”的主体，他们在老师的引导和督促下积极参与活动、互相沟通、交流信息，合作完成任务。大学生因其在校期间是以学习为主，经济上主要依靠家庭，所以将其界定为学生角色。

2. 职业角色

职业角色的个性表现非常具体，但是千差万别的职业角色却有一定的共同特征：职业角色扮演者具有自己的社会职位和一定职权；具有相应的职业规范；具有一定的基础知识和业务能力；履行一定的义务；经济独立。

高职院校的学生完成学业，步入工作岗位，实际上就是由学生角色向职业角色转换的过程。这两种角色之间存在着很大的不同，主要体现在社会责任、社会规范、社会权力、面对的环境、人际关系、对社会的认识等几个方面（如表 5-1 所示）。

表 5-1　学生角色和职业角色的区别

内容	学生角色	职业角色
社会责任	遵守纪律，勤奋学习，接受教育，储备知识，掌握本领，有限度地参与社会实践，逐步完善自己，成为对社会有用的人。在学校里犯了错，尚有挽回的余地，且无需承担过多的社会责任	以特定的身份去履行自己的职责，依靠自己的本领或技能独立作业，为社会付出，服务于社会。如果在工作中犯了错误，是没有挽回机会的，需要承担成本和风险的责任，承担相应的社会责任
社会规范	通过国家制定的《大学生行为准则》和各学校制定的《大学生手册》来规范。违反角色规范时，是以接受教育帮助为主	对职业角色的规范因职业的不同而不同，非常具体，而且要严格执行。一旦违背就必须承担相应的责任，扣减薪水，甚至追究法律责任

续表 5-1

内容	学生角色	职业角色
社会权利	主要是依法接受教育，并获得经济生活的保障或资助。即生活上遇到困难可以依赖家长，学习上遇到问题可以请教老师	依法行使职权，开展工作，运用自己的知识和能力，向外界提供自己的劳动，并在履行义务的同时取得报酬。脱离对家庭的依赖，处于完全独立的状态，自己支付生活所需的一切费用。有自己的社会交往圈子，独立面对和处理工作及生活中的种种问题
面对的环境	生活环境简单：寝室→教室→图书馆→食堂四点一线；学习时间可弹性安排，有较多的节假日；学术上多鼓励师生讨论甚至争论	需要适应不同地域的生活环境和习惯；工作节奏紧张；规定上下班时间，不能迟到早退，经常加班加点，节假日很少；领导通常对讨论不感兴趣，一切以经济利益为导向
人际关系	人际关系是比较简单的。可以保持个性，孤芳自赏，可以不喜欢同学、老师，那只是个人的事。竞争只是促进学习的手段，没有太大的利益冲突	人际关系是较为复杂的。与同事关系不好，就会影响团队的合作和业绩，成为出局的人。竞争的胜败关系到利益的分配，谁能在竞争中取胜，谁就能获得相应的收益
对社会的认识	学生认识和了解社会的途径是间接的，主要来自书本，来自课堂。认识的内容主要是理论性的，他们对社会的期望值很高，有完美的理想，充满浪漫的色彩	从业者认识和了解社会的途径是直接的，他们是通过亲身的实践来加深对社会的认识和了解的。认识的内容是具体的，带有现实主义的色彩

（三）克服角色转变中的心理问题

在学生角色到职业角色的转变过程中，毕业生最容易出现的心理问题是依恋和畏惧并存，自傲与浮躁同在。

1. 依恋和畏惧并存

许多毕业生走上工作岗位后，怀着对学生角色的依恋，对全新的职业角色充满了畏惧。在职业生涯开始之初，自觉或者不自觉地把自己置身于学生角色之中，以学生角色的社会义务和社会规范来要求自己、对待工作，以学生角色的习惯方式来待人接物、观察和分析事物。在工作上放不开手脚，“前怕狼后怕虎”，缺乏年轻人的朝气和锐气。

2. 自傲与浮躁同在

有一些毕业生对人才的理解不够全面和准确，往往看不起基层工作和基层工作人员，甚至认为自己干一些琐碎的不起眼的工作是大材小用。这种想法导致他们在求职时轻视实践、眼高手低。有一些人在角色转换的过程中受社会环境的影响，表现出不踏实的浮躁作风和不稳定的情绪。一阵子想干这项工作，一阵子想干那项工作，没有深入工作内部了解工作性质、工作职责及工作技巧。

知识链接

6 个必须警惕的职场负面心理

1. 脑袋空空还主动暴露

想要把领导分配的任务完成得出彩，比所获得的指示再多想 1～2 步甚至 2～3 步是必须的。单纯“照方抓药”，想要在激烈的升迁竞争中获胜是很难的。

2. 得过且过，我行我素

有些人对本职工作本身不抱什么期待，对自己也没有过高的要求，因而得过且过，而且认为这是最适合自己的“生存之道”。

3. 岗位安稳，居安思危意识不强

正确的职场生存法则是，即使目前的岗位比较稳定，脑子里也得时刻绷根弦儿。否则易导致两个不良后果：危险来了跑不掉；机会来了抓不着。

4. 只顾消耗，不懂“充电”

有人觉得，表面上与本职工作无关的东西就不用学，学了也用不上。然而，常言道“技多不压身”，同样的机会摆在面前，谁会得越多谁的胜算就越大。

5. 只管自己的事

凡事三缄其口，不问就不说，宁可让好想法烂在肚子里。或者觉得不是自己分内的事情，为什么要替别人操心。这是一种缺乏团队意识的表现。

6. 害怕失败，放弃机会

因为害怕失败，所以不敢尝试新的、更高一层的工作，即使领导已经表示对你抱有高期望，也由于怕让对方失望而坚持拒绝。

二、如何成功实现角色转换

如何适应社会，顺利完成角色转换，是每一个高职院校毕业生都无法回避的现实问题，要想更好地实现学生角色向职业角色的转换，可从以下几个方面来努力。

（一）树立良好的第一印象

毕业生就业后，在新的工作环境中树立的第一印象十分重要。树立好的第一印象往往会放大自己的优点，弥补自己的不足，即使出了些差错，也会得到别人的谅解；相反，如果给人的第一印象很糟糕，即使你有满腹才华，也很难有机会施展。如何给人一个良好的第一印象呢？具体来讲，我们应该做到以下几点。

1. 衣着整洁，讲究仪表

衣着一定要整洁、大方得体。男士不留长发、不蓄胡子；女士切忌披头散发，发型不要怪异前卫，不宜浓妆艳抹，不要涂深色指甲。

2. 言谈举止要得体

得体的言谈举止表现在亲切、热情、有礼貌、有理智、讲道德、不冒失莽撞、不木讷呆板。在待人接物中，切忌“傲气”，同时也要避免过度的“谦卑”。

3. 遵章守纪，讲究信誉

严格遵守单位的规章制度，诚信往往是公司对员工的基本要求，如果你初到工作单位，能做到提前上班，稍后下班，工作有序、高效，不但有助你树立良好的第一印象，还会赢得领导、同事的信赖和尊敬。

4. 严守秘密，真诚待人

在当今商业竞争越发激烈的时代，刚到单位的大学生一定要有严守机密的意识，不要随便向外人透露公司内部情况。在同事相处中，要以诚相待，不卑不亢，不能傲慢无礼，自以为是。

（二）熟悉工作环境

高校毕业生进入工作岗位后，需要尽快熟悉工作环境、了解公司组织架构、了解企业文化和不成文的规则、熟悉自己的工作内容。

1. 熟悉工作环境

尽快熟悉各部门办公室、茶水间、卫生间等位置；熟悉自己的工位，整理自己的物品，便于工作中使用。

2. 了解公司组织架构

明确公司有哪些部门、是怎么划分的、各部门的负责人是谁，方便在后面工作中可以及时找到对接人。

3. 了解企业文化和不成文的规则

企业文化是一个公司长期形成的，它体现了公司高层领导者的思想和理念。对于新员工而言，熟悉企业文化，可使自己的行为符合公司的总体目标，适应企业发展的要求，便于自己迅速融入公司。同时，每个企业都有一些不成文的规则，了解这些“规则”，有助于自己更好地适应新的工作环境。

4. 熟悉自己的工作内容

尽快进入新角色，弄清岗位职责，明确工作任务：一是弄清楚自己工作的岗位、任务和责任。二是明确本岗位处理事务的工作权限和程序，并按程序办事。三是掌握工作岗位所需要的基本技能，包括操作工具、操作程序等。

（三）安心做好本职工作

毕业生进入工作岗位后，应该脚踏实地、扎扎实实地工作，并在工作之余不断充实自己，在工作中认真学习，虚心请教。

（四）认真对待岗前培训

岗前培训是新入职毕业生职业生涯的起点。岗前培训不但可以帮助新入职者树立集体主义观念，培养主人翁意识，也可为用人单位择优录用、分配岗位提供重要依据。

（五）注重培养职业兴趣

要做好自己的工作，首先要对这份工作感兴趣，要热爱这份工作。毕业生在选择工作时，需要主动了解该工作的社会地位、工作责任，一旦选择了，就应尽快进入职业角色，培养职业兴趣，做到爱岗敬业。

（六）建立良好的人际关系

1. 克服不良心理品质

毕业生走上工作岗位，应注意克服性格内向、多疑，自私、嫉妒心重，骄傲、瞧不起人等不良心理品质。

2. 虚心学习、乐于奉献

在新的工作环境中，技术人员、师傅、领导、同事在职业岗位上工作多年，具有丰富的专业知识和实践经验，都是自己最好的老师。职场新人要虚心学习，不计个人得失，乐于奉献。

3. 处理好各种人际关系

职场人际关系十分微妙复杂，稍有不慎，就会陷入被动。刚刚走上工作岗位的毕业生必须处理好与领导、同事、客户、竞争对手等不同人的关系。减少职场中的人际关系冲突，学会自我保护。

三、职场适应

与角色转变同样重要的是职场适应。职场适应力，即适应职业、适应社会的能力。适应能力是人生最根本的能力。对于一个刚刚毕业的高职生来说，尽快适应新的职场环境并有所作为尤为紧要。

（一）职场适应中常见的问题

造成当前大学生就业困难的原因不是单方面的，这里既有社会的原因，也有毕业生自身的问题。毕业生在职业适应能力方面的问题主要是定位问题、心态问题、经验问题及生理适应问题这四个方面。

1. 定位问题

中国就业市场曾经爆出两条特别引人注目的新闻：南方某高校毕业生号召成立“薪资联盟”，抵制用人单位压低薪资标准，拒签低于每月 2500 元的就业协议；与此同时，东北某高校毕业生为了挤进自己向往的单位，主动提出“零工资就业”，即在实习期不要钱，经过考验认可后再建立劳资关系。前者体现了一些大学生不切实际的一厢情愿，对社会现实缺乏基本的判断力，未能根据现实情况的变化及时调整自己的心理定位；后者所谓“零工资就业”显得过于被动消极，同样是对自己职业定位的偏差，无底线的低姿态并不能换来工作上的好结果。

2. 心态问题

大多数高职生由于从未经历过社会的磨砺，心态容易浮躁。一方面，总是考虑自己能从工作中得到什么，而很少思考自己能为他人和集体作什么样的贡献。另一方面，很多高职生在就业时抱着“骑驴找马”的心态，总是想着先随便找一份工作，有更好的选择再“跳槽”，因此在工作的过程中不免会受到这种不安定心态的影响，无法脚踏实地地工作。这些心态上的偏差都会影响单位对大学毕业生的评价，从而加剧就业形势的不乐观。

3. 经验问题

从现今许多单位的招聘启事中不难看出，“具有相关工作经验”是单位非常看重的一个条件。对于没有任何经验的毕业生群体，单位需要花费很多人力、物力、财力进行培养，同时还会担心培养后人才的流失问题。有时培养的资本远远高于短时间内毕业生能够为单位所提供的价值。正是因为这些考虑因素，才会出现单位在人才招聘上的高要求和大学生本身普遍缺乏工作经验之间的矛盾，这也是导致大学生就业问题出现的一个根本原因。

4. 生理适应问题

生理适应是指毕业生对工作时间和节奏、劳动强度和紧张程度的适应，其中包括身体各种感觉器官与运动器官的适应过程。职场生活节奏较快，制度规范、环境对个人的限制范围很广，且影响力较大，毕业生必须改变原有的生活方式和生活节奏，这必然带来生理上的各种不适应。但随着角色的不断适应，紧张、有序、高效的工作和生活习惯一旦形成，生理的不适应感就会逐渐消失。

（二）职场适应的策略

1. 调整心态

（1）克服自傲心理，从小事做起。

毕业生刚参加工作，能力还未体现，不可能马上负责重要工作，领导往往会先安排一些普通的勤杂工作，这绝不是不重视，而是对年轻人素质的一种考验。要学会服从命令，遵守角色规范。在平凡小事中培养自己敬业、细致、耐心、认真的品质，切不可自傲自负、眼高手低。

（2）消除畏惧心理，放开手脚踏实工作。

许多毕业生在角色转换过程中容易依恋学生角色，从而对全新的职业角色充满了畏惧。怕做不好工作被人讥笑，怕担责任，怕吃苦受累，怕领导不重用、同事不帮助。只有克服这些恐惧心理，放下架子虚心学习，深入实际工作，不怕吃苦，不计较个人得失，努力承担岗位责任，主动适应环境，才能更好、更快地完成角色转换。

（3）虚心接受批评，从容面对挫折。

对刚刚毕业的高职生来说，从进入工作岗位的那天起，就必然会受到新群体对你的评价，这种评价不仅包括正面反馈，还包括各种批评。正确的态度应当是接受批评、虚心求教、认真自省、积极调整，以实际的表现来改变别人对你的评价，善于从他人对自己的批评中清楚地认识自己，以此来提高自己的工作能力。

2. 学会处理职场关系

（1）正确处理与领导的关系。

正确处理与领导的关系，更容易取得领导的信任、赏识和帮助。第一，尊重上级，主动去配合上级做好工作。第二，工作上的问题要多问。第三，学会为领导分忧。可以尝试使用换位思考法：假如我遇到这些事情，又该如何处理？这种思维方式可以锻炼思考问题的眼光和方式，有利于自身的成长。第四，从细节上了解你的领导。建立好的人际关系往往要从细节入手。

（2）正确处理与同事的关系。

与同事相处，重在把握一个“度”。在处理与同事的关系时：第一，尊重他人，平等相处。用平等的态度对待每一个同事，尊重他们的劳动和劳动成果，尊重他们的人格和感情，尊重他们的习惯和价值。第二，少说多做，注意分寸。作为初入职场的新人，刚刚工作，与同事都不熟悉，言谈举止一定要得体，讲话要有礼，要注意分寸，做到多看、多想、多听、少说。第三，开阔心胸，避免冲突。同事之间，既是合作者，又是客观的竞争者，这种微妙的关系，必然会使个人产生既渴望合作又警觉竞争的复杂心理。要处理好这种关系，就要以诚相待，互相支持；要严于律己，宽以待人，学人之长，补己之短；要在竞争中学先进，帮后进，领先时不骄傲自满，落后时不灰心气馁；面对冲突时，应进行有效沟通。

3. 努力当好员工

第一，将职业当成一门事业来做。它的荣誉感和使命感将把工作中的一切坏心情一扫而空。第二，细节决定成败。如果不注重细节是很难将工作做到最好的，还可能因小事影响企业大局。第三，加强业务知识与技能学习。职场中的你必须具备丰富的知识和卓越的能力才能完成领导安排给你的工作，这需要你在工作中加强业务知识与技能学习。第四，在规定的时间内完成规定的工作任务。一项工作从开始到完成，必定有规定的时间，职场中你必须在规定时间内完成任务，绝不能拖延。第五，把忠诚敬业当成一种习惯，不要抱怨额外的工作。

知识链接

企业家谈如何对待第一份工作

在华为的一次内部讲话中，任正非分享了他对年轻人如何对待首份工作的看法。他强调，虽然首份工作可能不是最理想的选择，但它对个人的成长和职业生涯具有不可替代的重要性。

“第一份工作是你职业生涯的基石，它决定了你未来的发展方向和高度。”任正非说，“在这里，你会遇到许多优秀的同事和领导，他们将成为你职业道路上的良师益友。你将学习到如何与人合作、如何解决问题、如何面对挑战和困难。这些经验和技能将伴随你一生，成为你职业生涯中最宝贵的财富。”

任正非鼓励年轻人要珍惜首份工作，全身心地投入其中。他相信，只有通过不断的学习和实践，才能提升自己的能力和水平，为未来的职业发展打下坚实的基础。

活动与训练

化蛹成蝶

一、训练目标

帮助学生了解离开学校后，应如何尽快适应从学生到职业人的转变。

二、程序与规则

1. 使用角色模型，将自己的名字写在中央，然后填上你希望的角色，并记下你对每一个角色的渴望和感受。

2. 列出一份备忘录，以便随时提醒自己在未来的职业生涯之路上可能会面临的艰难险阻，以及要如何克服。

三、训练思考

在角色转变过程中，你还会遇到许多不可预知的困难，如何让自己始终保持积极的心态，更快地完成角色转变呢？

四、训练总结

高职毕业生走上工作岗位以后，要甘于吃苦，严格要求自己，树立主人翁意识，增强社会责任感和归属感，培养无私奉献的精神，任劳任怨，不计较个人得失，努力承担岗位责任，主动适应工作环境，促使自己更好、更快地完成角色转换。

探索与思考

1. 联系本专业的 2～3 名毕业生，请他们根据自己的亲身经历谈一谈从学生到职业人的角色转变过程，讨论分析在这一过程中应该注意哪些问题？

2. 假设你刚刚入职新公司，到一个陌生环境，可能会觉得不适应，那么你将怎样度过这个时期呢？

5.2　职场形象塑造

导入案例

一张票据引发的公司损失

小张是某公司的员工，某天去财务部窗口领工资。在等候的时候，他随手把手中捏着的一张无法报销的票据揉成团扔在了地上。恰巧此时有位顾客来财务部交定金，他看到小张把纸团扔在地上，心里想："这个公司的员工如此行事，他们做的东西质量会好吗？售后服务会有保障吗？还是先别交定金了吧，回去再斟酌斟酌！"生产部经理陪着几位外商参观公司，正好路过这里，地上的纸团没有逃过大家的眼睛，一位外商指着那纸团问老板："这样没有责任心的员工，能做出符合质量要求的产品吗？"本来不费吹灰之力便能扔到垃圾桶里的一小团废纸，导致公司失去了数百万元的订单。

分析：在商务场合当中，你的行为举止不仅代表着你本人，还代表着你为之工作的部门、你的部门所属的公司、你的公司所属的集团，甚至代表你的集团所属的地区以及我们的国家。作为职场员工，不应该把自己的坏习惯带到公司，应表现得有涵养，注重个人礼仪与素养，维护好公司形象。

职场礼仪是指人们在职业场所中应当遵循的一系列礼仪规范。了解、掌握并恰当地应用职场礼仪有助于完善和维护职场人的职场形象，助力事业取得成功。职场礼仪可以分为仪容形象和仪态行为礼仪两个方面。

一、职场仪容形象

"君子之修身也，内正其心，外正其容。"职场人的个人仪容形象对展现自身良好的工作态度、彰显自尊自爱、获取他人尊重、塑造良好企业形象起着至关重要的作用。仪容，通常指人的外观、外貌。在人与人的交往过程中，一个人的仪容会首先引起别人的关注，并影响别人对自己的整体评价。

（一）整洁

1. 坚持勤洗脸、洗澡

若脸上常有灰尘、污垢或汤渍，会给人懒散且不注重卫生的感觉。要适时关注自己脸上是否干净，若有污渍，要及时进行清理。

2. 保持头发干净

经常清洗头发，不仅可以使头发保持干净，而且有助于头发正常生长。女士头发长度不宜过肩，必要时应进行盘发、束发。男士前发不过眉，侧发不盖耳，后发不触后衣领。

3. 保持手部卫生

手是个人与外界进行直接接触最多的一个部位，容易沾染脏东西，所以需要保持手部卫生。此外，还要常剪手指甲，不要留长指甲，不做夸张美甲。

4. 注意口腔卫生

不要让食物残渣留在牙齿上或是牙缝里，否则被人看见是非常影响个人形象的。还应当特别注意口中的异味，与人交谈的时候如果口中散发出难闻的气味，会使对方很不愉快，自己也很难堪。

5. 保持衣服、鞋子整洁

衣服要整洁、干净，同时也要注意保持鞋子干净，上班期间不穿拖鞋，无论男士女士，重要会议场合不穿露脚凉鞋，女士应注意职场中穿着的高跟鞋一般不超过 5 厘米，走路不要发出过大响声。

（二）美观

美丽的仪容是优美良好的社交形象的基本要素之一。了解自己的脸型及脸的各部位特点，做好脸部修饰，能扬长避短。

（三）自然

自然是美化仪容的最高境界，它使人看起来真实而生动。

（四）协调

美化仪容的协调包括以下几个方面。

1. 妆面协调

妆面协调指化妆部位色彩搭配、浓淡协调，确保所化的妆能突出脸部个性特点，并达到整体协调。

2. 全身协调

全身协调指脸部妆容、发型与服饰协调，力求得到完美的整体效果。

3. 角色协调

角色协调指针对自己在社交中扮演的不同角色，采用不同的化妆手法和化妆品。

知识链接

首因效应

首因是指当人们第一次认知客体时，在大脑当中留下的第一印象。首因效应是指个体在社会认知过程中，通过最先输入的信息，对客体以后的认知产生影响的作用。在商务交往当中，我们主要通过容貌、表情、姿态、身材、服装等外部信息形成对对方的第一印象，这些首次获得的信息往往成为以后认知与评价对方的重要依据。

美国心理学家洛钦斯于1957年首次采用实验方法对首因效应进行了研究。他用文字来描述一个名字叫吉姆的人。第一段把他描述成一个开朗、外向、喜欢交际的人。第二段却把他描述成一个害羞、内向、不喜欢交际的人。然后，他将描述交给四个小组的人阅读。第一组按第一段到第二段的顺序阅读，第二组按第二段到第一段的顺序阅读，第三组只读第一段，第四组只读第二段。结果，洛钦斯发现各小组的人对吉姆的评价都是基于先读的那一段描述：第一组有78%的人认为吉姆比较开朗，第二组只有18%的人这么认为，第三组有95%的人也持同样的观点，第四组则仅有3%的人对此观点没有异议。这个实验表明，产生首因效应的关键原因是信息输入的先后顺序——先入为主。

在人们日常的社会交往中，如果第一次接触留下了好印象，那么在彼此分开后的很长一段时间里，此印象仍然会保留在脑中；当双方第二次相遇交往时，则会不由自主地按第一次形成的好的评价视角来认知评价对方。

二、职场仪态行为礼仪

（一）站姿礼仪

1. 站姿要领

站姿的基本要求是“站如松”，站姿的基本要领：一要平，即头平正、双肩平、两眼平视；二要直，即腰直、腿直，后脑勺、背、臀、脚后跟成一条直线；三要高，即重心上拔，看起来显得高；四要收，即下颌微收、收腹、收臀；五要挺，即挺胸、腰背挺直。

2. 标准站姿

标准站姿（如图5-1所示）：身体立直，抬头挺胸，下颌微收，双目平视，嘴角微闭，双手自然垂直于身体两侧，双膝并拢，两腿绷直，脚跟靠紧，脚尖分开呈“V”字形。

图 5-1　女士和男士标准站姿

3. 站立注意事项

（1）站立时，切忌东倒西歪、无精打采、懒散地倚靠在墙上或桌子上。

（2）不要低头、歪脖、含胸、端肩、驼背。

（3）不要将身体的重心明显地移到一侧，只用一条腿支撑着身体。

（4）身体不要下意识地做小动作。

（5）在正式场合，不要将手叉在裤袋里面，切忌双手交叉抱在胸前，或是双手叉腰。

（6）男子双脚左右开立时，注意两脚之间的距离不可过大，不要挺腹翘臀。

（7）不要两腿交叉站立。

（二）坐姿礼仪

正确的坐姿仪态会给人留下一种端正大方的印象，而不良的坐姿则会让人觉得懒散且无礼。入座时要轻稳；离座时，动作轻缓，一般遵循“左出”礼节。

标准坐姿（如图 5-2 所示）：双腿垂直式坐姿（正式场合基本坐姿），按坐姿操作标准入座，坐椅子的 2/3 处，小腿与地面垂直，女士两膝盖并紧，男士两膝分开，双腿之间保持一拳左右的距离，两臂自然弯曲，女士右手搭左手自然放于腿部，男士两手分别放在双腿上。

（三）走姿礼仪

在行走时，上身基本保持站立时的标准姿势，挺胸收腹，腰背笔直；两臂以身体为中心，前后自然摆动。两腿分别走在两条较窄的平行线上，抬头挺胸，目视前方，面带微笑。行走礼仪注意事项：

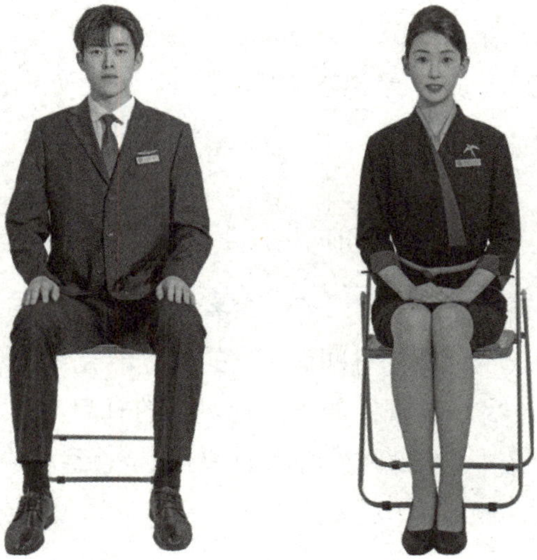

图 5-2 女士和男士标准坐姿

（1）自然摆臂，幅度不能太大。

（2）多人一起步行：两人行，右为尊或内侧为尊；三人同行中为尊；四人不能并排走，保持距离，除引领人员外，以前为尊。

（3）男女同行时，通常男士应走在女士的左侧，需要调换位置时，男士应从女士背后绕过；当一个男士与两个或两个以上的女士结伴而行时，男士不应走在女士们的中间，而应走在女士们的外侧。

（4）走路时不要吃零食，不要随手丢弃废物。

三、职场表情礼仪规范

在职场交往过程中，表情是一种无声的言语，是人际交往中相互沟通的主要形式之一。美国著名的心理学家艾帕尔·梅拉里斯认为：信息的效果 =7% 的文字 +38% 的语言 +55% 的表情动作，因此表情礼仪格外重要。

（一）表情礼仪遵循的原则

1. 表现谦恭

与人交往时，待人谦恭与否，人们可以从表情神态方面很直观地看出来，同时交往对象也会非常重视。

2. 表现友好

在生活和工作中，对待任何交往对象，皆应友好相待。这一态度，通常会从表情神态上表现出来。

3. 表现真诚

人们在交往时，既要使个人的表情神态谦恭、友好，更要使之出自真心、发乎诚意。

（二）眼神的运用

根据眼神运用的时间、角度和部位的不同，眼神所传达的信息和情感也是不一样的。

1. 注视别人的时间长短不同，表示的态度不同

如果注视对方的时间占全部相处时间的 1/3 左右，表示友好；如果注视对方的时间占全部相处时间的 2/3 左右，表示重视；如果注视对方的时间不到相处时间的 1/3，表示轻视；如果注视对方的时间超过了全部相处时间的 2/3 以上，往往表示敌意。

2. 注视的角度不同，表示的态度不同

正面相向注视，表示重视对方；平视对方用在身体与被注视者处于相似的高度时，平视被注视者，表示双方地位平等与注视者的不卑不亢；仰视对方用在注视者所处的位置低于被注视者，而需要抬头向上仰望，表示对被注视者的重视和信任。

3. 注视的部位不同，不仅表示态度不同，也表示双方的关系不同

注视异性时，通常不应该注视其肩部以下，尤其是不应该注视其胸部、裆部、腿部。关系平常的人一般只注视对方的面部，关系密切的异性之间可以注视对方的胸部和身体。

（三）微笑礼仪

微笑是一种宽容、一种接纳，它缩短了彼此的距离，使人与人之间心心相通。喜欢微笑着面对他人的人，往往更容易被人们所接受。

四、着装及服饰礼仪

（一）服饰搭配原则

穿着得体是一种礼貌，不仅体现了一个人的文化修养和素质，也体现了一个人对他人的尊重。着装可遵循国际通行的 TOP 原则。TOP 是三个英语单词的缩写，它们分别代表时间（Time）、场合（Occasion）和地点（Place），即着装应该与当时的时间、所处的场合和地点相协调。

（二）着装的搭配技巧

女士在职场中主要选择丝绸、羊毛和棉麻质地的西服套裙和西裤。男士在正规场合要着合身的西服。

（三）饰品搭配原则和技巧

男士和女士选择配饰的原则都是小而精致，不能过分夸张和张扬。女士配饰有耳钉、婚戒、项链、手镯、胸针和丝巾等。男士的配饰主要包括眼镜、皮带、手表、领带和婚戒等。在社交场合，如果佩戴配饰，总数不宜超过三件。

五、社交礼仪

（一）称呼礼仪

1. 正确地称呼对方

（1）职务性称呼。在职场交往过程中根据职场交往对象的职务来称呼对方以示尊重，一般是在职务前加上姓氏。

（2）职业性称呼。在职场交往过程中可以根据对方从事的行业和具体职业进行称呼。

（3）一般性称呼。先生、夫人是国际范畴国家对年纪较大、地位较高的人士使用的尊称。使用时可不带姓名。

2. 称呼对方的原则和禁忌

称呼对方主要遵循得体原则和尊重原则，按先尊后卑、先长后幼、先女后男及先疏后亲的顺序进行称呼。遇到生僻的姓氏或者多音字可以提前查阅或者询问对方，以免称呼错误造成尴尬的局面。在职场交往过程中应该尽量记住对方的全名，这样能够使对方觉得自己受到重视和尊重，进而获得对方的好感。

（二）握手礼仪

握手礼仪是职场交往中的基本礼节，也是适用范围最广泛的见面致意礼仪，它可以应用在表达欢迎、亲近、友好、寒暄、祝贺、感谢、慰问和再见等场合。

1. 握手的姿势

行握手礼时，上身应稍稍往前倾，距离受礼者约一步；伸出右手，四指并拢，大拇指张开，向受礼者握手，礼毕后松开。

2. 握手的次序

一般握手的顺序是等女士、长辈、已婚者、职位高者伸出手之后，男士、晚辈、未婚者、职位低者方可伸出手去回应。

3. 握手的力度和时间

男士握女士的手应轻一些，不宜握满全手，只握其手指部位即可。初次见面握手时间不宜过长，以 3 秒为宜。

（三）介绍礼仪

从礼仪的角度来讲，我们可以把介绍分为三类：第一类是自我介绍；第二类是为他人作介绍；第三类是集体介绍。

介绍时应注意：第一，介绍时机，包括具体的时间、地点、场合。第二，介绍主角，即由谁出面做介绍，一般都是由地位低的人首先向地位高的人说明情况。第三，表达的方式，即介绍时需要说什么、如何说。

（四）通信礼仪

1. 接打电话礼仪

第一，铃响三声之内应接起。第二，拿起电话之后，先问好，并自报家门。第三，手边准备好纸和笔，做好记录。第四，自己的电话尽量自己处理，若需转接，则应解释清楚；若对方要求与其他人通话，则应尽快帮忙转接；若对方要找的人不在，则应温和地告知对方，并询问其是否需要帮助。第五，礼貌道别，等对方先挂断电话。

2. 微信礼仪

在添加新朋友或进入新的微信群时，应主动打招呼并自我介绍，以便更好地与他人建立联系或融入群聊。不要随意在微信群聊中分享他人的个人信息或聊天记录，以保护他人的隐私权。尽量在他人方便的时间段内发送消息，避免在清晨、午休或深夜打扰他人。在群聊中，应尽量避免频繁发送语音消息，以免影响他人阅读和沟通效率。尽量在收到消息后及时回复，以保持良好的沟通氛围。

3. 电子邮件礼仪

在发送电子邮件时，应明确邮件的主题和收件人，以便对方快速了解邮件的内容和目的。在邮件开头，应使用适当的称呼和问候语，以表达对收件人的尊重和关注。邮件正文应简洁明了，避免使用冗长和复杂的句子。在邮件结尾，应使用适当的结束语和签名，以表达感谢和尊重。同时，签名中可以包含个人联系方式和职位等信息，以便对方更好地了解你。在收到邮件后，应及时回复并表达感谢。

（五）敲门礼仪

在工作场合，我们时常需要进入他人的办公室，懂得并使用敲门礼仪可体现良好的职场形象。第一，敲门前调整呼吸、整理形象。第二，先敲 3 下，隔一小会儿，再敲 3 下。第三，得到允许后，轻推房门轻步进入。

（六）接待礼仪

1. 接待规格

接待规格主要是从场面的安排及主陪人的职位角度区分其高低，分为三种接待规格。

不同规格接待的具体特征如下：

（1）高规格接待。这是指主要接待人员、陪同人员比主要来宾的职位高的接待形式。高规格接待表明对被接待一方的重视和友好。

（2）对等接待。这是指接待场面适当，主要接待人员、陪同人员与主要来宾的职位相当的接待形式。在接待活动中，双方应相互尊重、平等相待，确保双方在交往中感受到的礼遇是恰到好处的，避免任何形式的怠慢或过度礼遇。

（3）低规格接待。这是指主要接待和陪同人员比主要来宾的职位低的接待形式。一般用于总公司或总部人员到分公司考察情况，上级领导或主管部门领导到基层视察，外地团体来参观学习或考察，以及老干部故地重游等场合。

2. 接待礼仪规范

会议开始前 30 分钟，接待人员各就其位准备迎接会议嘉宾。嘉宾到来时，接待人员要精神饱满、热情礼貌地站在会议室的入口处主动迎接嘉宾，引领嘉宾至指定位置就座。在引领过程中要注意遵守规范，讲究礼貌，彰显职业素养。

（七）拜访礼仪

拜访是公共关系活动中的一种常见形式，注重拜访礼仪有助于个人的商务工作顺利进行。

1. 拜访前的准备

（1）了解情况。拜访前对拜访对象进行一些必要的了解，特别是初次登门，一定要了解对方的基本情况。

（2）预约。不要做不速之客，至少在拜访前一天打电话预约，向对方说明拜访原因和目的，确定时间，经对方同意后前往。

（3）注重仪容仪表。拜访时一定要仪容整洁、仪表端庄。此外，着装还要与所拜访对象的身份相符合。

2. 拜访中的礼仪

（1）守时践约。赴约要遵守时间，一般情况下应提前 5 分钟或准时到达。如果因故不能赴约，应及时通知对方，无故失约或迟到是不礼貌的行为。

（2）登门有礼。到达拜访单位后，首先要告知工作人员自己的姓名、工作单位及要拜访的对象，并静候工作人员通报。

（3）举止得体。进门前先轻声敲门或按门铃，等到主人招呼进门后方可入内。进门后，向主人及在场其他人问好。

（4）适时告辞。商务拜访一般以半小时左右为宜。在拜访的目的基本实现或达到预约的时间时，应先说一段有告别意义的话然后再起身告辞，忌在对方刚说完一段话后起身告辞。

（八）餐饮宴请座次礼仪

1. 宴请座次礼仪

在商务宴请中，座次安排是展现尊重和礼仪的重要环节。合理的座次安排不仅可以体现对客人的重视，还能为商务交流创造良好的氛围。宴请一般分为中式和西式两种方式。

（1）中式宴请一般采用圆桌。遵循国际惯例“以右为尊”。一般情况下面门且远门的座位为尊位，其他位次依据职位高低，以离主人远近而定主次，右主左次，离门最近的位置为最次。

（2）西式宴请一般采用条形桌。同样遵循国际惯例“以右为尊”的原则。西式宴请一般会考虑女士优先、面门为上、男女交叉或朋友与陌生人之间交叉排列的原则。

2. 用餐礼仪

学会文明用餐。以西式宴请为例，左手持叉，右手持刀，一般按照由外向内的顺序取用餐具。用餐完毕后，将刀叉并拢斜放在盘中即可，注意刀刃要朝向自己。

（九）乘车礼仪

在职场中，乘车的时候首先要分清座次顺序，主要遵循“以右为尊”“前高后低”的原则。但也要依据实际情况而定，因车型不同和驾车者的变化，尊位又有所变化。

（1）乘坐双排五座位的小轿车时，如果是司机驾驶车辆，座次一般以后排右侧为尊，左侧次之，前排副驾驶为工作人员或接待人员座位。如果是主人自己亲自驾车，则主人右侧的副驾驶座为尊位，主宾应坐在这个位置上。

（2）如果乘坐的是中型商务车或面包车，尊位则应是司机后座靠窗的位置，陪同主宾的领导紧靠上位的右侧落座，其他人员依次在后排就位，司机旁边的位置应是工作人员座位。

（3）乘坐中大型巴士车时，遵循前座高于后座，右座高于左座；距离前门越近，座次越高的原则。

知识链接

十二次微笑

飞机起飞前，一位乘客请空姐给他倒一杯水吃药，空姐很有礼貌地说：“先生，为了您的安全，请稍等片刻，等飞机进入平衡飞行后，我会立刻把水给您送过来，好吗？”15 分钟后，飞机早已进入平衡飞行状态。突然，乘客服务铃急促地响了起来，空姐猛然意识到：由于太忙，她忘记给那位乘客倒水了。当空姐来到客舱，看见按响服务铃的果然是刚才那位乘客时，她小心翼翼地把水送到那位乘客眼前，微笑着说：

“先生，实在对不起，由于我的疏忽，耽误了您吃药的时间，我感到非常抱歉。”这位乘客抬起右手，指着手表说道：“怎么回事，有你这样服务的吗？你看看，都过了多久了？”空姐手里端着水，心里感到很委屈，但是无论她怎么解释，这位挑剔的乘客都不肯原谅她的疏忽。

在接下来的飞行中，为了弥补过失，空姐每次去客舱给乘客服务时，都会特意走到那位乘客面前，面带微笑地询问他是否需要水，或者是否需要别的什么帮助。然而，那位乘客余怒未消，摆出不合作的样子，并不理会空姐。

临到目的地前，那位乘客要求空姐把留言本给他送过去，很显然，他要投诉这名空姐。此时空姐心里很委屈，但是仍然保持礼貌，而且面带微笑地说道：“先生，请允许我再次向您表示真诚的歉意，无论您提出什么意见，我都会欣然接受您的批评！”那位乘客脸色一变，准备说什么，可是没有开口，他接过留言本，开始在本子上写了起来。空姐本以为这下完了，没想到，等到飞机安全降落，所有的乘客陆续离开，她打开留言本后，却惊奇地发现，那位乘客在本子上写下的并不是投诉信，相反，这是一封热情洋溢的表扬信。是什么使这位挑剔的乘客最终放弃了投诉呢？在信中，空姐读到这样一句话：“在整个过程中，你表现出真诚的歉意，特别是你的十二次微笑深深打动了我，使我最终决定将投诉信改为表扬信！你的服务质量很高，下次如果有机会，我还将乘坐你们的这趟航班。”

人际交往中，微笑是员工提升自己人气的关键。少了它，纵使工作上有不俗的表现，也难以打开成功之门。在微笑时，不仅口要笑，眼也要笑，眼神的表达是十分重要的。眼睛有传神送情的特殊功能，又是心灵的窗户，因此口到、眼到、神色到的微笑才能打动人心。

活动与训练

不同场合的礼仪

一、训练目标

熟悉职场握手礼仪。

二、程序与规则

每组选派2位同学，模拟以下场景进行握手礼仪训练，要求体会不同场合下握手礼仪的运用，掌握握手礼仪，模拟结束后进行点评。

1. 毕业两年后，老同学（1男1女）路遇，与老同学握手。

2. 受到领导的接见。

3. 你带同学去表姐家做客，表姐与你同学见面后。

4. 你路遇同学的母亲。

5. 在大门口迎接客户。

6. 到公司面试，与面试官握手。

7. 去其他公司办事，临走时与他人道别。

探索与思考

1. 布置会议主席台时怎么给领导安排座位？

2. 请闭上眼睛，想象一下自己事业成功时的样子，有着怎样的服饰妆容？谈吐如何？现在的你，可以为塑造这样的职场形象做些什么呢？

5.3 职场素养提升

导入案例

从细节做起

李明是计算机科学专业的一名学生，临近毕业，他面临着巨大的就业压力。李明深知要想在众多的求职者中脱颖而出并非易事，因此他决定从细节做起，充分展示自己的专业素养和综合能力。

在一次校内举办的校园招聘会上，李明精心准备了多份简历，并针对不同的公司和岗位做了微调。他不仅注重简历的内容，还特别注重简历的排版和打印质量，确保每一份简历都整洁、专业。

招聘会当天，李明早早地来到了现场，他并没有急于投递简历，而是先观察了各个公司的招聘摊位，了解他们的招聘需求和公司文化。当他走到一家知名的互联网公司摊位前时，他发现这家公司的招聘广告上特别提到了对编程能力和团队协作能力的重视。

李明意识到这是一个展示自己的好机会。他主动上前与招聘人员交流，不仅详细介绍了自己的专业技能和项目经验，还分享了自己在团队合作中的经验和心得。他注意到招聘人员对他的回答很感兴趣，便趁机递上了自己的简历。

在投递简历时，李明并没有像其他同学那样随意地扔给招聘人员，而是恭敬地将简历双手递上，并简短地介绍了自己。这一举动让招聘人员对他留下了深刻的印象。

在接下来的面试中，李明凭借扎实的专业基础、出色的沟通能力和良好的团队协作能力，成功通过了该公司的面试。最终，他获得了这家知名互联网公司的录用通知书，成为一名软件开发工程师。

分析：李明通过注重细节、了解公司需求、展示自己的专业素养和综合能力，成功地在众多求职者中脱颖而出。在求职过程中，我们不仅要注重简历的内容和排版，还要注重自己的言谈举止和态度。只有从细节做起，充分展示自己的专业素养和综合能力，才能在激烈的竞争中脱颖而出。

一、职场基本素养

职场每年都会有“新鲜血液”注入其中，为职场带来更多的活力和生气。职场新人如何在职场中占有一席之地，取得职业发展的成功呢？众多的调查研究都表明，职场基本素养是获得成功的首要因素。职场基本素养是每一位职场人士都需要具备的基本能力和品质，主要包括专业技能、团队合作、沟通能力、情绪管理能力、解决问题能力、学习与创新能力、积极主动、诚实守信、勇于担当等，这些基本素养不仅关系到个人的职业发展，而且也会影响整个团队的协作效率和企业的运营状况。

（一）专业技能

专业技能主要是指从事某一职业的专业能力。在求职过程中，招聘方最关注的就是求职者是否具备胜任岗位工作的专业技能。夯实专业理论根基、强化专业技能训练可以提高专业技能水平。

（二）团队合作

管理学家斯蒂芬·P. 罗宾斯教授认为：团队就是由两个或者两个以上的，相互作用、相互依赖的个体，为了特定目标而按照一定规则结合在一起的组织。在企业，团队是一个由员工和管理层组成的共同体，该共同体合理利用每一个成员的知识和技能协同工作，解决问题，实现共同的目标。团队是一个有机整体，作为个人，只有完全融入这个有机整体之中，才能最大限度地体现自己的价值。

案例 5-1

团队的力量

华为是一家全球领先的通信技术公司，成功的背后离不开其强大的研发团队。华为的研发团队由数千名来自不同领域、拥有不同专业技能的工程师组成，他们共同致力于推动通信技术的创新和进步。

在研发过程中，华为的团队非常注重协作和沟通。他们通过定期的会议、研讨会等方式，分享彼此的研究成果和想法，共同解决遇到的难题。同时，华为也鼓励团队成员之间的知识分享和技术交流，这不仅促进了员工之间的互相学习和成长，也使得整个团队的技术水平不断提升。

在面对市场挑战和竞争对手时，华为的研发团队表现出了极高的凝聚力和战斗力。他们深知只有团结一心、共同努力，才能在激烈的市场竞争中立于不败之地。因此，在项目的关键阶段，团队成员经常加班加点、废寝忘食地工作，以确保项目的顺利进行和按时完成。

华为研发团队的努力和付出并没有白费。他们成功推出了一系列具有创新性和竞争力的产品，如 5G 技术、智能手机、云计算解决方案等，这些产品不仅满足了客户的需求，也为华为带来了丰厚的回报。同时，华为的研发团队也因其卓越的技术实力和创新能力获得了业界的广泛认可和赞誉。

分析：华为研发团队的辉煌成就，深刻诠释了团队力量与精神的真谛。在这个快速变化、技术日新月异的时代，华为团队以其非凡的协作能力、不懈的创新追求和坚韧不拔的奋斗精神，铸就了企业持续发展的基石。在竞争激烈的全球市场中，唯有依靠强大的团队和坚定的团队精神，才能不断攀登行业高峰，引领行业潮流，创造更加辉煌的未来。

（三）沟通能力

沟通是人们分享信息、思想和情感的过程，良好的沟通可以促进双方相互认识、理解，消除误会、化解矛盾。无论是企业管理者还是普通的职工，在职场中都少不了沟通和交流，与上级的沟通、与下属的沟通、与同事的沟通、与客户的沟通……这些沟通都需要技巧和方法。沟通是现代职场人的必备技能，善于沟通是优秀员工的重要职业素养。培养自己的沟通能力可以从两个方面努力：一是提高语言理解能力；二是提高表达能力。

（四）情绪管理能力

亚里士多德说过：“任何人都会生气，这没什么难的，但要情绪能适时适所，以适当方式对适当的对象恰如其分地生气，可就难上加难。”情绪管理能力是指自己对情绪的自我管理能力，即以最恰当的方式来表达情绪。

知识链接

李嘉诚的情绪管理

李嘉诚是香港著名的企业家，现任长江和记实业有限公司及长江实业集团有限公司资深顾问。他在商界取得了巨大的成功。

李嘉诚的成功离不开他优秀的情绪管理能力。在面临商业挑战和困难时，李嘉诚总是能够保持冷静和理智，不被情绪所左右。他深知情绪化的决策往往会带来不良的后果，因此他总是努力控制自己的情绪，用理智和冷静来应对各种挑战。

此外，李嘉诚也非常注重与他人的沟通和交流。他善于倾听他人的意见和建议，并且能够以平和的心态接受不同的声音。这种良好的情绪管理能力不仅让他在商业上取得了成功，也让他在人际交往中赢得了广泛的尊重和信任。

李嘉诚的案例告诉我们，情绪管理对一个人的成功至关重要。无论是在职场还是生活中，我们都需要学会控制自己的情绪，用理智和冷静来应对各种挑战和困难。

（五）解决问题的能力

在我们的职业生涯发展过程当中，除了需要应用专业能力进行专业活动外，还会碰到各种各样的困难和挑战需要我们去应对和解决。培养解决问题的能力也是我们职业生涯发展所不可缺少的一个重要方面。

一个人工作的过程就是不断发现问题、解决问题的过程。如何提高解决问题的能力，首先是要有问题意识，看问题，不能只看表象，要深挖问题的根本原因，要站在企业的角度尽量系统全面地看问题。清楚问题“症结”所在之后，就要思考解决问题的方案。通常情况下，一个问题的解决办法可能有很多种，我们可以在评估各个方案的优劣之后，选择最合适的解决办法。最后，就是严格有效地执行。

（六）学习与创新能力

在当今时代，竞争归根结底是人才的竞争。优秀的人才必然具备学习能力与创新能力。唯有学习才能创新，唯有创新才能进步。如何提高学习能力？一是培养学习的兴趣；二是养成学习的乐趣；三是提高学习的效率并持之以恒。

知识链接

唯有不断学习才能创新发展

袁隆平，被誉为“杂交水稻之父”，是中国著名的农业科学家。他的学习生涯充满了坚持和毅力，也体现了他对知识的渴望和对科学的热爱。

袁隆平从小就对农业有着浓厚的兴趣，他深知农业对国家的重要性。因此，他立志要学习农业知识，为国家的农业发展作出贡献。大学期间，他努力学习专业知识，积极参加各种实践活动，不断提高自己的实践能力和创新能力。

毕业后，袁隆平开始从事杂交水稻的研究工作。他深知这是一条艰难而漫长的路，但他并没有退缩。他带领团队深入田间地头，进行实验和研究，不断尝试新的方法和思路。经过数十年的努力，他成功培育出了高产、优质的杂交水稻，为解决中国数亿人口的粮食问题作出了巨大贡献。

袁隆平的学习故事告诉我们，学习需要坚持和毅力，需要不断追求和探索。只有不断学习，才能让我们在成功的道路上不断前进，取得更大的成就。同时，他也启示我们，要将所学知识应用于实践中，为国家和人民作出贡献。

（七）积极主动

当领导不在的时候，一般公司里会有三种员工：第一种是积极自律型，比领导在的时候更加认真负责地工作；第二种是严谨慎重型，领导在与不在一个样；第三种是两面三刀型，领导在时是“龙”，领导不在时是“虫”。我们应该做到：不管领导在不在，不管别人有没有看到，自己都要努力工作，因为这样做了以后，收获最大的将是你自己。

（八）诚实守信

“诚是开山斧，信是做人金，人无诚信难立身。”诚实守信是做人的基本品格。诚信既是一种道德规范、行为准则，又是一种法律原则。遵守社会规范是诚信的基本要求。

知识链接

小米科技的诚信经营典范

雷军，小米科技的创始人和首席执行官，自小米创立之初，就将诚信视为企业的灵魂与基石。他深知，在这个信息高度透明、消费者日益理性的时代，唯有诚信才能赢得市场的尊重与信赖。

在小米的品牌理念中，“为发烧而生”不仅是对产品极致追求的诠释，也是对消费者真诚承诺的体现。雷军坚信，只有为消费者提供高品质、高性价比的产品，才能真正满足他们的需求，赢得他们的信赖。因此，小米始终将产品质量放在首位，通过不断的技术创新和工艺优化，确保每一款产品都能达到行业领先水平。

在诚信经营方面，小米更是树立了行业标杆。小米始终坚持公平交易、诚信服务的原则，不虚假宣传、不夸大其词，用实际行动践行承诺。无论是产品质量、售后服务还是用户隐私保护，小米都做到了严格把关、用心服务，为此赢得了消费者的广泛赞誉和口碑传播。

正是凭借着这种诚信为本的经营理念，小米在短短几年间迅速崛起，成为全球知名的科技企业。雷军的领导力和小米的诚信经营，成为中国企业家学习和借鉴的典范。

（九）勇于担当

担当是一个人对待任务、对待工作的态度，是面对问题时的勇敢接受，是一种直面困难的勇气，是一个人立于社会的品质。

二、“工匠精神”

在当前国内经济转型升级、产业结构调整的关键时期，要推动中国制造业从“中低端”向“中高端”迈进，推动中国从“制造大国”走向“制造强国”，离不开“工匠精神”。习近平总书记在党的二十大报告中指出，要加快建设国家战略人才力量，努力培养造就更多大师、战略科学家、一流科技领军人才和创新团队、青年科技人才、卓越工程师、大国工匠、高技能人才。这一重要论述为新时代弘扬“工匠精神”、推动产业创新发展提供了根本遵循。

（一）什么是“工匠精神”

“工匠精神”就是对自己的工作敬畏、执着的职业精神，对所做的事和产品精益求精的态度，对技术技艺一丝不苟、完美的追求。它是职业道德、职业能力、职业品质的体现，是从业者的一种职业价值取向和行为表现。“工匠精神”是社会文明进步的重要尺度、是中国制造前行的精神源泉、是企业竞争发展的品牌资本、是员工个人成长的道德指引。

（二）“工匠精神”的内涵

1. 敬业精神

敬业精神包括爱岗敬业、无私奉献、尊师重道等精神，是从业人员对工作始终保持认真、负责、热爱的态度和精神理念。“工匠精神”是各行各业的人在各自工作岗位上应有的价值追求与精神品质，而不是只有工人或蓝领才需具备的精神。因此，“工匠精神”是一种全民族的精神，它存在于每一个人的身上、心中。

2. 创造、创新精神

创造、创新精神具体表现为用心钻研、脚踏实地、勇于创新、持续专注、注重细节。“工匠精神”所倡导的执着、专注，并不是简单的机械重复或因循守旧、一成不变，而是强调在原有技术路线上精益求精，在传统技艺基础上不断钻研、革新，在一点一滴的积累中实现技术和工艺的创新。

3. 品质精神

品质精神包括精益求精、追求极致、孜孜不倦、永无止境的精神，是努力把品质提升到至善至美的精神。“工匠精神”的目标就是要打造本行业的精品。将产品每个细节做到极致，注重工艺的精致化，对产品卓越品质的坚持和追求正是“工匠精神”的重要体现。

4. 服务奉献精神

服务奉献精神包括用户至上、不怕辛苦、淡泊名利、耐得住寂寞的精神。把本职工作当成一项事业来热爱和完成，从点点滴滴中寻找乐趣；努力做好每一件事、认真善待每一个人，爱岗敬业，用无私奉献编织出事业的美丽“蓝图”。

（三）企业对从业者“工匠精神”的要求

“工匠精神”对高职生就业和职业生涯发展至关重要。企业对从业者有何要求呢？首先，用人单位需要从业者吃苦耐劳、坚持不懈。其次，用人单位需要从业者认真负责、爱岗敬业。最后，用人单位需要从业者勇于创新、精益求精。一位优秀的从业者不仅在于能刻苦坚持、爱岗敬业，也应该具有钻研和学习精神。作为高职教育培养的应用型技能人才，更应该具有这种敢于创新、精益求精的精神，只有具备这种精神才能走得更远。

知识链接

大国工匠

在喧嚣中，他们固执地坚守着内心的宁静，凭借一颗耐得住寂寞的匠心，创新传统技艺，传承“工匠精神”。

中国航天科技集团有限公司第一研究院首都航天机械有限公司特种熔融焊接工、高级技师高凤林，他突破精度极限，将“龙的轨迹”划入太空；破解20载难题，让中国繁星映亮苍穹。焊花闪烁，岁月寒暑，为火箭铸“心”、为民族筑“梦”。

中车长春轨道客车股份有限公司电焊工李万君，他先后参与了我国几十种城铁车、动车组转向架的首件试制焊接工作，总结并制定了30多种转向架焊接规范及操作方法，技术攻关150多项，其中27项获得国家专利。他的“拽枪式右焊法”等30余项转向架焊接操作方法，累计为企业节约资金和创造价值8000余万元。

中国航天科技集团第四研究院7416厂火药雕刻师、整形师徐立平，他于1987年从技工学校毕业，19岁的他选择了母亲工作过的车间。火药雕刻师的工作堪称“钢丝上的舞蹈”，30多年来，徐立平因其精湛的技艺、敬业的态度和奉献精神被赞誉为“雕刻火药的大国工匠”，曾获得中华技能大奖、全国五一劳动奖章及中央宣传部授予的“时代楷模”荣誉称号。

活动与训练

写作“同心圆”

一、训练目标

培养团队写作能力，促进团队成员之间的沟通与协作，提升集体创作效率和质量。

二、程序与规则

1. 分组：4～6人一组。

2. 时间：约20分钟。

3. 详细步骤：

（1）选定一个主题，如“环保的未来”“科技进步的影响”等。

（2）团队成员首先进行5分钟的头脑风暴，每人至少提出两个与主题相关的观点或论点。

（3）团队成员共同讨论，从提出的所有观点中选出3～4个最具有代表性和可行性的观点，形成文章的大纲。

（4）根据大纲，每个成员负责撰写一个段落或小节，确保内容连贯、逻辑清晰。

（5）完成后，团队成员轮流朗读自己写的部分，其他成员提出修改建议。

（6）最后10分钟，团队成员共同修改和完善文章，形成一个完整的作品。

三、道具和场地要求

1. 道具要求：纸笔、白板或黑板（用于展示大纲）。

2. 场地要求：室内，有足够空间供团队成员讨论和写作。

四、评估反馈

在活动结束后，可以进行一次简短的分享会，让每组成员分享自己的写作经验和心得，以便大家相互学习和借鉴。同时，也可对优秀作品进行表彰和奖励，以激发成员的积极性和创造力。

携手同行（团队协作型）

一、训练目标

通过合作与协调，培养团队成员之间的信任、沟通能力和团队协作精神。

二、程序与规则

1. 分组：每组4～6人。

2. 时间：约20分钟。

3. 详细步骤：

（1）每组选出一名“领头人”，其他成员闭上双眼，手拉手站成一排。

（2）“领头人”负责引导整个团队通过一系列障碍（如绳子、软垫等，可以根据实际情况设置）。

（3）团队成员需要依靠听觉和触觉及“领头人”的指令，共同前进。

（4）在前进过程中，任何成员不得睁眼或松开手。

（5）如果某个成员违反规则，整个团队需要回到起点重新开始。

（6）难度递增：随着游戏的进行，可以增加障碍物的数量和难度，如设置更窄的通道、更高的台阶等。也可以尝试在移动过程中增加一些变化，如让“领头人”不时地变换前进方向或速度。

（7）当整个团队成功通过所有障碍物，到达终点时，即完成任务。

（8）记录每个团队完成任务所用的时间，用时最短者获胜。

三、场地要求

1. 需要一块空旷的场地，可以设置一些简单的障碍物，如绳子、软垫、台阶等。

2. 应保证场地安全，避免在有尖锐物或易滑倒的地面上进行。

四、评估反馈

这个游戏能够很好地考验团队成员之间的信任、沟通能力和团队协作精神。在游戏过程中，团队成员需要相互依赖、相互支持，共同面对挑战和困难。

探索与思考

1. 在现代企业中，你认为哪些软技能（如领导力、沟通能力、创新能力等）对推动企业的持续成功至关重要？请给出理由。

2. 在一个多元化的团队中，如何确保每个成员的观点都能被充分听取和尊重，同时又能有效地整合各种观点以实现团队目标？请提出具体策略。

模块六　就业渠道与创业选择

模块导读

国家对就业问题的日益重视，2019 年政府工作报告明确提出就业优先政策，为职业院校毕业生铺设了更加宽广的就业创业道路。在当今快速变化的社会，就业和创业成为年轻人最关心的两大话题。无论是选择进入职场，还是勇敢迈出创业的步伐，都需要深入了解各种就业渠道和创业选择，以做出最适合自己的决策。本模块将带领学生走进这一领域，探索其中的奥秘。

本模块聚焦我国大学生就业政策与公共就业服务，深入分析大学生毕业后的多元选择与就业渠道，旨在帮助毕业生更新就业观念，有效捕捉就业信息。同时，本模块也将深入探讨创业选择与相关政策，鼓励毕业生将创业视为职业发展的新路径，为未来的成长奠定坚实基础。“大众创业、万众创新”不仅是推动社会经济发展的新动力，更是拓宽就业渠道、实现个人价值的重要途径。因此，毕业生要积极“拥抱”创业，将创业视为职业发展的新路径，在创新和创业的道路上不断探索，为自己的未来和国家的繁荣努力奋斗。

能力标准

分类	具体内容
知识	1. 了解国家和地方针对毕业生就业和创业的相关政策； 2. 学习就业服务体系的运作机制； 3. 了解我国创新创业相关政策
技能	1. 能够根据自身条件和市场需求，制订个性化的职业规划和创业计划； 2. 锻炼信息收集和分析能力，能够高效筛选和利用求职资源； 3. 培养创新思维和创业精神，能够识别市场机会并把握商机； 4. 学会进行自我评价和职业规划，明确个人职业目标和发展路径
态度	1. 树立正确的就业观和创业观，保持乐观向上的心态； 2. 树立对职业和工作的责任感和敬业精神，认真对待每一个工作机会和挑战； 3. 培养良好的团队合作精神和沟通能力，与团队成员共同解决问题

学习导航

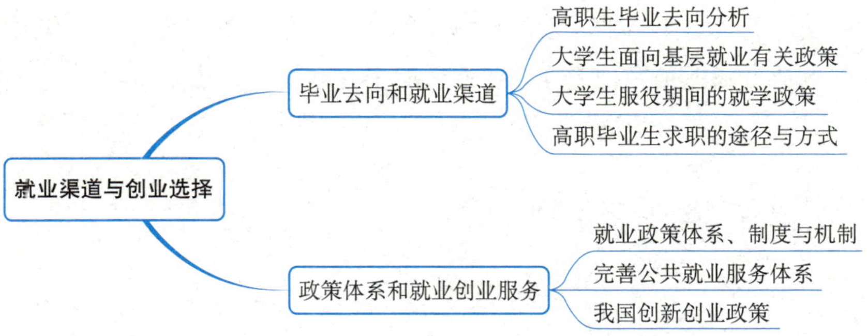

6.1　毕业去向和就业渠道

导入案例

就业与创业的抉择之路

赵磊是某职业院校计算机科学专业 2023 届的毕业生。在读书期间，他通过自学和参加项目积累了丰富的编程经验，并对人工智能领域产生了浓厚的兴趣。临近毕业，赵磊面临着就业和创业的双重选择。

就业方面，赵磊凭借扎实的专业知识和项目经验，获得了多家知名互联网公司的面试机会，拿到了心仪的录用通知书。这些录用通知书提供的岗位与他的专业紧密相关，且薪资待遇优厚，发展前景广阔。

与此同时，赵磊也看到了人工智能领域的创业机遇。他与几位志同道合的同学共同探讨了多个创业项目，发现其中一个关于智能家居控制的创业想法具有很高的市场潜力和社会价值。

在就业和创业的抉择中，赵磊陷入了深思。他深知就业可以为他提供稳定的收入和良好的职业前景，创业则能够让他实践自己的理念，实现个人价值的最大化。

经过深思熟虑和与团队成员充分讨论，赵磊最终决定选择创业。他辞去了已经拿到的录用通知书，与团队成员一起投入创业项目中。他们积极寻找投资人、招聘团队成员、研发产品原型、推广市场……经过数月的努力，他们的智能家居控制产品成功上市，并获得了市场的广泛认可。

分析：对于毕业生而言，就业和创业是两种不同的职业发展路径。就业可以为他们提供稳定的收入和职业前景，创业则能够让他们将自己的想法付诸实践，实现个人价值和社会价值的最大化。在做出选择时，毕业生应该充分考虑自己的兴趣、能力、市场需求等因素，并勇于追求自己的梦想。

我国目前实行的“自主择业、双向选择”的就业体制，使高职毕业生有更多的选择机会，毕业生的就业方式更是多种多样，毕业后的去向亦呈多元化局面。

一、高职生毕业去向分析

（一）继续求学深造

为提升学历水平，增强就业竞争力，一部分毕业生选择继续升学深造，以谋求更好的发展。从就业角度分析，升学深造可以延缓就业压力，获得层次更高、更稳定的工作。

但升学后会有新的同等学力的竞争者，就业压力仍在，而且更加激烈。高职生毕业后如果选择继续求学，应该首先做好自我评估，如果对某个专业无限热爱，且具备相应的能力，可以考虑继续升学深造。

（二）报考国家公务员

我国每年都要从大学毕业生中选拔一定数量的优秀毕业生充实公务员队伍。公务员选拔一般通过国家公务员考试方式完成。公务员考试为分阶段考试，时间相对固定，笔试时间一般为每年 11 月的第四个星期日。

（三）选择到企、事业单位工作

1. 选择到国有企业工作

国有企业在所有制形式上属于国家所有或国家控股，是依法自主经营、自负盈亏、独立核算的商品生产和经营单位。国有企业单位历来是高职毕业生就业的主渠道。

2. 选择到国有事业单位工作

国有事业单位是指不以为国家积累资金为直接目的，而是为党政机关和国民经济、社会生活各个领域服务，为国家创造和改进生产，增进社会福利，满足人民文化、教育、科学、卫生等方面需要的社会组织。

市场经济体制下的“双向选择、自主择业”就业制度，为企事业单位和毕业生双方带来了机遇，提供了广阔的选择空间。

3. 尝试到民营企业就业

民营企业是指在所有制关系上属于劳动者个体所有或采取资本联合经营的非公有制经

济形式。一般来说，民营企业人才相对缺乏，对于毕业生而言，会有更好的发展机会。

4. 选择到外资企业工作

外资企业主要包括中外合资经营企业、中外合作经营企业和外商独资经营企业。这些企业的用工体制均为劳动合同制，员工和企业之间属于雇佣劳动关系。外资企业一般资金雄厚、技术先进、管理科学、待遇优厚，而且企业享受一定的国家优惠政策。

（四）自主创业或自由职业

1. 选择自主创业

“大众创业、万众创新”成为国家战略，为大学生自主创业、施展才华提供了良好机遇。自主创业不仅解决了自己的就业问题，还为他人带来了就业机会。目前，自主创业已经成为一种新的就业形式，成为毕业生就业去向众多选项之一。

2. 做自由职业者

自由职业者（也称“自雇人士”）是指某些脑力劳动提供者，主要是指从艺人员，如自由撰稿人、美术人、音乐人、会计、策划人等，他们是不属于任何组织机构、不向任何雇主长期承诺从事某种职业的人。

知识链接

高职生毕业后还有哪些去向选择

1. 参军入伍。为加快军队现代化建设，部队加大了接收地方大学生的工作力度，接收地方院校本（专）科、理工类及其他类别的毕业生（及在校大学生）。在校本专科学生报名参军，可享受保留学籍、服务期限届满回到大学继续学习的政策。

2. 选择出国留学或工作。出国留学可以学到国外科学技术和管理经验，出国工作可以获得不同的工作体验。

3. 继续深造“专升本”。对于希望继续深化专业知识、提升学历的高职生，可以选择参加“专升本”入学考试，继续攻读本科，取得学士学位。

二、大学生面向基层就业有关政策

（一）大学生志愿服务西部计划

大学生志愿服务西部计划，是共青团中央、教育部根据国务院常务会议、《国务院办公厅关于做好2003年普通高等学校毕业生就业工作的通知》(国办发〔2003〕49号)和2003年全国高校毕业生就业工作电视电话会议精神拟定的，共同实施大学生志愿服务西部计划，旨在鼓励青年知识分子到实践中去、到基层和艰苦地区去，经受磨炼，健康成长。

(二)“三支一扶”计划

“三支一扶”是指支教、支农、支医和扶贫。人事部2006年颁布的《关于组织开展高校毕业生到农村基层从事支教、支农、支医和扶贫工作的通知》要求，从2006年起连续每年招募2万名左右的高校毕业生，从事“三支一扶”工作。实施“三支一扶”计划，就是要引导和鼓励高校毕业生到西部去、到基层去、到祖国最需要的地方去，为促进农村基层教育、农业、卫生、扶贫等社会事业的发展、建设社会主义新农村和构建社会主义和谐社会作贡献。

(三)农村教师“特岗计划”

农村教师“特岗计划”是中央实施的一项对西部地区农村义务教育的特殊政策，通过公开招聘高校毕业生到西部地区“两基”攻坚县及县以下农村义务教育阶段学校任教，引导和鼓励高校毕业生从事农村义务教育工作，创新农村学校教师的补充机制，逐步解决农村学校师资总量不足和结构不合理等问题，促进农村教师队伍的整体素质提升和城乡教育均衡。“特岗计划”一般聘期为3年，为吸引更多优秀高校毕业生到农村学校任教，国家出台了“特岗计划”的相关保障政策。

(四)大学生“村官”

大学生“村官”是国家开展的选派项目，岗位性质为“村级组织特设岗位”，非公务员，其工作、生活补助、保障待遇和应缴纳的相关费用，由中央和地方财政共同承担。

大学生“村官”选聘工作由省（区、市）组织人事部门定期、统一组织实施，或者由省、市两级组织人事部门共同组织实施。由县（区、市）组织、人力资源和社会保障部门与大学生“村官”签订聘用合同，聘期为2～3年。

案例6-1

女“村官”王晓慧：创新引领乡村振兴新篇章

王晓慧，2023年毕业于国内某知名农业大学的农业经济管理专业，毕业后她选择回到家乡——位于山区深处的春华村，担任大学生“村官”，并担任“乡村振兴工作组”的负责人。她深知，乡村振兴不仅是经济发展的问题，更是关乎村民生活质量提升、文化传承与保护的重要任务。

王晓慧上任后，首先进行了深入的走访调研，与村民进行面对面的交流，了解他们的实际需求与期望。她发现，春华村拥有丰富的自然资源和独特的文化底蕴，由于地理位置偏远、交通不便，这些优势并未得到充分发挥。

针对这些问题，王晓慧制订了一系列创新性的乡村振兴计划。她积极争取政府支持，改善了春华村的交通基础设施，为村民们出行和农产品运输提供了便利。同时，她利用自己的专业知识，引导村民们发展特色农业，通过引进新品种、新技术，提高农产品的附加值和竞争力。

此外，王晓慧还注重乡村旅游的发展。她组织村民参与乡村旅游的规划与建设，利用春华村的自然风光和民俗文化，打造了一系列具有地方特色的旅游项目。通过举办“乡村旅游文化节”、农家乐体验等活动，吸引大量游客前来观光旅游，为村民们带来了可观的收入。

王晓慧还积极推动春华村的文化传承与保护工作。她组织村民开展传统文化的学习和传承活动，如民间手工艺制作、传统歌舞表演等，让村民们更加深入地了解自己的文化根源。同时，她还积极争取外部资源，为春华村的文化遗产保护和传承提供支持。

在王晓慧的带领下，春华村的经济得到了快速发展，村民们的生活质量也得到了显著提升。村民们纷纷表示，王晓慧的到来给他们带来了希望与信心，让他们看到了乡村振兴的美好前景。王晓慧用自己的实际行动和智慧开启了春华村乡村振兴的新篇章。

分析：王晓慧作为大学生“村官”的典型代表，她的经历充分展示了大学生“村官”在乡村振兴中的积极作用。她的创新精神和务实作风为其他大学生“村官”树立了榜样。随着乡村振兴战略的深入实施，我们相信越来越多的大学生“村官”将加入这个行列中来，为农村地区的繁荣和发展贡献自己的力量。

三、大学生服役期间的就学政策

（一）保留入学资格或学籍

1. 入伍高校新生可以申请保留入学资格

退役后两年内，可以在退役当年或者第 2 年高校新生入学期间，持《保留入学资格通知书》和高校录取通知书，到录取高校办理入学手续。

2. 入伍在校学生可以申请保留学籍

现役军人入伍前已被普通高等学校录取或者是正在普通高等学校就学的学生，服役期间保留入学资格或者学籍，退出现役后两年内允许入学或者复学。

（二）享受学费补偿和国家助学贷款代偿

应征入伍服义务兵役前正在高等学校就读的学生（含按国家招生规定录取的高等学校新生及被高等学校录取，但没有办理入学登记及报到手续，而直接入伍的新生），服役期间按国家有关规定保留学籍，退役后自愿复学的，国家实行学费减免，具体说明如下。

1. 应届毕业生享受学费补偿和助学贷款代偿

国家对应征入伍服义务兵役的高等学校毕业生在校期间缴纳的学费实行补偿。在校期间获得国家助学贷款的，学费补偿款必须首先用于偿还助学贷款本金及其全部偿还之前产生的利息。国家对每名高校毕业生每学年补偿学费或代偿国家助学贷款本息的金额，最高不超过 6000 元。

2. 在校大学生享受学费补偿和助学贷款代偿

国家对应征入伍服义务兵役的高等学校在校生在校期间缴纳的学费实行补偿，退役后复学的原高校在校生实行学费资助。国家对每名高校在校生应征入伍前在校期间每学年学费补偿或国家助学贷款代偿的金额，按实际缴纳的学费或获得的国家助学贷款金额计算，每人每年最高不超过 6000 元。

（三）大学生士兵退役后享受升学优惠政策

（1）高职（专科）学生入伍经历可作为毕业实习经历。

（2）退役大学生士兵入学或复学后免修军事技能训练，直接获得学分。

（3）普通高校应届毕业生应征入伍服义务兵役，退役后三年内参加全国硕士研究生招生考试的，初试总分加 10 分，立二等功及以上的免试（指初试）攻读硕士研究生。

（4）具有高职（高专）学历的，退役后免试入读成人本科，或经过一定考核入读普通本科；荣获三等功以上奖励的，在完成高职（专科）学业后，免试入读普通本科。

（5）应征入伍的高校毕业生退役后报考政法干警招录培养体制改革试点招生时，教育考试笔试成绩总分加 10 分。

（四）大学生士兵退役后享受就业安置优惠政策

（1）高校应届毕业生入伍服义务兵役退出现役后一年内，可视同当年的高校应届毕业生，凭用人单位录（聘）用手续，向原就读高校再次申请办理就业报到手续，户口、档案随迁（直辖市按照有关规定执行）。

（2）退役 1 年内的自主就业退役士兵可按规定免费参加教育培训。

（3）对退役士兵从事个体经营的，3 年内限额减免营业税、城市维护建设税、教育费附加和个人所得税，限额标准为每户每年 8000 元，最高上浮 20%。

（4）在招录公务员、参照公务员法管理机关（单位）工作人员，招聘事业单位工作人员时，要确保同等条件下优先录用（聘用）符合政府安排工作条件的退役士兵。

（5）国有、国有控股和国有资本占主导地位企业在新招录职工时应拿出 5% 的工作岗位，在符合政府安排工作条件的退役士兵之间公开竞争，用人单位择优招录。

（6）按照国家规定发给退役金，由安置地的县级以上地方人民政府接收，根据当地的实际情况，可以发给经济补助，安置地的县级以上地方人民政府应当组织其免费参加职业教育、技能培训，经考试考核合格的，发给相应的学历证书、职业资格证书并推荐就业。

（7）参加户籍所在地省级毕业生就业指导机构、原毕业高校就业招聘会，享受重点推荐、就业指导等就业服务。

（8）乡镇补充干部、基层专职武装干部配备时，应注重从退役大学生士兵中招录；对返乡务农的退役大学生士兵，鼓励通过法定程序积极参与村居“两委”班子的选举。

四、高职毕业生求职的途径与方式

（一）校园招聘

参加校园招聘是高职毕业生就业的主要途径，校园招聘一般包括在学校举办企业专场招聘会和大型综合招聘会两种形式。教育部规定每年 11 月 20 日以后，用人单位可以到高校招聘应届毕业生。

1. 企业专场招聘会

即某企业面向某一高校，在该校单独举行的招聘活动。

已经与用人单位签订三方协议的学生，没有特殊原因原则上不得再参加其他单位的招聘活动。

2. 校园大型招聘会

校园大型招聘会是学校同时邀请许多企业在校园举行的集中招聘活动。大型招聘会的特点是参加招聘的企业数量多，毕业生可选择的空间大，但有时会出现一名学生被几家用人单位同时选中的情况。

（二）就业市场与社会招聘会

所谓就业市场是在市场经济条件下，人力资源按市场运行规律进行配置的场所，是专门为高校毕业生求职择业和用人单位挑选毕业生提供服务的场所。就业市场包括有形市场和无形市场。其中，有形市场是指有固定的场所、具体的时间和地点、特定的参与对象的形式；无形市场则是不受时空限制，可以按照自己的择业意向来挑选工作单位的形式。

由政府组织或人事、劳动部门组织的，用人单位和求职者双方直接交流洽谈的社会招聘会多数是利用有形市场完成的。这种社会招聘会为供需双方提供了当面洽谈的机会，可以保障双向交流顺利，反馈及时，提高了招聘工作效率，增加了就业成功率。

社会招聘会与校园招聘会过程相近，略有不同，即除了用人单位的组织方式不同，被录用的学生还可参加其他单位的招聘。

无形市场的主要表现形式是网络市场和新媒体市场（如微信平台），如各级教育主管部门建立的“高校毕业生就业信息网”“毕业生就业网”“人才招聘网”“求职网”等。毕业生要学会将这种无形市场作为获得就业信息的重要渠道，达到更快、更准确获得信息的目的。同时，还要学会抓住和利用一切机会，达到与用人单位成功接洽的目的。

（三）网上求职

利用网络平台招聘、求职，已成为用人单位和求职者都愿意接受的一种方式。网络求职有其独特的优势，省钱、省时、省事，因此网络求职正朝着求职方式的主流方向发展。另外，有些用人单位在举行校园招聘会之前，也会要求应聘者先在网上报名。

网络求职的方式方法与基本步骤：

（1）查询、检索就业信息。

（2）网上投递简历。

（3）直接向用人单位发送 E-mail 求职。

（4）建立个人主页。

（四）其他途径和方式

1. 利用社会关系求职

利用各种社会关系搜集就业信息，进行求职。毕业生在求职准备阶段，可以通过自己的家人、亲戚朋友、同学校友等各种社会关系来获得就业信息，总之，使自己获得更多可靠信息，一方面可以避免上当受骗，另一方面可以帮助自己进行决策。

2. 自荐求职

职业指导专家认为，求职中的主动性表现在两个方面：一是主动为自己寻找机会，主动登门拜访推销自己；二是在面试后主动做适当的跟踪。

3. 通过中介机构求职

通过中介机构求职的一般程序：到就业中介机构专设的委托招聘部门去办理就业代理登记，投放简历，委托推荐。但目前的人才中介机构良莠不齐，所以选择代理求职的中介机构时，一定要警惕“伪中介”和“黑中介”，谨防上当受骗。

知识链接

求职虽难，警惕之心不可丢

宁波海曙公安分局以近日抓获的骗子为“教材”，历数最具欺骗性的求职骗局，提醒求职者引以为戒。他们列举了求职者最易碰到的几类骗局：中介骗局，黑中介往往利用网络发布有诱惑力的招聘信息，骗取中介费；试用骗局，骗子利用协议“试用期”

条款，在试用期间少付工资，或到期后蓄意辞退；其他还有承诺骗局、电话骗局等。民警告诚求职者，尤其是大学毕业生，求职虽难，但警惕之心不可丢。

活动与训练

就业与创业准备：综合能力提升挑战

一、训练目标

1. 增强学生对就业市场和创业环境的了解与认识。

2. 提升学生的职业规划、市场分析、团队协作和问题解决能力。

3. 培养学生的创新创业精神和应对挑战的能力。

二、程序与规则

1. 分组与组队：学生自由组成 5 人一个小组，并选举 1 名组长。

2. 市场调研：

（1）小组选择一个感兴趣的行业或领域进行市场调研，了解行业现状、发展趋势、竞争态势等。

（2）收集并分析相关的行业报告、市场数据、用户反馈等信息。

3. 职业规划与创业策划：

（1）每位学生根据市场调研结果，制定个人的职业发展规划或创业策划方案。

（2）方案应包括目标定位、市场分析、商业模式、风险评估等内容。

4. 团队协作与讨论：

（1）小组内对每位学生的职业规划或创业策划方案进行讨论和评估。

（2）提出改进建议，并帮助完善方案。

5. 模拟面试与路演：

（1）小组内模拟就业面试场景，每位学生轮流扮演求职者和面试官，进行模拟面试。

（2）小组组织创业路演活动，邀请导师或行业专家担任评委，对创业策划方案进行点评和指导。

6. 总结与反思：

（1）活动结束后，小组内对本次活动进行总结和反思，提炼经验教训和收获。

（2）小组成员分享各自在职业规划、市场调研、团队协作等方面的成长和感悟。

三、反馈与评价

1. 过程反馈：

（1）导师或指导教师在活动过程中定期检查小组进度，给予指导和建议。

（2）鼓励学生之间多交流、多分享，共同学习和成长。

2. 成果评价：

（1）从方案的完整性、创新性、可行性等方面对学生的职业发展规划或创业策划方案进行评分。

（2）评估学生在模拟面试和路演中的表现，包括表达能力、思维逻辑能力、应变能力等。

3. 自我反思与总结：

（1）在活动结束后进行自我反思和总结，分析自己在活动中的优点和不足。

（2）思考如何将所学知识和技能应用到未来的就业或创业实践中。

探索与思考

1. 对于职业院校毕业生而言，走出校门后通常会面临多种职业道路选择，如直接就业、继续求学深造、创业等。应该如何做出正确的选择和判断呢？

2. 在当前竞争激烈的就业市场中，职业院校毕业生需要做哪些方面的准备来提高自己的就业竞争力呢？

6.2　政策体系和就业创业服务

导入案例

灵活就业与远程工作

随着科技的进步和互联网的普及，高校毕业生在就业选择上也呈现出更加灵活和多元化的趋势。其中一个显著的例子是灵活就业和远程工作的兴起。

李明是某高校计算机科学专业的毕业生，他并没有选择传统的全职工作，而是选择成为一名自由职业者，专注于为不同企业提供软件开发和咨询服务。通过在线平台，他能够连接全球的潜在客户，并根据自己的时间和能力来安排工作。这种灵活的工作方式让他能够保持工作与生活的平衡，同时也能够不断提升自己的技能和知识。

远程工作也逐渐被越来越多的高校毕业生所接受。王芳是一名市场营销专业的毕业生，她加入了一家跨国公司的远程团队，负责社交媒体营销工作。虽然她身处家中，但通过互联网和协作工具，她能够与全球各地的同事保持紧密的联系和合作。这种远程工作的方式不仅让她免去了通勤的烦恼，还让她有更多的时间专注于自己的家庭生活。

这种灵活就业和远程工作的趋势反映了高校毕业生在就业观念上的变化。他们更加注重工作的灵活性和自主性，追求工作与生活的平衡，同时也更加注重个人成长和自我实现。这种变化也为企业提供了更多的人才选择，促进了人力资源的合理配置。

分析：灵活就业和远程工作的兴起是当代高校毕业生就业新动态的一个缩影。这种变化不仅体现了科技进步对就业市场的影响，也反映了高校毕业生对工作和生活的不同追求。同时，这也为高校和企业提供了更多的思考和启示：需要更加注重培养适应未来就业市场的人才，提供更加灵活和多样化的就业服务。

鉴于我国目前的经济发展状况、劳动力现状和就业形势，为了稳定和促进就业工作，我国的就业政策框架是在借鉴其他国家经验、总结地方成功做法的基础上形成的，并通过《中华人民共和国就业促进法》的制定和颁布，将促进就业的政策体系、制度机制纳入法治轨道。中共中央政治局2024年5月就促进高质量充分就业进行第十四次集体学习，中共中央总书记习近平在主持学习时强调，促进高质量充分就业，是新时代新征程就业工作的新定位、新使命。

一、就业政策体系、制度与机制

（一）我国现行的积极就业政策

1. 促进就业的积极政策

就业政策是指政府和社会群体为了解决现实社会中劳动者就业问题，而制定和推行的一系列方案及采取的措施，是解决失业人员和新生劳动力就业问题的政策手段，也是政府履行责任行为的具体体现。我国在 2007 年颁布的《中华人民共和国就业促进法》将经过实践检验，行之有效的积极就业政策上升到法律层面，这些政策主要包括以下几个方面：有利于促进就业的经济发展政策、财政保证政策、税收优惠政策、金融支持政策、城乡统筹政策、区域统筹政策、群体统筹的就业政策、支持灵活就业政策、援助困难群体就业的政策、失业保险促进就业的政策等。

目前，我国政府推行的积极就业政策，旨在稳定和促进就业工作，维护失业人员和新生劳动力群体的切身利益，解决需要就业群体的实际问题，在稳增长保就业的同时，实现高校毕业生等就业群体更高质量和更充分的就业。

知识链接

扶持就业政策举措

（1）统筹协调产业政策与就业政策。

（2）扶持中小企业，多渠道、多方式增加就业岗位；引导非公有制经济发展，扩大就业，增加就业岗位。

（3）发展国内外贸易和国际经济合作，拓宽就业渠道。

（4）发挥投资和重大建设项目带动就业的作用，增加就业岗位。

（5）国家实行有利于促进就业的财政政策，加大资金投入，改善就业环境，扩大就业。

（6）在财政预算中安排就业专项资金用于促进就业工作。

（7）建立健全失业保险制度，依法保障失业人员的基本生活，并促进其就业。

（8）逐步完善和实施与非全日制用工等灵活就业相适应的劳动和社会保险政策，为灵活就业人员提供帮助和服务。

（9）加强对失业人员从事个体经营的指导，提供政策咨询、就业培训和开业指导等服务。

（10）增加中小企业的融资渠道；鼓励金融机构改进金融服务，加大对中小企业的信贷支持，并对自主创业人员在一定期限内给予小额信贷等扶持。

2. 优化促进就业政策体系与机制

党的十九届四中全会通过的《中共中央关于坚持和完善中国特色社会主义制度　推进国家治理体系和治理能力现代化若干重大问题的决定》，对“健全有利于更充分更高质量就业的促进机制”等做了专门部署，提出了明确要求。

实施就业优先政策就是其中重要的一项。就业优先政策的重点是把扩大就业作为经济发展的优先目标，在保持经济总量的持续稳定增长中不断实现更加充分的就业，在经济结构优化中，既推动就业规模扩大，又实现就业结构转型，实现经济增长与扩大就业良性循环。

2020 年 2 月，中共中央政治局常委会会议强调，“多措并举拓宽渠道”，做好高校毕业生等群体就业工作，确保就业大局稳定。2020 年 4 月召开的中央政治局会议再次强调，抓好重点行业、重点人群就业工作，把高校毕业生就业作为重中之重。

2024 年 5 月人力资源和社会保障部、教育部、财政部联合印发《关于做好高校毕业生等青年就业创业工作的通知》，提出 11 条稳就业政策举措，全力促进高校毕业生等青年就业创业。

政府从法律层面和政策角度加强和完善制度体系建设，以优化就业环境，健全就业机制，为进一步做好高校毕业生等就业群体的就业工作明确了方向。

（二）建立就业工作督查评估制度

1. 政府促进就业的工作职责

对任何国家来说，促进就业和治理失业都是政府的一项重要职责，同时也是重要的执政目标。在我国，促进就业和治理失业工作，不仅是各级地方政府勤政爱民、执政为民工作作风的具体体现，更是法律意义上必须承担责任的彰显。《中华人民共和国就业促进法》对政府在促进就业工作中要承担的重要职责作出了明确规定，主要包括：发展经济和调整产业结构，增加就业岗位；制定并实施积极的就业政策；规范人力资源市场；完善就业服务；加强职业教育和培训；提供就业援助。政府在促进就业工作中所发挥的重要作用，对就业工作的整体改进意义重大。

2. 就业工作的检测与评估机制

为进一步落实就业工作职责任务，国家正在积极建立和完善就业状况报告、公布、督促、检查和评估制度。全国各省、自治区、直辖市也在积极建立，并不断完善包括高校毕业生就业工作在内的监测体系。从落实就业政策、规范就业政策法规咨询；健全人力资源市场信息服务体系，完善市场信息发布制度；提供供求信息、市场工资指导价位信息和职业培训信息；健全公共就业服务体系，设立公共就业服务机构，为劳动者免费提供职业指导和职业介绍，对就业困难人员实施就业援助、办理就业登记、失业登记等事务服务，以及其他公共就业服务等各方面进行全面监测、督查，并科学、准确、快速地报告就业工作进展情况，及时公布就业率等相关数据，使就业工作公开、透明，让群众满意。

加强对就业工作的督促检查，并重点检测评估就业工作薄弱地区、薄弱环节，出现就业政策落实不到位、工作力度不到位等情况，发现问题限期整改。建立和完善检测与评估机制，有助于提升整体就业工作的质量和效果。

二、完善公共就业服务体系

公共就业服务体系是指以促进社会就业更加充分和优化社会人力资源配置为主要目的，由公共就业服务机构和基层公共就业服务平台等组成，面向全体劳动者提供基本免费就业服务的公共就业服务系统。

知识链接

公平就业

“公平就业”是我国宪法赋予公民的基本权利，表现为劳动者在就业过程中享有平等的就业权利，不因劳动者的性别、民族、种族、宗教信仰、户籍等因素受到不平等对待。这种平等性不仅体现在就业机会上，也体现在职业发展和薪酬待遇等方面。为了实现公平就业，政府应制定并执行相关政策法规，为企业和求职者创造一个公平的环境。同时，企业也应承担起公平就业的重要责任，遵守法律法规，保证招聘过程的公平性，消除性别和种族歧视，并重视员工的培训和职业发展，提供平等的晋升机会和薪资待遇。

（一）公共就业服务的法律法规制度

1. 公共就业服务体系的法制保障

《中华人民共和国宪法》和《中华人民共和国劳动法》对公民平等就业的权利都有明确规定。为维护公民的合法权益、保障就业，从20世纪90年代起，我国政府就在不断加大就业服务政策支持力度，中央和地方政府出台了一系列法规制度，以保障建立和完善公共就业服务体系。

《中华人民共和国劳动合同法》《中华人民共和国劳动争议调解仲裁法》《劳动保障监察条例》等法律法规的颁布实施，为完善劳动力市场、促进和稳定就业、提升劳动者就业能力、构建和谐劳动关系提供了基本制度保障。2007 年制定和颁布的《中华人民共和国就业促进法》对公共就业服务机构的设立、功能、经费保障等作了明确规定。

2. 公共就业服务体系工作举措

《中华人民共和国就业促进法》相关条款明确规定，公共就业和人才服务机构应当免费为劳动者提供就业政策法规咨询、信息发布、职业指导、职业介绍、就业援助、办理就业（失业）登记事务等基本服务项目。公共就业服务机构应依法维护劳动者的就业权利；对劳动者提供免费服务；对就业困难人员开展就业援助。服务对象范围遍及城乡全体劳动者。

近年来，根据就业工作需要，公共就业服务机构针对就业困难群体，陆续开展了就业援助月、“春风行动”等活动，帮助他们就业；针对高校毕业生组织了全国民营企业招聘周活动、高校毕业生就业服务月、高校毕业生就业服务周等就业服务专项活动，有效促进了大学生就业。

公共就业服务体系的建立保持了局势稳定和劳动关系的和谐，有力地促进了就业。

（二）公共就业服务和组织体系

目前，我国已初步形成中央、省、市、区县、街道（乡镇）、社区五级管理、六级服务的公共就业服务网络（如图 6-1 所示）。

我国公共就业服务强调“托底”功能，注重发挥各部门和社团组织在就业服务工作中的作用，注重提升服务质量和效率；强调社会共促就业；突出对就业困难群体的援助服务，大力推行“人本服务”。

公共就业服务体系的建立，在缓解我国就业压力、帮助失业人员再就业、维护劳动力市场秩序、树立市场服务标杆、促进人力资源合理流动和配置、维护劳动者权益等方面都发挥了重要作用。

（三）构建更加完善的毕业生就业工作服务体系

（1）高校毕业生就业指导和服务体系建设是教育教学改革的一项重要内容。针对高校毕业生的就业服务，主要内容包括做好信息收集工作（专项收集适合高校毕业生就业需求的信息），组织面向高校毕业生的供需见面会等。

（2）加快高校毕业生就业信息化进程。目前各大高校已基本实现就业服务信息网络化，并能够与国家、省、市网互联互通；加快毕业生就业服务网信息资源建设，争取尽快实现网上招聘和远程面试。

（3）充分发挥现有高校毕业生就业市场、人才市场和劳动力市场的作用。公共就业服务机构针对就业的确有困难、需要帮助的未就业高校毕业生，实施登记；对已进行登记的未就业高校毕业生，机构将提供免费就业指导、就业信息查询等服务；根据市场需求，定期举办短期职业技能培训等。

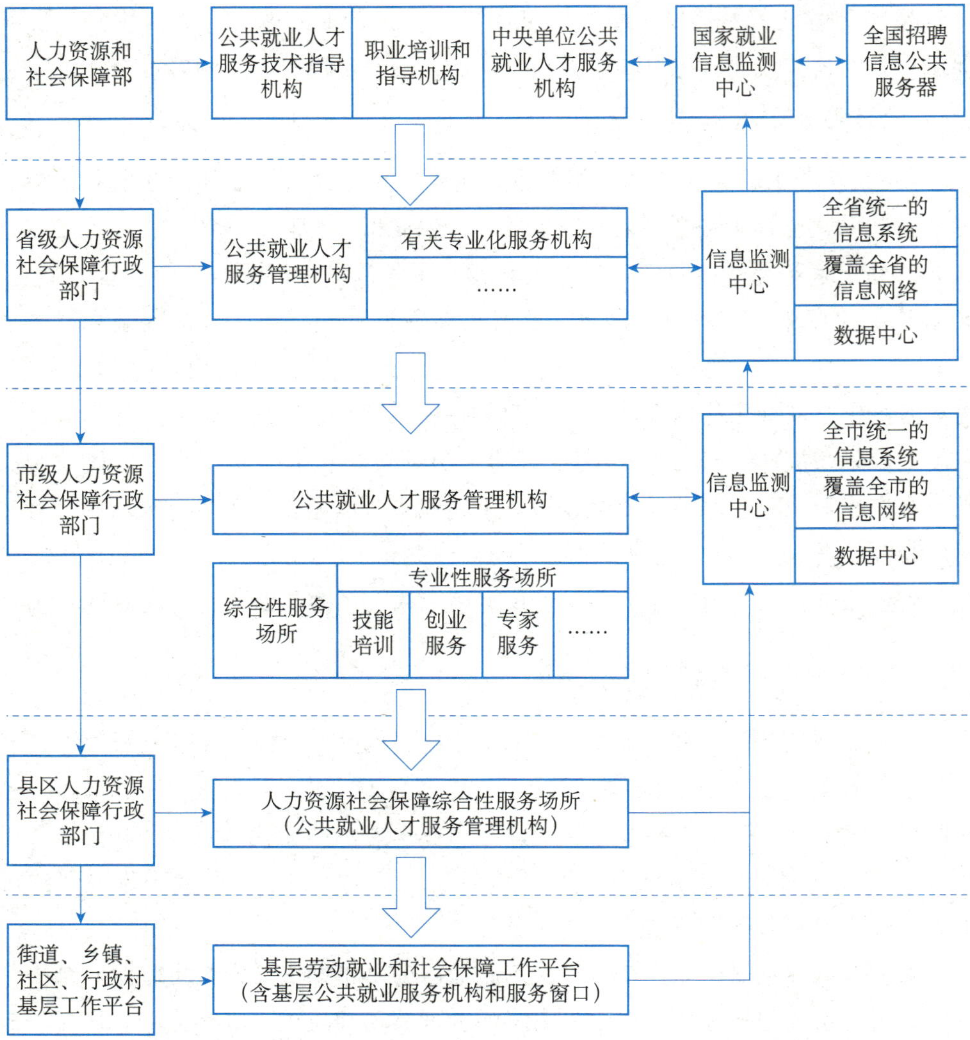

图 6-1　公共就业服务网络

知识链接

大学生就业创业的主要政策文件和服务平台

1. 教育部办公厅《关于进一步做好高校毕业生就业创业工作的通知》（教学厅〔2016〕5 号）

2. 中共中央办公厅国务院办公厅印发《关于进一步引导和鼓励高校毕业生到基层工作的意见》（中办发〔2016〕79 号）

3. 教育部《关于贯彻落实中央文件精神进一步引导和鼓励高校毕业生到基层工作的通知》（教学〔2017〕3 号）

4. 国务院《关于做好当前和今后一个时期促进就业工作的若干意见》(国发〔2018〕39号)

5. 国务院《关于进一步做好高校毕业生等青年就业创业工作的通知》(国办发〔2022〕13号)

6. 教育部《关于做好2024届全国普通高校毕业生就业创业工作的通知》(教就业〔2024〕4号)

7. 高校毕业生就业服务平台：http://www.job.mohrss.gov.cn/202008gx/index.jhtml

8.《关于做好高校毕业生等青年就业创业工作的通知》(人社部〔2024〕44号)

经典分享

某职业技术学院构建“全链条”就业创业工作长效机制

某职业技术学院针对“重技能轻就业、重数量轻质量、重教学轻服务”等问题，积极响应国家高等职业教育改革号召，全面加强就业创业工作，构建了由学院党委统一领导、党政协同推进、院系紧密配合的“全链条”就业创业工作长效机制。

一、实行院系两级联动，构建三级就业服务体系

该职业技术学院实行院系两级联动的就业工作机制，学院层面负责制定就业创业工作总体规划，与各系部签署就业工作目标责任书，明确任务，压实责任。系部层面则根据学院总体规划，结合专业特点和学生实际，制定具体的就业工作方案，并细化到每个班级，形成“学院—系部—班级”三级就业服务体系。

学院每年年初制定就业工作目标，并通过签订协议的方式，将任务层层分解到各系部。系部再根据学院目标，结合专业特点和学生实际，制定详细的就业工作方案，并落实到每个班级。通过定期召开就业工作推进会、就业数据分析会等，确保就业工作精准到人，动态把握工作进展。

二、创新就业服务模式，推进线上线下融合

该职业技术学院根据市场需求和学生特点，创新就业服务模式，推进线上线下融合。一方面，加强与企业、行业协会等合作，建立稳定的就业实习基地和就业推荐渠道，为学生提供更多的实践机会和就业选择。另一方面，利用现代信息技术手段，搭建线上就业服务平台，提供就业信息发布、职业规划指导、在线招聘等一站式服务，方便学生随时随地获取就业信息和服务。

同时，学院还注重培养学生的创业意识和创业能力，通过开设创业课程、举办创业大赛等方式，激发学生的创业热情和创新精神。学院还积极搭建创业孵化平台，为有意创业的学生提供场地、资金、技术等方面的支持。

三、强化就业工作考核，确保工作实效

该职业技术学院将就业工作纳入学院整体考核体系，制定详细的考核标准和奖惩措施。通过定期考核和日常督查相结合的方式，对院系就业工作进行全面评估。对于工作成效显著的院系和个人给予表彰和奖励；对于工作不力、进度滞后的院系和个人则进行约谈和问责。通过强化考核和奖惩机制，确保就业工作取得实效。

该职业技术学院通过构建“全链条”就业创业工作长效机制，形成了领导重视、部门协同、全员参与的良好局面。通过实行院系两级联动、构建三级就业服务体系、创新就业服务模式、强化就业工作考核等措施，有效提升了学生的就业创业能力和就业质量。这种模式的成功实践对其他高职院校构建更加完善的就业工作服务体系具有重要的借鉴意义。

三、我国创新创业政策

创新创业政策是创业需要的外部宏观环境之一。目前，我国已出台的创新创业政策包括中央和各地政府对创业者的优惠政策、创业者奖励补贴政策和创业孵化基地优惠政策三大类。本节主要分析创业优惠政策、地方奖励性补贴政策、创业孵化基地优惠政策。

（一）创业优惠政策

创业优惠政策包括融资政策和创业保障政策等方面。

1. 融资政策

（1）国家信贷与税收。近年来国家在信贷和税收方面出台了新的政策以支持大学生创业和进行其他经济活动。

在信贷方面，为了推动普惠金融的发展，特别是支持小微企业和涉农领域，国家金融监管机构采取了一系列措施。

在税收方面，2024年的税收政策继续保持稳定。个人所得税税率保持不变。同时，个人所得税专项附加扣除项目包括子女教育、继续教育、大病医疗、住房贷款利息、住房租金、赡养老人等。对于企业来说，小型微利企业和高新技术企业可以享受优惠税率，同时企业研发费用加计扣除比例也有所提高。

（2）优化资本市场。综合运用征信管理、账户管理、外汇管理等手段，支持具有良好发展前景的创业企业在证券交易所、全国中小企业股份转让系统、股权交易中心上市、挂牌。

（3）金融机构支持。国家鼓励银行业金融机构针对创业资金需求特点，积极创新信贷产品和服务模式，如发展小额贷款、债务融资、质押融资等新业务，解决大学生创业资金来源问题。

（4）多元化融资模式。国家鼓励互联网金融平台、产品和服务创新，引导互联网金融企业与创业创新资源无缝对接，实现集聚发展；鼓励互联网企业依法依规建设网贷平台，为投融资双方提供借贷信息交互、撮合、资信评估等服务；大力发展政府支持的融资担保机构，加大创业担保贷款支持力度；加强政府引导和银行担保合作，综合运用资本投入、代偿补偿等方式，促进融资担保机构和银行业金融机构为符合条件的创业者提供快捷、低成本的融资服务。

2. 创业保障政策

（1）建立健全机制，实现优化创业。包括：优化市场准入制度；改革商事制度；完善公平竞争市场环境；健全市场监管机制；加强知识产权保护。

（2）完善财税政策，加大创业扶持。主要有加大政府财政支持力度、落实普惠性税收政策和发挥政府采购支持作用等措施。

（3）拓宽创业渠道，以创业带动就业。支持依托电子商务创业就业；引导和鼓励集办公服务、投融资支持、创业辅导及渠道开拓于一体的市场化“网商”创业平台发展；完善基层创业支撑服务；完善跨区域创业转移接续制度；开展远程公益创业培训，为创业者提供见习、实习和实训服务等。

（4）国家信贷与税收稳固基础措施，推动创业发展。整合创业平台资源，鼓励各类科技园、孵化器、创业基地等与互联网融合创新，推动“互联网 +”创业创新活动，鼓励创客空间、创业咖啡、创新工场及线上虚拟众创空间发展；积极推广众包；完善立体化扶助措施；稳健发展众筹；推动众创平台持续健康发展。

（二）地方奖励性补贴政策

1. 加大创业资助力度

为了深度推进“大众创业、万众创新”，各地纷纷出台奖励性补贴政策，这些政策或提高补贴标准，或扩大奖励补贴范围，以便更多的参与者从中获益。

2. 鼓励创业企业吸纳就业

（1）降低企业招工费用。地方政府使用就业资助金，以奖励的方式对用人单位及人力资源服务诚信示范机构予以补贴，以降低企业的招工费用，鼓励用工需求量大的企业扩大招工，实现创业带动就业。

（2）支持中小微企业吸纳就业。为鼓励中小微企业吸纳就业，一些地区相继出台鼓励政策。例如，中小微企业招收应届高校毕业生，社保补贴期限从 1 年延长至 2 年；登记注册不满 3 年的中小微企业，按其吸纳就业人数给予带动就业补贴等。

（三）创业孵化基地优惠政策

2023 年财政部 、国家税务总局、科技部、教育部联合发出《关于继续实施科技企业孵化器、大学科技园和众创空间有关税收政策的公告》（财税〔2023〕第42号），该通知再一次明确了关于科技企业孵化器、大学科技园、众创空间的税收优惠政策，以鼓励创业创新。

经典分享

深入推进大众创业万众创新

国务院关于落实《政府工作报告》重点工作部门分工的意见中强调，要“深入推进大众创业万众创新”。要求国务院办公厅、国家发展改革委、人力资源和社会保障部、人民银行等部门，在年内持续推进发展创业投资和股权投资，增加创业担保贷款；深化新一轮全面创新改革试验；新建一批双创示范基地；坚持包容审慎监管，发展平台经济、共享经济，更大激发社会创造力等工作。

活动与训练

新技术与就业

一、训练目标

1. 分析和理解数字化、云计算、大数据等新技术对现代职场和就业趋势的影响。

2. 评估个人在新技术背景下的职业适应性，并规划个人职业发展路径。

二、程序与规则

1. 思考问题：

（1）数字化、云计算和大数据等技术在近年来得到了迅速发展，它们不仅改变了企业的运营方式，也深刻影响了职场环境和就业趋势。请概述这些新技术的主要特点和应用领域。

（2）研究显示，这些新技术对IT、金融、医疗等行业产生了显著影响，主要表现为一些传统岗位的变革和新岗位的涌现。请列举几个具体行业，并分析这些新技术是如何影响该行业的就业市场的。

（3）面对新技术带来的挑战和机遇，个人应如何调整自己的职业规划以提升就业竞争力？请提出你的建议。

2. 分组讨论（每组4～6人）：

（1）围绕新技术对就业市场的影响，讨论本组成员所在专业的就业前景。

（2）分析新技术将如何影响本专业的就业岗位，包括可能新增的岗位和可能被淘汰的岗位。

（3）讨论如何提升个人在新技术背景下的就业竞争力。

（4）小组派一名代表阐释本组观点，包括新技术对本专业就业市场的影响、个人职业规划建议等。

3. 课后拓展：

（1）收集资料，研究新技术在你感兴趣的其他行业或领域的应用，分析其对就业市场的影响。

（2）思考并规划自己在新技术背景下的职业发展路径，制定一个短期和长期的职业规划。

三、反馈与评价

1. 教师对小组活动进行点评，包括讨论参与度、观点表述清晰度、对新技术理解的准确性等。

2. 教师对小组代表的观点进行点评，总结新技术对就业市场的影响，并提供个人职业规划的建议。

探索与思考

1. 请从自身角度出发，分析一下我国就业创业政策对你有哪些积极影响。

2. 与小组成员共同分享当下还有哪些积极的就业创业政策。

模块七　就业准备与求职指导

模块导读

就业信息对于每一位谋求工作的毕业生来说都至关重要。毕业生就业一般要通过就业信息收集、整理、鉴别、筛选与运用，找到适合自己的意向岗位，有针对性地进行求职准备（包括简历制作、面试演练等），再经过简历投递、笔试、面试等几个阶段，最终获得就业岗位。

个人简历等求职材料是用人单位了解求职者的“窗口”。通过这个“窗口”，用人单位可以了解求职者的经历、能力、品行、特长，进而决定是否让求职者进入下一步的招聘环节。所以说，撰写有说服力和吸引力的书面材料，是赢得主动、踏向求职成功之路的第一步。求职者求职过程中，笔试成绩是毕业生个人能否脱颖而出的关键要素，而面试的成败决定着求职者能否参加复试、试用和签约录用。

本模块主要全面介绍就业信息的收集、处理，就业心理调适，求职材料准备，应对各类笔试考试、面试的内容及面试技巧有关内容。

能力标准

分类	具体内容
知识	1. 了解收集就业信息的渠道； 2. 了解就业过程中的心理误区； 3. 了解主要的求职材料类型； 4. 了解笔试与面试的相关知识
技能	1. 掌握有效地收集职业信息的方法； 2. 掌握心理调适的常见方法； 3. 掌握简历的撰写与优化方法； 4. 掌握笔试与面试技巧
态度	1. 充分认识到就业信息收集整理的重要性，为下一步求职择业做好准备工作； 2. 塑造积极的就业心态； 3. 树立正确的就业观念

学习导航

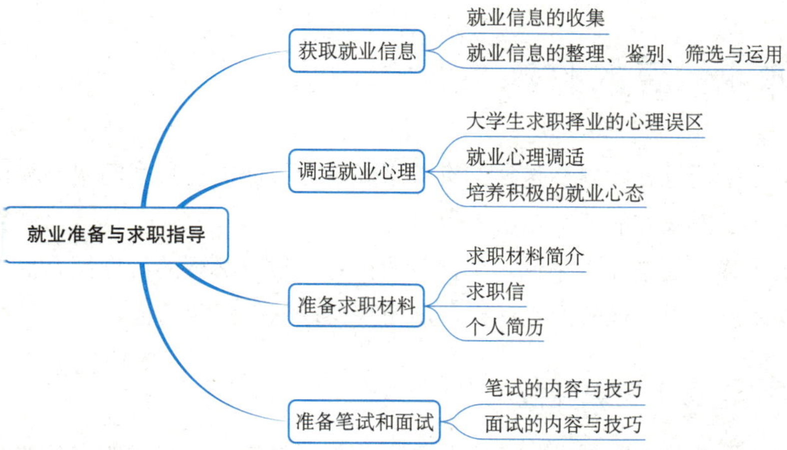

7.1　获取就业信息

导入案例

大学生常见的“求职陷阱”

近年来，高校毕业生在求职过程中遭遇招聘陷阱、求职诈骗、就业歧视的案例常见报端，其中比较常见的“求职陷阱”主要有以下几种：

1.“招而不聘”。一些企业在招聘会上借机做宣传或是走形式，以增加企业知名度。大学生在参加招聘会时需要多加注意，尽量选择有信誉的企业。

2.“变相收费”。一些不良企业以招聘为名收取培训费、服装费等费用。求职者应该坚定地拒绝任何收费行为，并警惕这种“变相收费”的公司。

3.“虚饰岗位”。一些企业将招聘信息模糊化处理，玩弄“文字游戏”，将职位名称虚高，实际工作却与描述不符。求职者需要仔细了解职位的具体工作内容，并咨询相关机构或专业人士的意见。

4.“偷换‘试用期’概念”。一些企业利用口头协议或延长试用期时间等方式，侵犯求职者的权益。求职者需要仔细阅读劳动合同，特别是试用期期限和考核方式等方面的细节，并在签订合同前咨询专业人士的意见。

分析：针对以上问题，建议大学生在求职前要做好充分准备，认真了解企业情况、招聘职位等信息，并选择正规渠道进行求职。同时，对于涉及合同签订等法律行为时，应该咨询专业人士的意见，以保护自己的合法权益。

一、就业信息的收集

就业信息是指通过各种媒介传递的有关求职就业方面的消息和情况，如就业形势和政策、就业机构和供需双方的情况及用人信息等。

对面临求职择业的毕业生来说，掌握就业信息是很有必要的，谁拥有更多、更有效的就业信息，谁就能赢得择业时的主动权，从而获得理想的就业岗位。

（一）就业信息及其重要性

就业信息在毕业生求职就业过程中起到十分重要的作用，是求职准备的基础，是通向用人单位的“桥梁”，是择业决策的重要依据，更是顺利就业的可靠保证。有效的就业信息可以帮助毕业生实现以下目标：

（1）牢牢把握就业的机遇。

（2）不断调整择业或创业的目标。

（3）及时调整个人需求与社会需求之间的关系。

（4）增强学习的目标性和主动性。

（二）就业信息的原则

1. 准确原则

收集的信息要准确、真实、可靠。在信息收集过程中要严格分析、筛选，去伪存真，排除虚假错误的信息。

2. 时效原则

花最少的时间以最快的速度进行收集。因为信息本身具有时效性，只有及时收集到的信息才是有效的。

3. 系统原则

对于就业程序、目标职业相关信息、欲报名的单位招聘信息等要全面、系统地进行了解，以便把握方向，达到预期目的。

4. 目的原则

在收集过程中要有方向性、针对性，不能漫无边际地进行。同时，注意获取不为人关注的信息，避开竞争，可以帮助学生在求职择业中占据优势地位。

（三）就业信息收集的渠道

就业信息对于每一位谋求工作的毕业生来说至关重要。择业决策的过程实质上就是一个与择业有关的信息收集、处理和转换的过程。毕业生可通过以下渠道收集就业信息。

1. 国家政府部门

国家政府部门及各地区推出的有关就业方面的法律法规、决议、决定、规划、举措等信息能帮助我们认清就业形势，把握就业时机，调整就业心态，理顺就业思路。

2. 各级就业主管部门和就业指导机构

教育部、人社部每年都要制定毕业生就业的有关方针、政策，各省、自治区、直辖市的主管部门也要相应地制定就业方面的法律法规、决议、决定、规划、举措等，各级就业指导机构也会组织开展信息交流和咨询服务，这些都是高校毕业生获取就业信息的重要渠道。

3. 高校的就业主管部门

学校的招生就业处、就业指导中心等是毕业生就业的重要主管部门，与各省市的毕业生就业主管部门以及有关用人单位保持着联系，能及时掌握国家有关就业政策规定，地方的有关政策，各地举办的“双选”会信息，有关用人单位的招聘信息等。高校就业主管部门提供的信息无论是从质量上还是数量上都具有明显的优势。此外，高校有专业的就业指导教师，其具备专业的职业规划知识，能为毕业生提供专业的帮助。

4. 各地人力资源服务中心

各地人力资源服务中心为了促进地方经济的发展，也会发布来自全国各地的单位招聘信息，信息量大且集中，能够帮助毕业生在较短的时间内获取各种职业信息，并与单位进行直接洽谈。

5. 各类招聘会

各类招聘会的举办形式多样，包括省级联合举办、地市级之间联办、多个学校联合举办、行业间联合举办。这些招聘会通过多种形式组织毕业生与用人单位联系，以促进高校毕业生就业。对于高职毕业生来说，特别要关注的是校园招聘会，因为无论是校园大型招聘会还是专场招聘会、宣讲会都带有明确的针对性，其信息的准确性和实用性非常强。

6. 有关新闻媒体

毕业生就业作为社会普遍关注的热点问题，近年来引起了新闻界的重视，毕业生可以通过网络、报刊、广播、电视等新闻媒体了解就业市场动态，获得用人单位的信息。

7. 各种人际关系

人际关系网络，包括自己的亲戚、朋友、教师、同学及校友等。通过“熟人”推荐获取的就业机会，在同等条件下，成功率会更高。

8. 社会实践、毕业实习或业余兼职

毕业生通过与社会接触可加强与用人单位的联系，直接掌握就业信息。若表现良好还可直接获得就业岗位。

9. 用人单位

毕业生求职时可以采用“普遍撒网”的方法，向自己认为适合的用人单位写自荐信，通过这种方式初步接触和了解用人单位的招聘要求与相关信息。

10. 通过网络获得信息

随着信息时代的到来，网络求职已经成为当下流行的求职方式之一，毕业生通过网络可与用人单位直接交流，或查询其他相关就业信息。网络打破了信息获取的时空限制。

（四）就业信息的内容

就业信息的内容非常广泛，通常包括以下几个方面。

1. 就业政策信息

在求职择业活动中，要注意收集、掌握并正确运用国家有关就业的方针政策，以及地方政府贯彻执行国家就业政策的具体规定。

2. 法律法规信息

例如，关于毕业生就业工作的原则，就业工作程序，政府、学校和中介机构的职责，用工单位、毕业生的权利和义务，毕业生就业行为方面的内容。

3. 社会经济发展信息

例如，社会经济发展战略、经济体制改革措施、新工业区开发、西部大开发、基础设施建设投资力度。

4. 社会职业变化信息

主动了解社会职业需求信息，根据社会职业的变化来确定自己的择业方向。

5. 用人单位的信息

用人单位的信息包括以下几点：

（1）单位的性质和法律地位。

（2）单位的工作和业务内容、生产项目或主要产品。

（3）单位知名度和发展前景。

（4）单位的地理位置、工作环境。

（5）单位的管理体制及其组织机构。

（6）单位的岗位需求、人才结构、职责分工。

（7）单位工作强度、学习晋升机会。

（8）单位的效益、福利、工资、住房、生活设施等。

知识链接

大学生常用的就业信息收集渠道如表 7-1 所示。

表 7-1　大学生常用的就业信息收集渠道

类型	就业信息收集渠道
高校在校学生	国家大学生就业服务平台，地方政府网站、学校就业部门的官方网站、公众号等
应届毕业生	应届生求职网及微信公众号平台“应届生求职网订阅号”等
所有求职者	中国公共招聘网、58 同城、前程无忧、智联招聘、BOSS 直聘，以及全国各省、市、区人力资源和社会保障部门开设的招聘网站等
某一行业或公司的应聘者	直接登录行业或公司网站查询岗位招聘信息，也可以查看这些行业或公司的微信公众号查询招聘信息

二、就业信息的整理、鉴别、筛选与运用

（一）就业信息的整理

掌握就业信息，不仅指在招聘广告和职业信息中选择出最适合自己的求职机会，还应包括在初步确定了自己想应聘的职业或岗位后，对该招聘单位及应聘岗位的工作要求有所了解。

对于就业信息，可以从招聘单位的官方网站、介绍资料等获得，也可以到当地的工商管理部门或公司主管单位那里了解。当然，如果能认识一些已在该单位就职的人员，从他们那里也许能获得更多、更有价值的信息。亲自到企业进行社会实践、生产实习与参观考察会对企业有更多的直观认识，以便做出适合自己的职业抉择。

毕业生可以简单地建立个人就业信息管理库（如表 7-2 所示）、供需见面会信息管理库（如表 7-3 所示）、用人单位基本情况数据库（如表 7-4 所示）等表格。

表 7-2　个人就业信息管理库

收集时间	单位名称	单位性质	招聘专业	招聘人数	所在地或网址	联系部门和联系人	联系电话	电子邮件	备注

表 7-3　供需见面会信息管理库

举办时间	见面会名称	主办单位	举办地点	联系人	备注

表 7-4　用人单位基本情况数据库

<table>
<tr><td>单位名称</td><td colspan="3"></td><td>所有制性质</td><td></td></tr>
<tr><td>所在地</td><td colspan="5"></td></tr>
<tr><td>总体概况</td><td>经营范围</td><td>经济状况</td><td>福利待遇</td><td colspan="2">发展前景</td></tr>
<tr><td></td><td></td><td></td><td></td><td colspan="2"></td></tr>
</table>

（二）就业信息的鉴别

对就业信息进行鉴别的目的主要是判断其真伪、可靠性及实用价值等，鉴别的对象主要是前面阶段收集整理的资料。通常从以下几个方面进行鉴别。

1. 真实性

要想了解就业信息的真伪，一定要弄清楚就业信息的来源渠道、信息的提供者、提供者提供该就业信息的依据是什么。

2. 权威性

判断就业信息权威性的方法：了解就业信息的来源与质量，掌握信息提供者的背景，比较同类信息。例如，从国家政府部门发出来的就业信息，人事部门最有权威；从学校发出来的信息，毕业生分配（或就业指导）办公室最有权威；对于小报上发布的信息，则要仔细斟酌。

3. 时效性

任何就业信息都是在一定的时间、地点下产生的，而事物又在不断地发展变化。今天有用的就业信息，明天就有可能没有任何价值，因为岗位可能已经被他人抢先占据。所以，就业信息是动态的信息，应该注意就业信息的时效性。

4. 适合性

搜集就业信息的目的就是为自己找一个合适的岗位。毕业生可从自身的专业、兴趣爱好及性格特征三个方面来鉴别就业信息的适合性：

（1）专业适合性。专业对口，往往是用人单位与应聘者的共同目标。专业对口可以缩短个人进入职业岗位后的适应期，使个人更容易发挥专业特长，避免自己的专业资源浪费，也可以减少单位在职业培训中的成本。

（2）兴趣爱好的适合性。兴趣爱好是一个人在职业中取得成功的重要条件，不仅可以促使从业者投入大量的精力，而且对其身心健康有益。在大多数情况下，一个人的专业特长与兴趣爱好是基本一致的，不过也有两者发生矛盾的情况，此时一定要权衡利弊，再做出决策。

（3）性格特征的适合性。一个人的性格特征本身无所谓好坏，但是就具体的工作职位而言，性格特征有适合与不适合之分。为此，在考虑专业和兴趣爱好的同时，也要兼顾就业信息与自己性格之间的吻合度。

（三）就业信息的筛选与运用

1. 就业信息的筛选原则

毕业生通过上述渠道所收集到的原始就业信息可能比较杂乱，毕业生应根据自己的实际情况和需求，对信息进行去粗取精、去伪存真，有目的、有针对性地加以筛选处理，使获得的信息具有准确性、全面性和有效性的特点，使之更好地为自己的求职服务。在处理这些信息时，大学毕业生应把握以下原则：

（1）掌握重点。将收集到的所有就业信息进行比较、初步筛选后，选出重点信息，标明并注意留存，一般信息仅作参考。

（2）适合自己。每个人的情况不一样，毕业生应根据自身特点，选择适合自己的信息。

（3）注意信息的时效性。人才市场瞬息万变，用人单位发布需求信息后，及时与用人单位联系能体现出求职者积极的态度，为求职成功增加筹码。因此，收集到就业信息后，应适时使用，以免过期。

为提高求职成功率，大学生应注重在日常生活中做一个有心人，平时要有意识地收集各种就业信息，尤其是招聘信息。可以将这些信息制作成表格，对符合自己要求的岗位信息进行统计、完善。

2. 就业信息的运用

就业信息的运用是指毕业生在对就业信息进行整理后，依据信息进行择业的过程。就业信息的使用必须做到确定职业目标。确定职业目标的过程，也是求职者的专长、兴趣、能力、性格、期望值、价值观与社会职业需求之间不断协调的过程。确定职业目标时还应该把收入目标、行业目标等考虑进去，尽可能征求亲朋好友的意见。记住适合自己的才是最好的，不能人云亦云。要换位思考，用人单位要给员工提供福利待遇和安全保障，只有这样，员工才能为用人单位创造价值、带来利润；员工要学会站在用人单位的角度考虑问题，不能以自我为中心。

案例 7-1

张新颖的求职成功之道

张新颖，某高等师范专科学校学生，到大三即将毕业。她家在外地，学的是师范类专业，为了成功就业她做了充分的准备。

1. 多投递简历，提高面试技巧

（1）制作简历，然后请教师审阅、优化。

（2）通过不同求职途径投递简历，如网上申请、参加招聘会、直接去中意的公司求职等。针对不同企业、不同岗位有侧重地调整简历。

（3）与亲友做面试情景模拟，并在每次模拟后做自我总结。

（4）参加面试前做好功课，多了解公司背景及求职岗位的职责和要求，面试结束后及时总结优缺点，及时改善、提升。

2. 了解工作内容及场景

（1）通过不同的渠道，如企业官网、企业工商信息查询平台、论坛等了解企业的基本情况和工作的具体内容。

（2）参加面试时，通过与面试官沟通明确工作职责和具体涉及的工作场景，同时实地感受工作氛围，了解工作环境。

功夫不负有心人，最终她求职成功了。

分析：从张新颖同学的案例不难看出，在制订个人生涯规划与求职计划的基础上，积极行动，通过网络查询和实地考察等方式，进一步了解目标企业和岗位，有针对性地撰写简历、优化简历，做好面试前准备，开展模拟面试演练等，可以大幅提升求职成功率。

知识链接

如何辨别就业信息的真伪

1. 查看企业的资质是否真实。

2. 查看企业招聘的联系方式。

3. 解读招聘内容。有些虚假招聘的岗位职责内容非常含糊、不具体，看不懂到底要做些什么工作，并且会用到急聘、高薪这样的文字，任职门槛又非常的低，如不限专业、不限学历或者学历要求很低，年龄范围很广，如果遇到包含这类信息的招聘广告需要多加小心。

4. 看是否向求职者收费。例如，有些单位需要求职者交纳一定的报名费、保证金、服装费或者培训费，如果是这样的企业建议大家不要去。

5. 看是否扣押相关证件和物品。在面试过程中，对方要求我们抵押学生证、身份证原件，上交手机等，都属于不正常的行为。

6. 实地考察。可以去用人单位所在地进行实地考察。

7. 了解企业的口碑、业内评价。可以利用网络或人脉，去查找和打听企业的相关信息。

活动与训练

创建个人职业信息库

一、训练目标

通过该项活动，学会对各项职业信息进行收集、整理、分析。

二、程序与规则

1. 请你在报刊或网络上寻找 20 条招聘广告，了解招聘广告的内容。

2. 将招聘广告进行分类统计，重点分析和找出适合自己的岗位。

3. 建立自己的职业信息库。

4. 在职业信息库中选择一种职业，分析其职业环境。

探索与思考

1. 如何鉴别就业信息的真伪？

2. 获取就业信息的渠道有哪些？

7.2 调适就业心理

导入案例

谢静的烦恼

谢静是某高职院校大三学生，从小到大，谢静遇到使自己为难的事总是希望父母或师长为自己做决定，否则，将不知道自己下一步应该做什么。谢静做事情缺乏信心，常祈求别人的帮助，所以毕业找工作时，谢静的心里充满了恐惧、焦虑和担心。如果没有同学或家人的陪伴，谢静根本不敢进人才市场与用人单位进行交流。在一次小型招聘会上，谢静由家长陪同前往用人单位的展位前面试。面试过程中，谢静发言的时间还没有父母多。求职以失败告终，谢静也因此走进了心理误区，开始全面自我否定，进而影响了日常生活。

分析：一些高职业毕业生在求职时，可能会面临多种心理问题，需要采取适当的方法加以调整、克服。掌握必要求职心理调整策略尤为重要。

一、大学生求职择业的心理误区

（一）求职不良心理状态

大学毕业生是个特殊的群体，梳理、分析大学生求职就业时常出现的心理问题，可以帮助广大高校毕业生更好地为就业做好心理准备，以便毕业生遇到问题时能够及时进行心理调适。

1. 自卑心理

在择业过程中，有自卑感的毕业生主要问题是看不起自己，不相信自己，对自己缺乏了解，缺乏自信心，缺乏勇气，不敢竞争。在“双选”会等场合，不敢面对用人单位，有的甚至不敢与招聘单位负责人员进行正常的交流洽谈。

案例 7-2

不合时宜的“谦虚”

一位女大学生去一家外企应聘，面试官问了几个问题：“会打羽毛球吗？”女生虽然羽毛球打得还不错，但她答道：“打得不好”；“一个星期的时间，有没有把握熟练驾驶一辆小汽车？”女生有驾照，而且开车技术不错，却说：“不敢保证”；“能不能做几样拿手好菜？”女生虽然会做饭，却腼腆地说：“做得不好”。最终，那位女大学生没有得到这个职位，这是因为她不敢表现自己。如果从更深一层来讲，她的身上郁积着自卑心理，不敢面对机遇、迎接挑战。那我们应当如何调整自己呢？

分析：自卑心理是一种性格缺陷，源自自我认知的偏差，是对个体交际活动动机的内在抑制。有些学生由于在大学缺乏生涯规划和实践锻炼，临出校门自觉综合素质不过硬，技不如人，对自己缺乏自信，甚至在面对自己能胜任的工作时也畏畏缩缩，面对考官不敢充分展示自我优势，从而错失就业机会。

2. 自负心理

自负是指过高评估自己而产生的一种心理现象。在自负心理的支配下，如果自己的择业目标没有实现，情绪就会一落千丈，从而产生失落、烦躁、抑郁等心理现象。

3. 挫折心理

挫折心理是指人在从事有目的的活动中遇到障碍时所表现出来的苦闷、焦虑、失望、悔恨、愤怒等多种复杂的情绪。

4. 依赖心理

依赖心理的主要特征是过分依靠别人。依赖心理是一种懒惰的心理表现。在择业过程中，毕业生受社会、家庭、亲朋好友、外界舆论的诸多影响，往往举棋不定，顾虑重重，产生“缺乏主见，依赖他人”的心理误区。

5. 平庸心理

在辞典的解释中：“平”为一般的、平淡无奇的；“庸”为平常的、不高明的。在择业过程中，平庸心理是指缺乏竞争意识，对择业采取“生死有命，富贵在天”的消极态度。

6. 求稳、求全心理

有些大学生对择业和就业持特别慎重的态度，因为他们认为，按照“专业对口”的传统模式，职业一经选定，就终身束缚于此，不能再改变了。这种思维定式使他们不敢轻易地在更大的范围内选择职业，害怕一旦选错就终身难改了。

7. 焦虑心理

焦虑是一种紧张不安并带有恐惧体验的情绪状态，是大学生求职择业过程中最常见的“敌人”之一。目前，大学生求职呈现出多元化的趋势，职业选择面大大拓宽。然而，职业选择自由度越大，职业选择行为的责任就越重，毕业生择业心理压力便越大，就越容易产生焦虑心理。

8. 功利心理

在校期间比成绩、比荣誉，离校以后还要比工作、比收入，这是现在很多毕业生的一种真实写照。其实，鞋子舒不舒服脚知道，为了所谓的名和利而忽略自身需要和发展，是一种不理性的行为。适合自己的才是最好的。如果盲目地去追求大城市、名企业、高收入，而不考虑自己的能力或发展需要，其结果往往是很难有所成就的。

9. 自傲心理

好高骛远、眼高手低，也是一些毕业生存在的问题。因为没有经历过太多的实践工作，毕业生经常会以自己在学校的成就为准绳，衡量自己的能力。其实这样是不准确的，一定要在基础工作中锤炼自己、发掘自我，才能锻炼一身过硬的本领和技能，积累职业发展的资本。

10. 从众心理

从众心理是指缺乏独立自主做决策的勇气，选择随着好友、同学或者大众追逐热门，放弃自主权。这种情况通常会影响毕业生对自身的准确定位，而且一旦事后产生任何问题，从众心理者常常会将问题归责给当初追随的人，而忽略了自己缺乏独立自主能力的因素。结果是永远找不对问题的重点，职业之路越发坎坷。

11. 侥幸心理

在求职过程中，毕业生有时会觉得自身的竞争力太低，而选择去弄虚作假。这其实就是一种侥幸心理，冒着被发现的风险，去造假学历、假荣誉、假履历，甚至假证书等，这种行为不仅无法提升自身的核心竞争力，而且会带来严重的后果。

12. 攀比心理

攀比心理指大学生在求职过程中，没有从自身实际出发，没有考虑新形势下用人单位对毕业生专业、能力、层次等方面的要求，盲目追求起点高、薪水高、职位高的工作岗位。也不考虑所选单位是否适合自己，只是盲目攀比。

13. 法律意识淡薄

一方面，在选择用人单位的过程中，部分高校毕业生抱着“骑驴找马”的心理，即不管用人单位的好坏便随意签订合约，然后继续接受其他单位的挑选，一旦有更理想的工作岗位就毁约。另一方面，有的毕业生虽然在签订协议时是真心诚意的，一旦能找到更好的单位又欲毁掉先前已签好的协议，法律意识淡薄。

（二）影响求职心理的主要因素

毕业生求职心理是多种因素综合作用的结果，归纳起来可以分为外部因素和内部因素。

1. 外部因素

（1）社会环境。社会环境的变化、社会潮流的变革都会直接影响求职者心理的变化。以我国为例，从曾经的分配工作到现在的自由就业，再到近几年兴起的第二次创业浪潮，求职者的心理也在不断变化，危机感剧增的同时，机遇也随之而来。

（2）家庭因素。家庭成员对子女的求职心理会产生重要影响。从事职业声望和地位越高的长辈，带来的职业影响越大。父母的职业，更会直接影响子女的求职心理预期。

（3）社会文明认知。社会文明的发展以及法治的进步，反映了社会整体发展对职业的要求。在不同的社会文明时期和不同的法治背景下，社会对职业的要求不同，对求职者的求职心理的影响也不同。

（4）群体的求职心理。大学生求职经常接触的社会群体，如同伴、朋友等，其求职心理的变化及对职业的评价，也会对求职者本人产生重大影响。

2. 内部因素

（1）心理因素。求职者的兴趣、气质、性格、观念等对其求职心理起着重要作用。例如，仅根据兴趣这一项指标的不同，求职者的求职心理就会与其他个体产生巨大差异。

（2）生理因素。求职者的性别、身高、年龄、相貌、体能等，也会对求职心理产生影响，根据不同的生理特性，求职者的心理动态也是不一样的。例如，男性和女性在职业类别的选择上会有比较明显的差异，这就是由生理因素不同造成的。

二、就业心理调适

职业选择是每位高校毕业生都要面临的一次重要抉择，社会的变革、就业制度的改革，为即将走向社会的大学生提供机遇的同时，也提出了严峻的挑战。因此，要使自己在择业竞争中处于良好的“竞技状态”，充分发挥自己的主观能动性，自如地应对择业中遇到的各种问题，就必须保持良好的就业心态。

（一）求职心理调整策略

1. 更新就业观念，正视社会现实

尽管我国目前的经济、教育结构仍存在不合理的现象，社会提供的工作岗位不可能令每一位毕业生满意，但随着毕业生就业制度的改革，毕业生职业选择的机会也在增加。毕业生的眼光不能仅仅停留在用人单位的待遇方面，而应该结合自身特点，考虑用人单位是否具备发挥个人潜能的空间。正视社会现实是大学生求职阶段必备的健康心态之一。

2. 积极参与竞争，坦然面对挫折

双向选择的就业制度为高校毕业生和用人单位提供了双向选择的机会。因此，大学生应珍惜机遇，积极参与竞争，在竞争中寻找自己的位置，实现职业理想。在竞争日益激烈的今天，求职失败、遭遇挫折是正常的事情。因此，面对求职过程中的挫折和困难，高校毕业生应该冷静分析，学会化解求职过程中的心理压力，以积极的态度面对求职中的挫折。

3. 克服依赖心理，实现真正自立

毕业生要意识到现实社会是一个竞争激烈的社会，是一个需要每个社会成员积极参与竞争的社会，同时也应该充分认识到自己才是求职的主体，要发挥自身的积极主动性，树立强烈的主体意识。

4. 调整就业心态，促进人格完善

在求职时，自己或身边的同学出现一些不健康的心态是正常的，没有必要过度担心、害怕。对于这些不良心态要学会主动调适，必要时还可以寻求心理专家的帮助。可以尝试以下方法进行自我心理调适：

（1）进行积极的自我心理暗示，鼓励自己、相信自己，帮助自己渡过难关。

（2）向朋友、教师倾诉，寻求他们的安慰与支持。

（3）通过体育锻炼、听音乐、郊游等方式转移自己的注意力，排解心中的烦闷，放松自己的心情。

5. 开拓进取，勇于创业

大学生是受过高等教育的知识青年，是青年中的佼佼者，思维活跃，创新意识强，在政府多项优惠政策的扶持下，完全可以尝试走自主创业的道路，这既可以在毕业后马上实行，也可以通过一定的社会积累后再实行。大学生创业，关键是要对自己有一个合理的规划与定位，可以与有市场经验的人合作，进行科学化、职业化的管理。

（二）自我心理调适方法

所谓自我心理调适，就是根据自己的发展及环境的需要对自己的心理进行控制调节，从而最大限度地发挥个人的潜力，维护心理平衡，消除心理困扰。高校毕业生学会自我心理调适，能够在就业遇到困难、挫折或产生心理冲突时，进行自我调节和控制，解决问题，排除困扰，改善心境，寻找最佳途径实现自己的就业目标。

1. 自我激励法

自我激励主要指用生活中的哲理、榜样的事迹或先进的思想观念来激励自己，同各种不良情绪作斗争，坚信未来是美好的，失败、挫折终将成为过去，要勇敢地迎接下一次挑战。大学生在就业过程中，要相信自己的能力，通过自我激励，增强自信心，消除自卑感，保持良好的情绪和心态。

2. 注意力转移法

注意力转移法即把注意力从消极情绪转移到积极情绪上。当不良情绪出现时，可以采用转移注意力的方法激活新的兴奋中心，以抵消或冲淡原来的不良情绪，直到消极情绪消失。例如，听音乐、参加体育运动、到大自然中放松心情、参加自己感兴趣的活动等。

3. 适度宣泄法

当个体遇到各种矛盾冲突，产生不良情绪时，应尽早进行调整或适度宣泄，使压抑的情绪得到缓解和改善。较好的宣泄方法是向挚友、师长倾诉自己的忧愁、苦闷，使不良情绪得到疏导。也可以通过打球、爬山等运动量较大的活动，消除压抑心理，恢复心理平衡，但应注意场合、身份、气氛，注意适度宣泄，宣泄应是无破坏性的。

4. 自我安慰法

自我安慰法又称自我慰藉法，在就业过程中，大学生常常会遇到各种挫折，当经过主观努力仍无法改变时，可适当地进行自我安慰，可用“亡羊补牢，犹未为晚”“塞翁失马，焉知非福”等话语来自我安慰，摆脱烦恼。

5. 合理情绪疗法

人们的情绪困扰是由不正确的认知、非理性的信念造成的。因此，通过认知纠正，以合理的思维方式代替不合理的思维方式，可以最大限度地减少不合理的思维给人们情绪带来的不良影响。

三、培养积极的就业心态

就业心态就是个人在求职过程中对自己、对单位、对同学、对问题的看法和观点。积极的心态可以使你赢得心仪的工作单位的青睐、赢得幸福和财富，让你知足常乐，帮助你激励自己和他人、消除心理障碍、正视挫折。一个人以积极的心态面对生活，便可获得充实向上的人生。

（一）培养积极心态的方法

1. 被动变主动

心态是紧跟着行动的，一个人从言谈举止上变得积极起来，才能感染自己的内心，成为一个心态积极者。如果一个人永远等着感觉把自己带向行动，那他永远也积极不起来。

2. 充满信心

如果你在心里撒下积极的种子，然后在每件事情前都抱着积极、乐观的想法，让积极的种子生根发芽，慢慢扩散，逐渐占据你的内心，那么消极思想就没有机会在你的心灵土壤上滋长。

3. 影响他人

人们总是喜欢和积极乐观者在一起，一个心态积极的人有一种吸引力，能很好地感染周围的人。当我们的行动对他人产生正面影响时，自己会在行动中获得对生活的满足感，有了这种满足感，就会信心倍增，人生目标也越来越明确。

4. 彼此需要

当我们被需要、被感激，就会意识到自己的作用，从而产生一种自我认同感，这时就会建立起一种无比积极的心态。正如19世纪美国著名的思想家兼文学家拉尔夫·沃尔多·爱默生所说的："人生最美丽的补偿之一，就是人们真诚地帮助别人之后，同时也帮助了自己。"

5. 心存感激

一双流泪的眼是看不见满天星光的，一个心怀仇恨和抱怨的人不可能发现人生中美好的东西。在日常的工作和生活中难免会有不顺利的时候，工作中可能满腹才华得不到赏识，自己尽力尽责却得不到理解。当你怀着感恩之心时，你会发现自己拥有很多。学会珍惜自己所拥有的，你也会是一个幸福的人。

6. 学会称赞他人

赞美可以让人怀着积极的心态去改变自己，更有利于事业的成功。在称赞别人的同时，你的内心也会体会到喜悦和生活的乐趣。美国心理学家威廉·詹姆斯曾说过："人性最深切的需求就是渴望别人的欣赏。"

7. 学会微笑

一张微笑的脸如同一幅赏心悦目的画，让人心情愉快。一个简单的微笑，传达的是一种自信和友好、乐观和坚强，它能以最简单、最快捷的方式感染人。微笑含义深远，是一个人智慧和品格的沉淀。

8. 不计较小事

一个优秀的人，总是把最重要、最能创造价值的事情排在前面，把一些无所谓的事情丢弃掉，这样他才能保证自己有限的时间和精力被充分利用。一个心态积极者必定拥有豁达的心胸；一个人为多大的事情发怒，就能体现出他的心胸有多大。

案例 7-3

张涵的成功求职之路

在求职过程中，张涵始终保持着积极的心态。她坚信，只要努力，就一定能够找到适合自己的工作。面对一次次的面试失败，她从不气馁，而是从失败中总结经验教训，不断完善自己的求职策略。

除了积极的心态，张涵还注重与他人的交流和合作。她深知，在求职过程中，良好的人际关系和团队协作精神是非常重要的。因此，她积极与身边的同学、老师和朋友保持联系，向他们请教求职经验和方法。同时，她也积极参加各种招聘会和交流活动，与用人单位建立联系，了解市场需求和行业动态。

最终，张涵凭借自己的积极心态、扎实的专业知识和良好的人际关系，成功找到了一份心仪的工作。她用自己的实际行动证明了积极就业心态的重要性。

分析：正确的就业心态是实现自我价值与职业发展的关键所在，而对于求职中的大学生来说，通过调整心态、树立自信、学习成长、经营好人际关系，可以帮助他们在日趋激烈的就业竞争中脱颖而出，顺利就业，进而在职场中不断走向成功。

（二）个人素养的提升

1. 客观冷静地认识社会，评价自己

大学生作为社会的一部分，不可能脱离社会而存在。在求职择业前，首先应认清就业形势，了解职业对择业者的要求，了解职业特点；正确认识和评价自我，找到适合自己的职业方向，扬长避短。用发展的观点来看待自己，要知道自身存在某些缺点并不可怕，可以先就业，然后在工作岗位上不断克服缺点，发展和完善自己，从而正确定位，科学地进行人职匹配。

2. 培养优良的非智力因素

非智力因素是相对于智力因素而言的，它主要指个体的情绪、意志、人格等因素，是心理素质的重要组成部分。大学生应拓宽兴趣的广度，培养中心兴趣；学习控制和调整消极情绪、情感，引导情绪和情感变成巨大的热情和力量；培养意志的自觉性、果断性、自制力和坚韧性；树立积极的职业价值观。

3. 提高心理素质，增强抗挫折能力

挫折在人生中是不可避免的。大学毕业生的择业过程并不是一帆风顺的，不是想去哪家单位就可以去哪家单位的，被用人单位拒绝是很平常的事。如果大学生能积极调整自己的心态，化阻力为动力，就可以使自己的心理素质得到更大的提高，增强抵抗挫折的能力。

（1）增强自信心。自信心是一个人对自我价值的表达，是对自身力量的认识和充分估计。大学生如果相信自己的实力和水平，相信自己有能力做出一番事业，就会热情地、努力地投身到这个事业中去。

（2）培养顽强的意志。所谓意志，就是人为了达到一定的目的，自觉地组织自己的行动去克服困难的心理过程。在当今竞争激烈的环境下，对于即将步入社会的大学毕业生来说，在求职过程中遇到种种挫折是普遍现象，这就需要他们有“屡败屡战”的顽强意志，要注意提高受挫折后的心理承受能力，认真总结求职失败经验教训，磨炼自己意志，增强求职能力，争取更好的机会。

（3）树立强烈的竞争意识。每年就业市场上几百万高校毕业生在相对集中的时间里求职，对于每一名高校毕业生来说，都是很大的压力，在就业市场上，一个职位往往有许多人希望获得。不积极竞争，消极等待，永远也得不到这个职位。因此，要具有强烈的竞争

意识，积极地竞争，才有可能获得这个职位。

（4）培养人际交往能力。人际交往主要包括人际理解力，表现为倾听及理解他人说话的能力，以及对他人未充分说明或部分表达的思想、感情及关注点的领悟能力；团队精神，表现为为达到共同的目标与他人合作的能力；谈判能力，表现为通过交流和沟通，采取妥协、调整或与他人合作等方式解决争端的能力。大学生应该克服社交恐惧症，认清交往的障碍所在，掌握沟通技巧，端正择业心态。

4. 建立合理的知识结构

知识结构指一个人知识体系的构成情况与结合方式。它是一个由诸多要素组合而成的有序列、有层次的整体信息系统。分析不同类型用人单位所组织的高校毕业生的招聘录用工作，系统比较用人单位的需求，可以发现，大学生应当具备的知识结构主要包括以下几方面：

（1）注重知识和基本技能的掌握。大学生在校期间应当接受和掌握的知识和技能是综合的，一些共性的基本技能主要表现为在以后工作中所必须具备的阅读、写作、计算、听说及计算机应用能力，而且这些技能需要终身学习，不断提升；有的行业还要求具备特殊职业所需的技术知识和技能，以及完成某项工作所必备的知识、技术和能力。

（2）提高自身思考和学习的能力。思考能力主要建立在智力和知识水平基础上，但绝不仅仅限于智力，还包括分析问题、解决问题的能力，分析思考能力，创造思维能力，决策能力等方面。现在用人单位往往通过笔试、面试、心理测量等多种科学的方法来衡量和评价大学生综合能力结构和水平。大学生在校学习期间，要提升自己的专业能力，提高自身综合素质，才能以不变应万变。

知识链接

自信的重要性

自信是对自我能力和自我价值的一种肯定。现代科学认为，自信心是一个人潜能源源不断地得以释放的精神源泉，是人们克服困难的重要保证。一个自信的人可以在不利的环境中坚持自己，不被不利环境改变。如果缺乏自信，则很容易陷入盲目相信别人的境地，结果会让自己变得没有主见。自信是人们事业成功的阶梯。作家萧伯纳说："有信心的人，可以化渺小为伟大，化平庸为神奇。"如果一个人想要成功，必须对自己充满信心。

活动与练习

自信心测试

一、训练目标

通过测试帮助自己全面地了解自己的自信水平。

二、程序与规则

下面是30道测试题，请根据自己的情况，回答“是”或“否”。

（1）你总是觉得自己比别人差。

（2）你与别人合作总是很好。

（3）并非故意的情况下伤了别人的心，你也会难过。

（4）你认为自己是个较完美的人。

（5）在商场，店员的服务态度不好，你会告诉他们的经理。

（6）为了不使他人难过，你会放弃做自己喜欢的事。

（7）受到批评，你会觉得难过。

（8）你通常不对人说出你真正的意见。

（9）你任由他人来支配你的生活。

（10）对于自己下定决心要做事，即使他人认为不可能，你也要试一试。

（11）你对自己的外表满意。

（12）你懂得搭配衣服。

（13）在聚会上，假如只有你穿得很随意，你会感到不自在。

（14）你是个受欢迎的人。

（15）你认为自己很有魅力。

（16）你有幽默感。

（17）目前的工作是你的专长。

（18）你认为自己的能力比别人强。

（19）危急时刻，你总是很冷静。

（20）重要集会或晚宴上，你想上洗手间，但你通常是忍着直到集会或宴会结束。

（21）你认为自己只是个很平常的人。

（22）你经常希望自己长得像某个明星。

（23）你认为你的优点比缺点多。

（24）你很少欣赏自己的照片。

（25）你会为了讨好他人而打扮自己。

（26）你会勉强自己做许多不愿意做的事。

（27）别人赞美你，你表示怀疑。

（28）你经常羡慕别人的成就。

（29）即使你没错，你也经常跟人说抱歉。

（30）你通常以邮购的方式购买服装，而不亲自到服装店里去试穿。

计分标准：

序号	（1）	（2）	（3）	（4）	（5）	（6）	（7）	（8）	（9）	（10）	（11）	（12）	（13）	（14）	（15）
是	0	1	0	1	1	0	0	0	0	1	0	1	0	1	1
否	1	0	1	0	0	1	1	1	1	0	1	0	1	0	0
序号	（16）	（17）	（18）	（19）	（20）	（21）	（22）	（23）	（24）	（25）	（26）	（27）	（28）	（29）	（30）
是	1	1	1	1	0	0	0	0	0	0	0	0	0	0	0
否	0	0	0	0	1	1	1	1	1	1	1	1	1	1	1

计算 30 道题的总分：20～30 分，信心十足；9～19 分，较为自信；9 分以下，缺乏自信。

探索与思考

1. 大学生求职择业的心理误区有哪些？
2. 大学生如何进行就业心理的调适？

7.3　准备求职材料

导入案例

简历——打开职场大门的“钥匙”

徐洪，某高职院校应届毕业生，准备投身电子工程领域。他意识到自己需要一份精心制作的简历来突出自己的技能和经验，以吸引用人单位的注意。在简历的开头，他清楚地表明了他的职业目标，接下来徐洪对自己的教育背景进行了详细描述，并强调了与他所申请的职位相关的课程和实践经验。他详细描述了每个经历所带来的挑战和成就，以及他在这些经历中学到的教训和技能。徐洪还特别列出了他在学业和项目中获得的奖项，并提供了与奖项相关的背景信息。最后，徐洪在简历中加入了一些额外的信息来增强他的个人形象。他提到了他的兴趣爱好和志愿者工作，展示了他的多样性和社交能力。最终，徐洪得到了心仪用人单位的认可，并顺利就业。

分析：上述案例表明，一份精心制作的简历可以更好地展示自己，吸引用人单位的关注，并使自己脱颖而出，最终成功就业。

一、求职材料简介

在求职择业时，为了让用人单位更全面地了解自己，毕业生必须准备一套介绍自己的书面材料。能够说明毕业生本人有关情况的个人材料，就是求职材料。一般包括求职信、就业推荐表、个人简历、学历证明、职业资格证书、获奖证明材料等。

求职材料非常重要，它是毕业生与用人单位之间交流信息的载体。对于毕业生来说，可以通过求职材料向用人单位介绍自己的情况和就业意向，表达对用人单位所提供的职位感兴趣的原因和努力工作的决心。这是争取就业机会的重要步骤，是通往就业之路的“敲门砖”。

二、求职信

（一）求职信的分类

1. 有目的地向单位进行自我介绍

这种求职信，是在已经知道了某个单位正在招聘人才的情况下写的，具有高度的针对性。在这类求职信中，称呼和内容都要针对特定单位的特定人员，主要表述自己的主观愿望和特长，以吸引招聘者的注意，取得面试机会。

2. 广泛适用的求职信

这种求职信不分职业、单位和对象，没有具体的求职目标，带有一定的盲目性，成功率相对较低。它主要向用人单位介绍自己的概况，让单位了解并对自己感兴趣，普遍使用在供需见面会和人才市场招聘会上。

（二）求职信的内容和格式

1. 标题

求职信的标题通常只有文种名称，即在第一行中间写上“求职信”三个字。

2. 称谓

称谓是对收信人的称呼，写在第一行，要顶格写单位名称或个人姓名，在称谓后附上冒号。求职信的称呼比日常书信所用称呼要正规。通常，写给国家机关、事业单位时，可以用“尊敬的 ×× 处长（或科长）”等称呼；写给外资企业时，可以用“尊敬的 ×× 董事长（或总经理）”等称呼；如果写给一般性企业，可用“尊敬的 ×× 厂长（或经理）”等称呼；若写给学校，则用“尊敬的 ×× 教授（或校长、老师）”等称呼。

3. 正文

正文要另起一行，空两格后写求职信的内容。正文内容较多，要分段写。

（1）进行自我介绍并写明求职的原因。首先简要介绍求职者的基本情况，如姓名、年龄、性别、学校、专业等。接着要直截了当地说明从何渠道得到有关信息及写此信的目的。这段是正文的开端，也是求职的开始，介绍有关情况要简明扼要，对所应聘的职务的态度要明朗。为了吸引收信者有兴趣读下去，开头要有吸引力。

（2）对自己的能力的客观评价，这是求职信的重点。要着重介绍自己应聘的有利条件，特别突出自己的优势和“闪光点”，以使对方信服。语言要中肯、恰到好处，态度要谦虚诚恳、不卑不亢，达到“见字如见其人”的效果。要给对方留下深刻印象，使对方相信自己有能力胜任此项工作。

4. 结尾

求职信的结尾应该包含两部分内容：盼回复和祝福语。例如，先写“期盼得到您的回复”“静候佳音”等；然后另起一行，空两格，写表示敬祝的话。例如，写下“此致”，然后换行顶格写“敬礼”。不必过多寒暄，以免“画蛇添足”。

5. 署名和日期

写信人的姓名和成文日期写在信的右下方，成文日期写在姓名下面。

6. 附件

有说服力的附件是鉴定求职者能力的凭证，是不可忽视的组成部分。附件不需太多，但必须有分量，足以证明自己的才华和能力，如自己的外语等级证书复印件（或扫描件）、计算机等级证书复印件（或扫描件）、获奖证书复印件（或扫描件）等。附件可在信的结尾处注明。

（三）撰写求职信的注意事项

1. 篇幅尽量简短

只有篇幅简短、重点突出的求职信才会引起用人单位的注意，才能收到良好效果。

2. 突出个性

面对不同的招聘单位和不同职位，求职信在内容侧重点上要有所不同，必须有很明确的针对性，切忌千篇一律，没有自己的特色。只有突出自己的个性，并很好地找到招聘岗位要求和自身条件的匹配点的求职信，才会被用人单位注意。

3. 实事求是

要不卑不亢，适度的谦虚会让人产生好感，但过分的谦虚则容易给人留下缺乏自信的印象；与此相反，虚假浮夸的表述很容易被招聘者识破。因此，陈述要客观真实，适度修饰。由于文化上的差异，一般面试外资企业时需要充分地展示自己的能力，充满自信，而面试国企、国家机关以及事业单位时则应适当内敛，着重介绍自己的知识和能力，语气要适度含蓄。

4. 语句通顺，文字流畅

求职信应当做到文字工整、美观，不要出现错别字。语句流畅通顺，文字通俗易懂，切忌用华丽的辞藻进行堆砌，少讲大话、空话和套话。

5. 尽量不谈薪酬

通常而言，不宜在求职信中谈论薪酬待遇。如果用人单位要求自己提供薪酬要求，那么可以适度说明，如可接受的最低薪资等，或者参照行业薪酬标准的中等水平，并且注明这是可以协商的。

6. 仔细检查

写完后认真阅读修改，然后请周围的人帮助修改。避免有歧义的表述，避免重点不突出或者表述层次不清等疏漏，使求职信更能准确地传达求职者的信息。

案例 7-4

求职信示范

尊敬的××先生/女士：

您好！首先感谢您抽出时间阅读我的求职信，我是 ×××，毕业于 ××× 学校行政管理专业。我从上周的校园招聘会得知贵公司正在招聘行政助理一职，特写信向您自荐。在校期间，通过全面、系统的学习，我不仅学习和掌握了管理学领域的专业知识，而且还能熟练应用 Office 办公软件。在校期间我不断地充实自己，曾任班级生活委员、团支书、校学习部部长，并被多次评为班级、校级及省级优秀学生干部，同时，我还积极参加各种团体活动，有较强的管理协调能力和组织沟通能力。我乐于助人，团结同学，尊敬师长，人际关系良好。作为即将毕业的学生，虽然工作经验不足，但我会虚心学习，积极工作，尽职尽责做好本职工作。诚恳希望得到贵单位的接约或面试的机会，以期进一步考察我的能力。

我的个人简历及其他材料一并附上。祝贵单位的事业蒸蒸日上！

××× 敬上

×××× 年 ×× 月 ×× 日

分析：从该案例不难看出，求职信不需要很长，一般为 A4 纸的 1/2～2/3 即可，主要内容应说明你是谁？你要申请什么职位？你有何优势与潜质？你为什么适合这个职位？最后，表明你很希望得到面试机会，并附上简历、成绩单与证书等材料。

7. 必要时可用中、英文两种语言写求职信

现在有很多用人单位非常重视求职者的英语水平。因此，用中、英文两种语言写求职信，可以展示自己的英语水平。如果求职单位是一个中外合资企业或外资企业，那么中、英文求职信就更有必要了。

三、个人简历

要想从日益激烈的求职竞争中脱颖而出，首先要制作好个人简历，它是求职者介绍自己、推销自己的“人才说明书”。无论通过哪一种招聘渠道求职，都需要提供个人简历。

通过阅读个人简历，用人单位可以从以下几方面来考量求职者：

一是求职者的能力。用人单位根据求职者受教育的程度、有无相关工作经历、取得过何种成绩等来判断求职者的基本能力和素质。因此，求职者需在简历中列举具体事实来证明自己能胜任招聘岗位。

二是求职者的职业诚信。用人单位很看重求职者的职业诚信，会注重求职者工作的稳定性及材料表述的真实性，如果频繁跳槽或经历表述中有隐瞒、欺骗的信息，则会使用人单位对求职者的职业诚信有所怀疑，影响求职者的求职。

三是求职者的思维特征。用人单位可通过简历表述的层次性、逻辑性、准确性及文字写作水平，判断求职者的思维特征。用人单位往往会通过阅读个人简历对众多求职者进行初步的筛选，因此，精心准备的简历更容易通过初审。

（一）简历的类型

常见的简历一般分为以下两类。

1. 文字型简历

文字型简历是用文字描述自己的经历，如个人基本情况、做过什么工作、有何成绩、获过什么奖励等。这是传统的写法，现在一些用人单位往往愿意用有经验、失败过的人，关键是看应聘者能否从失败中找到原因，是否具有敢于担当的勇气。因此，可以简历中写出自己经历过什么挫折，由此获得了什么经验和教训。

2. 表格型简历

它是以表格的形式分栏目介绍个人情况，比较简练，一目了然。特别是经计算机处理后的表格型简历，非常规范、美观。在 Word 文档中有很多简历模板，基本上可以满足求职者的需求。简历的样式不要太花哨，能够突出个人信息即可。如果应聘设计类的职位，则需花一些时间制作有个性的简历，充分展示自己的设计水平。

（二）简历的内容

求职简历的内容因人而异，可以根据求职者自身的特点进行适当调整，但一份完整的求职简历一般包括以下几方面内容。

1. 个人基本资料

包括姓名、性别、出生年月、籍贯、身高、健康状况、毕业院校、所学专业、联系方式等，如杲是党员还可加入政治面貌。也可以力求简单，只写姓名、性别、年龄和联系方式。为了保护个人信息不被不法分子利用，简历中的资料如联系方式一般写方便用人单位随时可以联系的手机号码，而不是宿舍或家庭固定电话；联系地址根据实际情况进行取舍，如需要写地址时，建议不要使用家庭地址作为联系地址，可以写学校专用邮箱地址。至于是否要使用照片，一般可以附上个人证件照，而非生活照，招聘人员需要看到你清晰的五官而不是模糊的运动留影；如果企业没有硬性要求，你又不想个人信息外漏，则可以免去照片。

2. 应聘职位

应聘职位一般分两种：一是应聘公开招聘的职位，二是向用人单位表明个人求职意向。如果是前一种，求职简历上则应直接注明应聘的岗位。如果是后一种，希望从事某单位的某一职位，但该单位没有公开该职位的招聘信息，在这种情况下，求职者则可直接注明求职意向，表示自己希望从事哪方面的工作。

3. 最快到岗时间

对仍在校的应届毕业生，什么时候能到岗也是很多单位关注的问题，有些招聘属于非常急的，如果你写随时到岗，便使自己多了一个获得该岗位的条件，当然对于在校的应届毕业生，一般需根据自身实际，写明最快到岗时间，以免与学校的毕业事宜发生冲突。

4. 教育程度

以倒叙方式，详列每项重要学历学位的起止年月、就读学校、就读专业。学业成绩优良者可以列出或在简历后面附带大学期间成绩单，对于部分缺少社会实践经验或社团经历的同学，可以列举部分与目标职位的需求相符的专业课程来充实你的简历。

5. 个人技能

包括计算机技能、语言技能、其他技能。所列出的技能一定是与自己所应聘的岗位相符合的，最突出的技能应该是最接近岗位要求的，而不一定是最拿手的。当然也不能忽略一些看似无关的技能。现在越来越多的用人单位关注员工的健康状况及多元化发展。特别是一些注意企业文化的用人单位，会特意招收拥有某类特长的员工，如果你擅长打羽毛球、篮球等，又或者是做过主持，那么这些技能也许会对你的应聘起到至关重要的作用。

6. 工作实践经验

在写工作经验时，需要列出各种兼职、实习的时间、地点、单位、主要工作内容、工作表现、他人评价等。尽量用数字与成果来体现，注重细节与诚实。

7. 其他内容

包括获奖情况、社团活动、兴趣爱好等，所有内容都取决于你的求职目标。

简历模板如图 7-1 所示。

当我们将所有求职材料准备好后，如果内容比较多，可以设计一个封面，并在求职材料前附一页“材料索引”，这样可以突出求职者办事的条理性。在设计封面的时候尽量做到简单明了、不花哨。题目可以直接用“×× 大学 ×× 届毕业生求职材料”，下面列上自己的姓名、联系电话、E-mail 地址、专业名称、个人主页等重要信息。关于求职材料里的各种证书、证明材料、推荐表，一般使用复印件，面试时向用人单位展示，以免各种资料丢失，当用人单位提出需要验证时再提供原件材料。但要注意，原件和复印件在面试结束后都要收回。

Resume

王自如

年龄：35		电话	[redacted]
性别：男		邮箱	[redacted]
籍贯：[redacted]		所在地：[redacted]	

教育背景

香港理工大学	外语学院	同声传译	硕士	2008.09—2009.07
西安翻译学院	西译学院	英语	本科	2004.09—2008.07

工作经历

珠海格力电器股份有限公司　　渠道改革项目负责人　　2021.6至今

工作内容：

1. 协助董事长制定公司经营方案，以及经营部门考核方案。
2. 分管公司空调、制冷设备、智能装备等业务模块的经营管理工作。
3. 负责梳理公司工作流程，解决前期遗留问题，依据市场情况完成产品规划、价格制定，政策设计等工作。

工作业绩：

注重技术创新和产品质量，鼓励员工不断探索新的技术领域，推动企业不断向前发展。在董事长的提携下，团队的共同努力下，格力集团在空调、**制冷设备、智能装备**等领域取得了**世界领先的技术成果**，赢得了广大消费者的信任和好评。

ZEALER　　创始人　　2021.11至今

ZEALER是一个科技视频平台，于2012年11月8日正式上线，坚持打造兼具行业洞察力与品质感的科技视频内容，输出“科技Plus”生活主张，涵盖消费电子、智能家居、出行方式、娱乐游戏等全方位的科技生活内容。

代表业绩：

1. 2012年7月，拿到雷军顺为基金**200万元**的天使轮融资，出让25%的股份，ZEALER估值**800万元**。
2. 2014年4—8月，分别拿到了OPPO、金立、步步高三家共计600万元的A轮投资，出让9%的股份，ZEALER估值**6700万元**。
3. 2014年5月，ZEALER进入测评2.0，即采用“数据化的测评体系”，使用结构化的数据客观还原手机的本质，降低决策成本。同时进军手机维修O2O领域。此时的ZEALER是国内**数码评测行业中**最出色、影响力最大的公司。
4. 2014年7月，推出ZEALER FIX手机维修业务。
5. 2014年8月，建立侧重咨询和研发的ZEALER Lab，逐步完善**2.0测评体系**。
6. 2015年1月，拿到腾讯系深圳市利通产业投资基金有限公司**千万级别B轮融资**，出让15%的股份。
7. 2015年，ZEALER推出**“二手”业务**。
8. 2015年10月，ZEALER推出新版网站页面，优化了内容与结构。

图7-1　简历模板

知识链接

简历的撰写要领和注意事项

一份合格的个人简历应该用词准确、内容完整、条理清晰、简明扼要，不能拖泥带水，也不能过于简单。简单来说，需要做到以下几点：

1. 真实可信。简历中所有的信息都应该实事求是，绝不能虚构。
2. 控制篇幅。一般情况下，建议将所有简历内容都浓缩到 1～2 张 A4 纸上。
3. 扬长避短。尽量在简历上呈现出自己的特长，让用人单位发现自己的价值。
4. 量身定制。根据不同的求职目标，对自己的简历做针对性的修改。
5. 格式简单大方。
6. 消灭错别字。

（三）简历的使用

简历不仅可以在求职时使用，也可以在以下情况派上用场：在媒体上看到招聘广告时，可以寄出简历；参加招聘或访问招聘人员的公司时，可以带几份简历；拜托朋友帮忙寻找工作时，可以交给他们几份简历；面试时，简历可以作为介绍自己的基本参考资料；面试后，可留几份简历供用人单位存档，或给有关人员传阅；毕业后，可留给自己的校友做参考资料。投递简历主要有以下途径。

1. 网络申请

这是毕业生最常用、最普遍的一种途径，每年一到春季招聘的黄金季节，各大招聘网站上会有各种招聘信息。大多数用人单位需要求职者先在网络上申请，再打印准考证参加笔试，或者直接面试。对于毕业生而言，使用频率最高的求职网站是智联招聘、前程无忧、51Job、大街网、BOSS 直聘、58 同城等。

2. 邮箱投递

有些用人单位会要求求职者通过固定邮箱投递简历，毕业生使用该方式一定记得获取回复，确认对方已收到简历，这样能给对方留下稳重踏实的好印象。

3. 宣讲会

大多数用人单位在正式招聘前会进高校召开宣讲会，并在会议期间接收简历，部分单位还会做现场笔试或者面试。所以，如果有单位进学校召开宣讲会，毕业生应提前准备好投递简历，并在平时多收集宣讲会信息，这些信息可以通过各大高校的就业信息网以及单位招聘网站获得。

4. 大型招聘会

这是一个“广泛撒网、重点捕捞”的机会，毕业生应提前搜集招聘会信息，提前到会场熟悉路线，并关注招聘信息，有计划地对重点单位或企业投递简历，做到有的放矢，不放过任何一个可能就业的机会。

5. 内部推荐

这是投简历目标最明确的一种方式，如果用人单位里有熟人，毕业生提前了解了相关的就业信息，并确定该用人单位符合自身求职意向，则可以通过熟人投递简历。此方法由于有中间人推荐，较为有效，求职成功的概率较大。

四、就业推荐表

就业推荐表是毕业生和用人单位达成意向后，毕业生在签订就业协议前递交给用人单位的一份正式文件，用人单位应该妥善保存。毕业生如果因种种原因和用人单位解除了录用关系，应该索要就业推荐表，以便与下一个单位签约，遗失后要及时到学校就业主管部门补办手续，以免耽误求职。

现在使用的就业推荐表，是由学校毕业生就业指导服务中心统一印制的，其栏目有姓名、性别、民族、出生年月、政治面貌、学校名称、专业、学历、培养类别、外语水平、健康状况、学校地址、特长、奖惩情况、在校表现、院系推荐意见、学校毕业生就业指导中心意见等。

就业推荐表填写的注意事项详情如下。

（一）不能涂改

就业推荐表具有代表校方的作用，有关部门加盖了公章。因此，填表的时候一定要细心、认真。特别是成绩单、院系推荐意见等部分，如果有涂改的痕迹可能会引起用人单位的误解。因此，当发现错误时，应当换一张纸重新填写。

（二）在备注栏中叙述自己的突出优势

自己具有的一些突出优势可以在备注栏里展示。例如，发表的重要作品，或者突出的外语能力、突出的工作经历等。

（三）保证就业推荐表的唯一可信性

就业推荐表的原件不可仿制，更不可谎称遗失而重新补办。这样做会影响学校的声誉，从而造成不良影响。毕业生在“双向选择”的过程中可以使用就业推荐表的复印件进行“自我推销”。只有与用人单位签订协议时，才可以向用人单位或人事主管部门交出就业推荐表的原件。所以一定要保管好就业推荐表。

知识链接

张丽同学的优秀简历

证件照

丽　丽　　应聘岗位：新媒体营销专员

出生年月：20××年×月　　电话：13800000000

住址：上海市××区　　邮箱：123456@163. com

> 说明：直接写名字和岗位言简意赅，“姓名”二字无需写出

教育背景

20××.09—20××.06　　**××财经职业学院**　　**（专业成绩前3%）**

主修课程： 市场营销、商业心理学、广告学、公共关系、信息经济学、信息检索（平均93分）

> 说明：主修课程不用全部列完，对于招聘人员来说，大部分专业所学课程都比较了解，但他们不了解的是你的成绩，因此可以列出数据说明

实习实践

20××.12至今　　**上海×× 文化发展有限公司**　　**新媒体运营（营销方向）**

- **信息发布：** 负责公司新媒体（如微博、微信公众号、抖音、视频号）的信息发布及维护
- **文案撰写：** 负责撰写软文，撰写155篇软文；协助运营执行推广活动25场。“企业活动周”内所负责的微博热点活动参与总量超过60万人，获10万余次转发，超出公司预期50%
- **视频拍摄剪辑：** 负责宣传视频拍摄剪辑，发布视频68个，总点赞数100万+，转发20万+

20××.09—20××.06　　**学院学生会**　　**副会长**

- **活动策划：** 带领其他干事一起参与各类学生活动的策划，例如：校运会、迎新会等
- **赞助拉取：** 制作活动赞助方案，并上门拜访企业，拉取赞助，建立良好的合作关系
- **月刊编辑：** 负责院刊的策划编辑工作，统筹小部分任务
- **主要业绩：** 在任期间，共举办大型活动5次，获得企业赞助5万元，发布院刊8期

> 说明：根据“新媒体营销”岗位要求的主要工作“信息发布、文案撰写、视频拍摄剪辑”等，以关键词（与招聘公告一致）+STAR 法则+数据化+成果程度”清楚表达

技能证书

- 大学英语四级证书
- 会计资格证书
- 国家计算机等级二级证书（C 语言）
- 熟练使用 Office 办公软件，特别是 Excel 和 PPT 各项高阶运用（制作新媒体运营期间各种报表和汇报文案，获得领导高度肯定）

获得荣誉

- 获20**-20**学年度“双优”称号（1%）
- 获20**-20**学年度“优秀干部”称号（1%）
- 获20**-20**学年度“三好学生”称号（3%）
- 获20**-20**学年度“国家励志奖学金”（1%）

> 说明：1.“熟练使用”是写简历时常用词汇，可加实例佐证其真实性和程度；2. 获得荣誉加上获奖比例能表明其含金量从而证明自己的能力

自我评价

- 具备营销、市场推广、新媒体运营等相关经验，有较强的领导力、沟通能力、组织能力和团队精神
- 做事有条理，责任感强，具有较强的抗压能力

> 说明：自我评价要客观，且能从前面信息里面找到支撑。具备的经验和能力可从专业和实践证实；素质能力从学生会副会长得出；抗压能力等可从前面的实践成果得到印证

活动与训练

个人简历设计大赛

一、训练目标

掌握个人简历的制作技巧，能够设计个人简历。

二、程序与规则

1. 学生利用课余时间制作个人简历，然后在课堂上展示。
2. 学生投票评选出4个优秀作品，制作者上讲台介绍自己的简历。
3. 其他同学提问和点评。
4. 教师现场颁发奖品予以鼓励。

探索与思考

1. 在准备个人简历时有哪些注意事项？
2. 填写就业推荐表的注意事项有哪些？

7.4 准备笔试和面试

导入案例

面试“抢风头”最终“吃大亏”

陈伟，男，23岁，某高职院校大三学生，应聘岗位是营销企划。在参加学校招聘会时，他进了一家国内知名企业的面试现场，陈伟觉得要脱颖而出就必须表现得更积极，所以在分小组回答问题的时候，别人还没有说话，陈伟就抢着回答，而且越说越多，根本不给别人讲话的机会。一个星期后陈伟收到通知，被告知不需要参加复试了。原因是公司觉得他不注重团体合作精神，不是他们需要的人才。

分析：虽然通过简历获得了求职机会，但是后面的笔试、面试环节同样需要提前准备。否则像案例中的陈伟，因为不懂得面试的技巧，错误地以为“抢风头”就是自信的表现，最终导致求职失败。

一、笔试的内容与技巧

笔试是一种常用的考核方法，目的是考核应聘人员的文字能力、知识面和综合分析事物的能力。它通常用于一些专业技术要求很强和对录用人员素质要求很高的单位，如一些涉外部门、技术要求很高的专业公司及国家机关选聘公务员等。

（一）常见的笔试种类

1. 专业能力测试

这种笔试主要是检验应聘者是否拥有某一职务所要求的专业知识和相关的能力。例如，这几年热衷招考毕业生的国家机关公务员资格考试，其笔试包括行政职业能力倾向测验、写作和综合知识；又如，招聘行政管理、秘书方面工作的单位对应聘者文字能力的测试；部分单位对某种计算机语言有较高的要求时，对应聘者应用特定语言编程的能力的测试。

这种考试往往在特意设置的工作环境中进行。下面举几个例子：

（1）阅读一篇文章，写读后感。

（2）自编一份请求报告或会议通知。

（3）根据 5 个人的发言，写一份评价报告。

（4）某公司计划在 5 月赴国外考察，写出需要做哪些准备工作。

（5）给一个科研题目，写出科研论文的详细大纲。

从应聘人员的答卷中可看出其文字表达能力、分析问题能力和逻辑思维能力等。

2. 智商测试

智商测试是用事先编制好的标准化量表或问卷要求应试者完成，根据完成的数量和质量判定其心理水平或个性差异的方法。

智商测试有两种类型：一类是图形识别题。例如，有 4 种图形，让应试者指出其相似点和不同点。另一类是算术题，主要测试应试者对数字的敏感程度以及基本的计算能力。例如，给定一组数据，让应试者根据不同的要求求出平均值。

3. 综合能力测试

综合能力测试兼有智商测试的要求，但程度更高。例如，应试者要在规定的时间内对一组数据、一组资料进行分析，找出其合理的地方和存在的问题，并设计出解决问题的方案。这是针对学生阅读理解能力，发现问题、分析和解决问题的能力，知识面等素质的全方位测试，相对来说难度更大一些。

（二）笔试技巧

笔试的主要内容首先是基础知识和专业技能知识，其次是心理及能力测试，最后是与专业知识有关及与用人单位有关的某些知识。求职者在参加笔试时要特别注意以下几点。

1. 增强自信心

笔试怯场，大多是由于缺乏自信心。客观冷静地对自己进行正确的评估，就能克服自卑心理，增强自信心。

2. 做好笔试前的准备

提前熟悉考场环境，有利于消除应试时的紧张心理。除携带必备的证件（如身份证、学生证、准考证等）外，一些考试必备的文具（如钢笔、铅笔、橡皮、直尺、中英文字典等）也要准备齐全。

3. 掌握科学的答卷方法

拿到考卷后，首先应通览一遍，了解题目的多少和难易程度，以便掌握答题深度和速度。其次按照先易后难的原则排出答题顺序，先做简单的题，再攻克难题。这样就不会因为攻克难题费时太多而没有时间做会答的题目。最后要尽可能留出时间对易出错的地方进行复查，特别注意不要漏题。

4. 节省时间，争取主动

在笔试过程中，求职者应尽量提高效率、节省时间、争取主动。在做完题目并经过仔细复查确认无误后，应迅速上交试卷。因为在答题的准确率基本相当时，谁交卷早就证明谁的反应快、效率高，谁就会在众多的求职者中占据主动地位。

二、面试的内容与技巧

在整个应聘过程中，面试无疑是最具有决定性意义的一环，事关成败。现在的用人单位越来越看重求职者的综合素质，如自信心、合作性、分析解决问题的能力等，能否在面试过程中表现出这些良好素质，将会左右考官对应试者的印象；同时，面试也是应试者全面展示自身素质、能力、品质的最好时机。

（一）面试前的准备

面试是求职的关键环节，需要事先做好准备，主要包括以下几个方面。

1. 研究用人单位

“知己知彼，百战不殆。”面试前对用人单位进行充分的了解，对通过面试是非常重要的。求职者要通过多种渠道（如宣讲会、网站、社会关系等），设法了解自己所应聘公司和职位的情况，了解公司所在地、规模、背景、经营状况和发展前景，还要了解公司对员工的工作要求、待遇、培训情况。了解企业文化有助于判断公司的环境是否良好，知道公司需要招聘什么样的员工，可以帮助自己恰当地回答问题。

2. 审视自己

面试最重要的还是充分了解自己，面试前要梳理一下自己的情况，对照应聘岗位的招聘要求，问一问自己：我是否对这个岗位感兴趣？我参与竞争的优势是什么？劣势是什么？如果被问到劣势方面，应如何应对？

3. 物品准备

在面试前，应把自己准备带去参加面试的文件包整理好，带上必需用品，如求职简历、求职信、各种荣誉证书和成绩单的复印件等。多带一份简历，有备无患。

4. 面试训练

应届毕业生缺乏面试经验，在面试前有必要进行面试的学习和训练，先了解各种面试形式，学习他人的经验，也可向学长请教。或者以 3～5 人一组，轮流扮演面试官和求职者，模拟面试的过程，锻炼展示自我的能力，积累面试的实战经验。

5. 心理准备

面试的过程是一个复杂的心理变化过程，成功的关键在于自己优秀的素质以及良好的临场发挥。在面试前要进行心理调适，克服紧张情绪，并排除心理干扰。在面试时要放松，这样才能发挥出最佳的水平，取得理想的面试效果。还要注意保证足够的睡眠，保持良好状态。

（二）面试的基本内容

从理论上讲，面试可以测评应试者的任何素质，但在人员甄选的实践中，并不是通过面试去测评一个人的所有素质，而是有选择地通过面试去测评它最能测评的内容。面试测评的主要内容如下。

1. 仪表风度

这是指应试者的形体、外貌、气色、衣着、举止、精神状态等。例如，国家公务员、教师、公关人员和企业经理人员等职位，对仪表风度的要求较高。研究表明，仪表端庄、衣着整洁、举止文明的人，一般做事有规律，注重自我约束，责任心强。因此，毕业生在面试时应该注意着装得体，举止文雅、大方。

2. 专业知识

了解应试者掌握专业知识的深度和广度，其专业知识更新是否符合所要录用职位的要求，作为对专业知识笔试的补充。面试对专业知识的考查更具灵活性和深度，所提问题也更接近空缺岗位对专业知识的需求。

3. 工作实践经验

一般根据应试者的个人简历或求职登记表，进行相关的提问，查询应试者的有关背景及过去工作的情况，以补充、证实其所具有的实践经验；通过对工作经历与实践经验的了解，还可以考查应试者的责任感、主动性、思维力、口头表达能力及面对问题时的理智状况等。

4. 口头表达能力

一般观察应试者能否将要向对方表达的内容有条理地、完整地、准确地转达给对方；引例、用语是否确切；发音是否准确，语气是否柔和；说话时的姿势、表情如何；面试中应试者是否能够将自己的思想、观点、意见或建议顺畅地用语言表达出来。作为应试者，在面试时应注意：谈话是否前后连贯，主题是否突出，思想是否清晰，说话是否有说服力。

5. 综合分析能力

主要考查应试者是否能对主考官所提出的问题，通过分析抓住本质，并且说理透彻、分析全面、条理清晰。

6. 思考判断能力

一般观察应试者能否准确、迅速地判断面临的状况，能否恰当地处理突发事件；能否迅速地回答考官的问题，且答案简练、贴切。作为应试者，应在准确、迅速、决断方面重点准备，对自己的判断应该有信心。

7. 反应能力与应变能力

主要看应试者对主考官所提问题的理解是否准确，考查应试者回答的迅速性、准确性等。对突发问题的反应是否机智敏捷、回答是否恰当，对意外事情的处理是否妥当等。

8. 操作能力

主要在于考查应试者对已认定的事情能否进行下去、工作节奏是否紧张有序、对于集团作业的适应性如何、是否具备领导能力等。

9. 人际交往能力

主要在于观察应试者遇到难堪问题后的反应、能否让人亲近、对他人有无吸引力等。在面试中，通过询问应试者经常参与哪些社团活动，喜欢同哪种类型的人打交道，在各种社交场合所扮演的角色，可以了解应试者的人际交往倾向和与人相处的技巧。

10. 自我控制能力

自我控制能力对国家公务员及许多其他类型的工作人员（如企业的管理人员）尤为重要。自我控制能力强的人，一方面，在遇到上级批评指责、工作有压力或个人利益受到冲击时，能够克制、容忍、理智地对待，不致因情绪波动而影响工作；另一方面，在工作中更有耐心和韧劲。

11. 工作态度

面试过程中，用人单位主要想了解应试者对过去学习、工作的态度；另外，还想了解其对应聘职位的态度。在过去学习或工作中态度不认真，做事做好做坏无所谓的人，在新的工作岗位上也很难能勤勤恳恳、认真负责。因此，大学生需要树立积极的工作态度，培养良好的工作习惯。

12. 职业道德

职业道德方面的面试，主要在于考查应试者责任感是否强烈，完成工作是否能令人放心，对要求较高的业务能否适应等。应试者回答问题时应该突出自己的自信心、坚强的意志、强烈的责任感。

13. 求职动机

询问求职动机，主要在于了解应试者为何希望来应聘单位工作，对哪类工作最感兴趣，在工作中追求什么。以此判断用人单位所能提供的职位或工作条件等能否满足其工作要求和期望。

14. 业余兴趣与爱好

通过了解应试者休闲时喜爱从事哪些运动、喜欢阅读哪些书籍、喜欢什么样的电视节目、有什么样的爱好等，可以了解一个人的兴趣与爱好，这为录用后的工作安排提供了参考。

（三）面试着装技巧

面试服装的选择、搭配是面试前必须准备好的。面试的着装最重要的是四个字：干净、整洁。下面介绍着装注意事项。

1. 男士着装的选择

（1）选颜色。整体着装不能超过三种颜色。正装西装通常是单色的、深色的。藏青色或者深灰色的素色西装最为合适，这两种颜色是正统的西装颜色，会给面试官留下良好印象。

（2）选款式。按西装的件数划分为套装西装和单件西装；按西装的纽扣划分为单排扣西装和双排扣西装；按适用场合不同划分为正装西装和休闲西装（颜色、面料、款式）。男士穿戴不需要很时尚或很流行，只要简洁大方，颜色沉稳，最主要的是上衣和裤子的搭配，一定要合理。

（3）选西装。掌握四点：①颜色以单一的深色为佳；②质地以纯毛或含毛量较高的混纺毛料最好；③合体度不可过分肥大或窄小；④套装必须同色同质。穿正装西服时，全身颜色色系必须限制在三种之内。穿双排扣西装，纽扣一定要全部扣上，坐下后也不能解开扣子；单排扣的西装在正式场合须扣上一个；两粒扣的应扣上不扣下；三粒扣的应扣中间一粒。

（4）选衬衫。经典白色衬衫永不过时，而蓝色衬衫（最好选择没有格子和条纹的）是IT 行业男士的最佳选择，能体现出智慧、沉稳的气质；任何季节都要穿长袖衬衫。衬衫如有扣，最好选择式样简单的。

（5）选裤子。裤子长度以直立状态下裤脚遮盖住鞋跟的四分之三为佳。腰带外扎。皮带的宽度通常为 2.5～3 厘米，颜色以深色为佳；皮带头应美观大方；皮带上不能挂东西。

（6）选鞋子。在正规场合穿西装就一定要穿皮鞋，不能穿凉鞋、布鞋、球鞋、休闲鞋。

（7）选袜子。穿整套西装一定要穿与西裤、皮鞋颜色相同或同色系的袜子，一般以深灰、藏蓝或黑色为佳。切记：不穿尼龙袜，不穿白袜子。

2. 女士着装的选择

相对于偏于稳重单调的男士着装，女士的着装则亮丽丰富得多。女士着装应得体而不浮夸，严谨又不失柔性之美。应以整洁美观，稳重大方，协调高雅为总原则。不仅可以显得更加美丽，还可以体现出一个现代文明人良好的修养和独到的品位。在女性面试中，女性面试着装礼仪更是占了面试技巧中的一半；好的面试着装能够让女性增加面试的成功率。

（1）套装的选择。面试服装少不了套装，套装不一定要追求名牌，但是一定要得体大方。在选套装时，服饰的色彩、款式要和自己的年龄、气质、体态，以及所应聘的职业岗位协调一致。如果只买一套正装，深色套装是最稳妥的。

（2）衬衫。在挑选衬衫的时候，无论是颜色还是款式以保守为宜。不要挑选透明材质的上衣。

（3）裙子。女士的裙装不要太短、太暴露。

（4）袜子。丝袜的颜色最好是传统常见的，如黑色、肉色、深灰等，但必须和套装、鞋子的颜色保持和谐。

（5）鞋子。黑色的皮鞋最为传统，也最为保险。鞋子不要太花哨，鞋跟不能太高也不宜太低，想要增加面试时所展现的气质，又不会完美驾驭高跟鞋的女士，不妨考虑坡跟鞋，它比高跟鞋穿起来舒服，走路的姿态也不比穿高跟鞋差。

3. 面试场合着装禁忌

（1）忌过分杂乱鲜艳。参加面试这样重要的场合时要注意，穿套装、套裙时整体的风格和色调要统一。

（2）忌暴露。忌超短裙、露脐装、背心、短裤。正式场合着装，不暴露胸部、腰部等，严格讲不能穿无袖装。

（3）忌过分透明、紧身、短小。

（4）不要将钥匙、手机、零钱等放在裤袋中，以免影响整体穿着的美观。

同时，女士面试时还要注意三大禁忌：

（1）妆容。切忌浓妆艳抹。

（2）指甲油与长指甲。面试时最好不要涂指甲油，不要留长指甲。

（3）饰物的选择。选择尽可能简单的饰品。不要戴形状奇特的戒指；不要戴很大很长的耳环，也不要戴太多耳环，简洁的耳钉就可以带来不凡的效果。

案例 7–5

最好的“介绍信”

某公司经理问面试官为什么要录用一个没有任何人推荐的人时，面试官说：“他神态清爽，服饰整洁；在门口蹭掉了脚下带的土，进门后随手轻轻地关上了门；当他看见残疾人时主动让座；进了办公室，其他人都从我故意放在地板上的那本书上迈过去，而他却很自然地俯身捡起并放在桌上；他回答问题简洁明了，干脆果断，这些难道不是最好的介绍信吗？”

分析：良好的礼仪和外在形象能展示应聘者美好的外表和内在，使面试官产生好感，形成良好的第一印象。

（四）面试中的礼仪

众所周知，礼仪是一个人素质与教养的具体表现。面试中良好的礼仪能向面试官传递这样的信息：我非常尊重您，也很希望获得这份工作，同时我对自己面试成功充满自信。

1. 赴约守时

守时是职业道德的一个基本要求，如果你面试迟到，那么不管你有什么理由，都会被视为缺乏自我管理和自我约束能力，即缺乏职业能力，会给面试官留下非常不好的印象。提前 10 分钟到达面试地点效果最佳。在面试时迟到或是匆匆忙忙赶到都是致命的。

2. 进入用人单位

应试者必须明白你的面试有可能在你踏入单位的大门时就开始了，因此必须时刻小心留意。到了招聘单位，最好径直到面试地点，不要四处张望，如果招聘单位有前台，应开门见山说明来意，经指导到指定区域落座；若无前台，可以找工作人员求助。这时要注意用语文明，开始的“您好”和被指导后的“谢谢”是必要的。

3. 等待面试

参加面试应该自带一些报刊在等待时阅读。当然，如果此时有该单位的介绍材料，应该仔细阅读以期了解其情况，这会对你的面试有所帮助。另外，特别提醒毕业生，在等待面试期间，有可能会发生一些预想不到的事情，这时你千万要谨慎，这可能是招聘单位有意设计的测试情景。

4. 进入面试现场

敲门时千万不可敲得太用力。进门后应转过身去正对着门，用手轻轻将门合上，然后面带微笑走向面试官。走到面试官面前，应亲切地道一声“您好”，等面试官示意你坐下时方可坐下。坐下后不要背靠椅子，也不要弓着腰，应该很自然地将腰挺直。

5. 面试过程中的形体

在面试中，上身正直，微向前倾，目光注视面试官的眼部和脸部以示尊重，双手放在扶手上或交叉于腹前，双腿自然弯曲并拢，双脚平落地面；注意力要集中，认真听面试官所提的问题，有条理地进行回答，切忌答非所问。在面试过程中，如果工作人员向你发放资料或索要资料，一定起身接受或递送，并说“谢谢”。

6. 学会做倾听者

耐心听完面试官的问题，弄清楚他要你回答的究竟是什么？有些人在别人说话时，唯唯诺诺，仿佛都听进去了，等别人说完，却又问道：“很抱歉，你刚才说些什么？”对于他来说，也许只是一时的心不在焉，听漏了重点，对于说话的人来说却是件很失礼的事。所以参加面试，一定要集中精神，认真听完对方讲话。

7. 谈吐文雅、谦逊，态度热情

谈话时，眼睛要适时地注意对方。不要东张西望，显得漫不经心；也不要眼皮低垂，显得缺乏自信。激动地与面试官争辩某个问题是不明智的举动，冷静地保持不卑不亢的风度是有益的。有些面试官专门提一些无理的问题试探你的反应，如果处理不好，容易乱了分寸，面试的效果显然不会理想。

8. 回答问题

对面试官提出的问题要逐一回答，对方向你介绍情况时，要认真倾听。为了表示你已听懂并感兴趣，可以在适当的时候点头或适当提问、答话。回答面试官的问题，口齿要清晰，声音要适度，答话要简练、完整。不要打断面试官的问话或抢问抢答，否则会给人留下急躁、鲁莽、不礼貌的印象。问话完毕，听不懂时，可礼貌地要求重复（尽量不要出现这种情况）。当不能回答某一问题时，应如实告诉面试官，含糊其词和胡吹乱侃会导致面试失败。对重复的问题也要有耐心，不要表现出不耐烦。

9. 退场

面试结束时，应站起来对面试官表示感谢。走出面试室时先打开门，然后转过身来向面试官鞠一躬并再次表示“感谢，再见”，然后轻轻地将门合上。

面试结束后，分析一下自己在面试中的得与失，然后写封信寄给面试官表示感谢，这样可以给面试官留下深刻印象。

（五）面试行为的忌讳

1. 忌迟到和失约

迟到和失约是面试中的大忌，这种行为不但反映出求职者没有时间观念和责任感，更会令面试官觉得求职者对这份工作没有热忱，印象分自然大减。守时不但是美德，更是面试时必须做到的事。如因有要事迟到或缺席，一定要尽早打电话通知该公司，并重新约定面试时间。另外，匆匆忙忙到公司，心情还未平静便进行面试，面试表现也会大失水准。

2. 忌数落别人

切勿在面试时当着面试官数落现任或前任雇主、同事、同学、老师的不是。这样做不但得不到同情，反而会令人觉得你记仇、不念旧情且不懂得与别人相处，从而招来面试官的反感。

3. 忌说谎

面试时说谎，伪造自己的所谓辉煌历史，或将不属于自己的功劳据为己有，即使现在能瞒天过海，也难保谎言将来不会有被揭穿的一日。因此，面试时应实话实说，可以扬长避短，但绝不能说谎话。

4. 忌准备不足

无论学历如何高，资历如何深，工作经验如何丰富，当面试官发现求职者对申请的职位知晓不多，甚至连最基本的问题也回答不好时，印象分自然大打折扣。面试官不但会觉得求职者准备不足，甚至会认为其根本无志于这方面的发展。因此，面试前应做好准备工作。

5. 忌长篇大论或少言寡语

面试时切勿滔滔不绝、喋喋不休。面试官最怕求职者长篇大论。面试时只需针对问题，重点回答。与此相反，有些求职者十分害羞，不懂得把握机会表现自己，无论回答什么问题，答案往往只有一两句，甚至只回答"是、有、好、可以"等，这种行为同样不可取。如果性格胆小害羞，则应多加练习，以做到谈吐自如。

6. 忌语气词过多

使用太多"呢""啦""吧"等语气词或口头禅，会让面试官心烦意乱。语气词或口头禅太多，会让面试官误以为求职者自信心和准备不足。

7. 忌欠缺目标

面试时，千万不要给面试官留下没有明确事业目标的印象。虽然一些求职者的其他条件不错，但无事业目标，就会缺少主动性和创造性，对企业贡献有限。面试官反倒愿意聘用一个各方面表现虽较逊色但具有事业目标和工作热忱的求职者。

案例 7-6

王小果的执着

作为某高职院校的一名毕业生，王小果收到了一家基金公司的面试邀请。面试过程中，王小果介绍了自己在校的经历，成绩优异，全额奖学金，可以说在校经历非常光鲜亮丽，但是面试官问了她几个专业问题却把她难住了，于是被淘汰。抱着执着的心态，王小果次日再次来到了基金公司，找到主管将之前的问题一一作了解答，最终成功入职了这家基金公司。

分析：王小果同学第一次求职失败的经历非常具有典型性，有时候大学生求职失败并不是因为不够优秀，而是准备不够充分。而与许多人失败一次就放弃不同，接下来她凭借自己执着的态度和精心的准备为自己赢得了第二次机会，并收获了一份工作。正如《阿甘正传》中所言："也许我们这些聪明人，脑袋里能装的目标太多，所以忘了执着。"有时候，求职者所展现出的真诚、执着的态度，比其他方面的长处更能打动面试官。

活动与训练

模拟面试训练 + 面试复盘提升

一、训练目标

模拟面试，复盘总结，不断提升面试能力。

二、程序与规则

1. 开展模拟面试训练。

2. 根据自身表现情况填写面试复盘表（如表 7-5 所示）。

表 7-5　我的面试复盘表

<table>
<tr><td>企业名称</td><td></td><td>面试职位</td><td></td><td>面试时间</td><td></td></tr>
<tr><td>复盘内容</td><td>参考目标</td><td>自评</td><td>情况描述</td><td colspan="2">还需改进的地方</td></tr>
<tr><td rowspan="4">整体流程</td><td>我至少提前 15 分钟到达面试场所</td><td>□是 □否</td><td></td><td colspan="2"></td></tr>
<tr><td>进入企业前我整理过自己的仪容仪表</td><td>□是 □否</td><td></td><td colspan="2"></td></tr>
<tr><td>我始终保持微笑并能主动与他人打招呼</td><td>□是 □否</td><td></td><td colspan="2"></td></tr>
<tr><td>填写企业登记表时，我不需要借助其他资料</td><td>□是 □否</td><td></td><td colspan="2"></td></tr>
<tr><td rowspan="4">面试过程</td><td>我的自我介绍能凸显出我的优点</td><td>□是 □否</td><td></td><td colspan="2"></td></tr>
<tr><td>我的自我介绍能凸显出我与岗位的匹配性</td><td>□是 □否</td><td></td><td colspan="2"></td></tr>
<tr><td>我能很好地理解并应答面试官提出的问题</td><td>□是 □否</td><td></td><td colspan="2"></td></tr>
<tr><td>我能很清晰地描述我想了解的问题，并得到面试官的正面回答</td><td>□是 □否</td><td></td><td colspan="2"></td></tr>
<tr><td rowspan="4">其他事宜</td><td>我在面试前了解过企业信息</td><td>□是 □否</td><td></td><td colspan="2"></td></tr>
<tr><td>我了解过所面试岗位的职能</td><td>□是 □否</td><td></td><td colspan="2"></td></tr>
<tr><td>我与面试官沟通很顺畅，沟通的氛围很愉快</td><td>□是 □否</td><td></td><td colspan="2"></td></tr>
<tr><td>我发现了一些可能造成我面试失败的细节</td><td>□是 □否</td><td></td><td colspan="2"></td></tr>
<tr><td colspan="2" rowspan="2">我觉得面试成功的概率及理由</td><td colspan="4">□ 0　□低于 50%　□高于 50%　□ 100%</td></tr>
<tr><td colspan="4">理由：</td></tr>
<tr><td colspan="2" rowspan="2">最终的面试结果及答复时间</td><td colspan="4">□杳无音讯　□被告知未通过面试
□邀请参加复试　□告知被录用</td></tr>
<tr><td colspan="4">答复时间：</td></tr>
</table>

探索与思考

1. 大学生在准备面试的过程中，应该做哪些准备工作？

2. 大学生在求职面试中有哪些禁忌？

模块八　就业程序与就业权益

模块导读

对于即将走上工作岗位的毕业生而言，提前了解如何办理毕业、就业、落户等手续，能少走弯路，事半功倍。进入职场，职场新人应尽快与用人单位签订劳动合同，以替代原来的三方协议。如果发生劳动合同纠纷，可以选择协商调解、申请劳动仲裁等形式解决。要学会识别就业过程中可能遇到的各种陷阱和歧视，并掌握规避的方法。

本模块主要介绍国家和地方政府关于大学生就业手续办理的政策与规定，以及近几年出台的与大学生就业相关的优惠政策，以指导大学生理解并掌握相关政策，顺利实现就业。学习的重点在于掌握就业中享有的权利和应尽的义务、就业协议和毕业程序、劳动合同和就业权益的维护。

能力标准

分类	具体内容
知识	1. 了解就业协议签订与解除的程序； 2. 了解毕业生档案转接和户口迁移相关的知识和办理程序； 3. 了解人事代理等基本的就业常识； 4. 了解劳动合同及就业权益保护的相关知识
技能	1. 识别和防范常见的就业陷阱，并掌握规避的方法； 2. 劳动争议的处理； 3. 掌握就业中享有的权利和应尽的义务、就业协议和毕业程序、劳动合同和就业权益的维护；
态度	树立正确的就业观、职业观，保护自身劳动的合法权益

学习导航

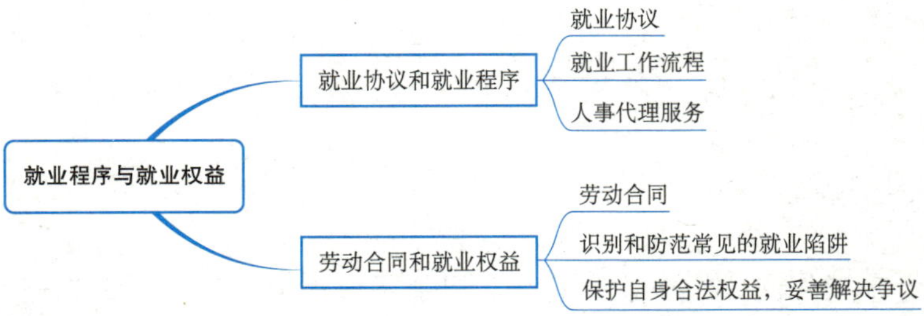

8.1 就业协议和就业程序

导入案例

毕业生苏素和张勤就业协议的签订

临近毕业，苏素和张勤都希望找到一份理想的工作。苏素在签订就业协议时，由于贪图方便，将骗取盖有学校鉴证章的协议书签好字交给用人单位。没想到第二天拿到单位盖好章的协议后，发现工资栏多了一条“此工资为税前工资”，由于协议已经生效，如果违约要赔偿该单位5000元的违约金，苏素只能忍气吞声。

张勤和一家公司签订了《全国普通高等院校毕业生就业协议书》。她向公司提出，是否可以将劳动合同的内容事先告知或者将劳动合同作为就业协议的附件同时签订。公司表示张勤的要求合情合理，由于劳动合同需要等到毕业生报到后才能签订，因此双方可以在就业协议中增加一条附加条款：“张勤报到后签订劳动合同，劳动合同的主要款项必须与就业协议一致。”张勤觉得公司的建议有可操作性并且可以保护自己的权益，表示同意。

分析：这个案例中涉及大学毕业生就业协议书、劳动合同等概念，求职者碰到的问题在大多数毕业生就业过程中，也比较典型。毕业生需要了解必要的法律概念和就业流程，维护自身权益。

大学毕业生作为人才资源中较高层次的一类，其就业过程是国家高层次人才资源配置中重要的一个环节。一般来说，毕业生就业要经过以下几个流程（如图8-1所示）。

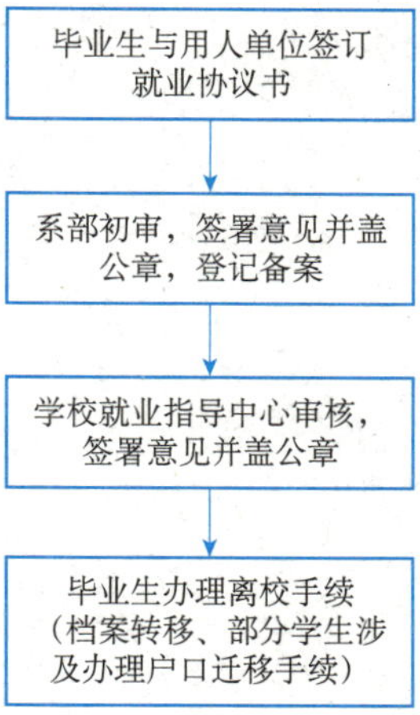

图 8-1　高校毕业生就业流程

一、就业协议

就业协议（又称三方协议，属于格式合同）是《全国普通高等学校毕业生就业协议书》的简称（如图 8-2 所示），它是明确毕业生、用人单位、学校三方在毕业生就业工作中的权利和义务的书面表现形式，能解决应届毕业生户籍、档案、保险、公积金等一系列相关问题。该协议在毕业生到单位报到、用人单位正式接收后自行终止。

就业协议具有法律效力，一经签订，协议各方必须严格履行。

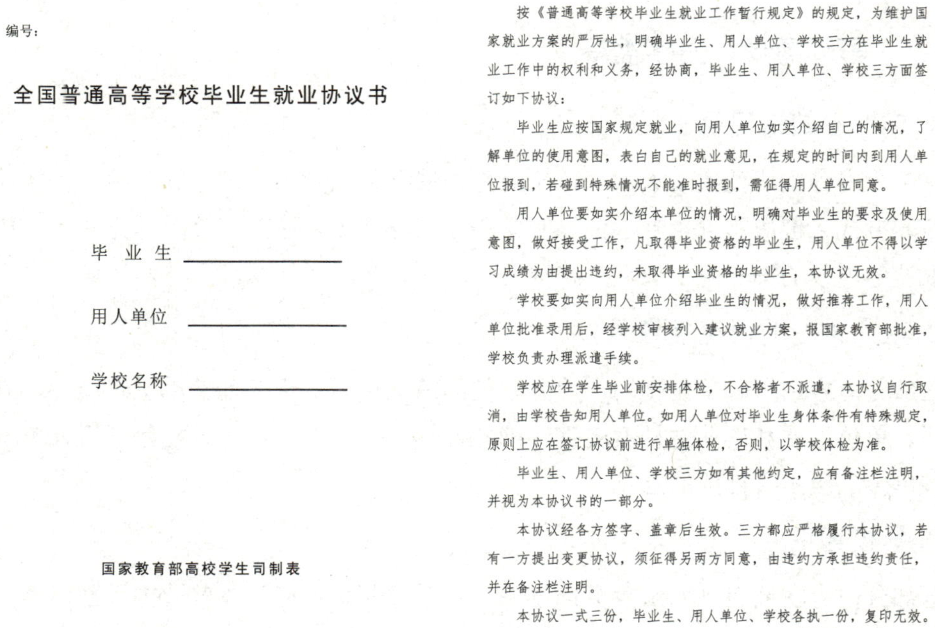

编号：

全国普通高等学校毕业生就业协议书

毕　业　生 ______________

用人单位 ______________

学校名称 ______________

国家教育部高校学生司制表

按《普通高等学校毕业生就业工作暂行规定》的规定，为维护国家就业方案的严厉性，明确毕业生、用人单位、学校三方在毕业生就业工作中的权利和义务，经协商，毕业生、用人单位、学校三方面签订如下协议：

毕业生应按国家规定就业，向用人单位如实介绍自己的情况，了解单位的使用意图，表白自己的就业意见，在规定的时间内到用人单位报到，若碰到特殊情况不能准时报到，需征得用人单位同意。

用人单位要如实介绍本单位的情况，明确对毕业生的要求及使用意图，做好接受工作，凡取得毕业资格的毕业生，用人单位不得以学习成绩为由提出违约，未取得毕业资格的毕业生，本协议无效。

学校要如实向用人单位介绍毕业生的情况，做好推荐工作，用人单位批准录用后，经学校审核列入建议就业方案，报国家教育部批准，学校负责办理派遣手续。

学校应在学生毕业前安排体检，不合格者不派遣，本协议自行取消，由学校告知用人单位。如用人单位对毕业生身体条件有特殊规定，原则上应在签订协议前进行单独体检，否则，以学校体检为准。

毕业生、用人单位、学校三方如有其他约定，应有备注栏注明，并视为本协议书的一部分。

本协议经各方签字、盖章后生效。三方都应严格履行本协议，若有一方提出变更协议，须征得另两方同意，由违约方承担违约责任，并在备注栏注明。

本协议一式三份，毕业生、用人单位、学校各执一份，复印无效。

<table>
<tr><td rowspan="5">毕业生情况及意见</td><td>姓　名</td><td></td><td>性别</td><td></td><td>年龄</td><td></td><td>民族</td><td></td></tr>
<tr><td>政治面貌</td><td></td><td>培养方式</td><td colspan="2"></td><td>健康状况</td><td colspan="2"></td></tr>
<tr><td>专　业</td><td></td><td>学　制</td><td colspan="2"></td><td>学　历</td><td colspan="2"></td></tr>
<tr><td>家庭地址</td><td colspan="7"></td></tr>
<tr><td colspan="8">应聘意见：
毕业生署名：　　　年　月　日</td></tr>
<tr><td rowspan="6">用人单位情况及意见</td><td>单位名称</td><td colspan="5"></td><td>单位从属</td><td></td></tr>
<tr><td>联 系 人</td><td></td><td>联系电话</td><td colspan="2"></td><td>邮政编码</td><td colspan="2"></td></tr>
<tr><td>通信地址</td><td colspan="5"></td><td>单位经济类型</td><td></td></tr>
<tr><td>单位性质</td><td colspan="7">党政机关、科研设计单位、学校、其他事业单位、厂矿企业、三资企业、部队、其他</td></tr>
<tr><td colspan="2">档案转寄具体地址</td><td colspan="6"></td></tr>
<tr><td colspan="4">用人单位意见：
签　章
年　月　日</td><td colspan="4">用人单位上级主管部门意见：
（有用人自主权的单位此栏可略）
签　章
年　月　日</td></tr>
<tr><td rowspan="3">学校意见</td><td>学校联系人</td><td></td><td>联系电话</td><td colspan="2"></td><td>邮政编码</td><td colspan="2"></td></tr>
<tr><td>学校通讯地址</td><td colspan="7"></td></tr>
<tr><td colspan="4">院（系、所）意见：
签章
年　月　日</td><td colspan="4">学校毕业生就业部门意见：
签章
年　月　日</td></tr>
</table>

备注（违约责任及其他约定事项）：

图 8-2　就业协议书签订样本

（一）签约须知

就业协议是依据教育部颁布的《普通高等学校毕业生就业工作暂行规定》（以下简称《暂行规定》）制定的。《暂行规定》第二十四条规定："经供需见面和双向选择后，毕业生、用人单位和高等学校应当签订毕业生就业协议书，作为制定就业计划和派遣的依据。"由此可见，毕业生就业必须签订就业协议书，否则国家或省（区、市）级毕业生就业主管部门就不能为其办理毕业生就业报到手续。此外还需注意，就业协议书复印无效。

（二）签署意见与签字盖章

1. 毕业生的情况及意见

这部分内容由毕业生本人填写，毕业生的情况包括姓名、性别、年龄、民族、政治面貌、培养方式、健康状况、专业、学制学历和家庭地址。注意在"培养方式"一栏中，属于国家计划招收的毕业生要填写"统招"。

2. 用人单位的情况及意见

这部分内容由用人单位填写，用人单位的情况包括单位名称、单位隶属、联系人、联系电话、单位性质和毕业生档案转寄详细地址等。用人单位意见一栏包括用人单位的意见和用人单位上级主管部门的意见。

3. 学校意见

这部分内容主要包括两级意见：学院（或系部）意见和学校就业主管部门意见。学院（或系部）意见是毕业生所在院校的基层意见，在签署意见时除进行初步审核外，还要了解毕业生具体的就业去向。学校就业主管部门签署意见是代表学校一方在就业协议书上签字盖章。

（三）毕业生与用人单位双方约定

双方约定栏是为毕业生、用人单位、学校三方共同约定的其他条款所设计的。在双方约定中，毕业生与用人单位约定的条款如果不涉及学校的有关规定，不违反政策，并只在毕业生与用人单位之间约定，学校是不予干涉的。

（四）签订协议时应注意的问题

1. 查明用人单位的主体资格

签订就业协议的当事人必须具备合法的主体资格，一般而言，用人单位必须具有从事各项经营或管理活动的能力，单位应有录用指标和录用自主权。

2. 按规定的程序签订协议

毕业生凭学校发放的就业协议书，在与用人单位签约后交予学校就业部门盖章。

3. 有关条款的内容必须明确

毕业生与用人单位签约时，尽量采用示范条款。如确有必要进行变更或增加，则应在内容上明确。

4. 注意与劳动合同的衔接

由于毕业生就业协议签订在先，为避免日后订立劳动合同时产生纠纷，应尽可能将劳动合同的主要内容体现在就业协议的约定条款中，并明确表示在日后订立劳动合同时应予以确认。

5. 对合同的解除条件做事先约定

毕业生就业协议一经订立，就对当事人具有约束力，不得随意解除，否则应承担违约责任。

（五）签订就业协议的程序

（1）毕业生本人填写就业协议书。

（2）用人单位签署意见并加盖单位公章；必要情况下，上级主管单位栏应填写人事局或教育行政部门意见，以便转接和迁移户口档案；若招聘单位是部队、中央单位、省管企事业单位，只需加盖单位公章即可。毕业生于非公有制单位就业或自主创业，暂时无法办理户口、档案转移手续的，可凭借与单位签署的劳动用工合同或工商营业执照，到当地毕业生就业主管部门或人才就业服务机构办理人事代理关系，签订就业协议书。

（3）用人单位或毕业生本人将就业协议书交至学校院系，由学校院系签署意见并加盖公章。

（4）用人单位或毕业生本人将就业协议书交至学校招生就业处或就业中心，由学校就业主管部门签署意见并加盖公章。

（5）毕业生、用人单位各留一份，学校留两份（其中一份交至学校所属毕业生就业主管部门）。

（六）无效就业协议

无效协议是指欠缺就业协议的生效要件而导致就业协议无效。主要包括以下两种情形。

1. 采取欺诈手段签订的就业协议无效

如用人单位没有如实介绍本单位情况，或根本无录用指标而与毕业生签订就业协议；毕业生在订立就业协议时对个人情况有重要隐瞒等情形。无效协议产生的法律后果由有欺诈行为的一方承担。

2. 就业协议未经学校审查同意时无效

就业协议未经学校审查、同意，毕业生擅自签订的协议无效，学校将不予列入就业方案，不予办理就业报到手续。经学校审查认为该协议对毕业生显失公平，或违反公平竞争、公平录用的原则，或不符合国家有关政策规定，学校有权拒签。就业协议被确认为无效的法律后果由责任方承担。

知识链接

Offer 不是就业协议

Offer 即“录用通知书”，是用人单位向被录用者发出的一种工作邀请函，其中说明了被录用者的上班时间、薪水和福利等情况，一般是在劳动者通过用人单位面试、用人单位决定录用后发出的，要求劳动者在上面签字，劳动者签字即表明接受对方的录用意向，愿意到用人单位工作。

Offer 是毕业生和用人单位达成的一个录用意向，并不涉及学校。因此，对于高校毕业生而言，除了与用人单位签署 Offer，还应与其签订就业协议书，以更好地维护自己的合法权益。

（七）就业协议的解除

1. 就业协议的解除分为单方解除和三方解除

（1）单方解除。单方解除包括单方擅自解除和单方依法或依协议解除。单方擅自解除协议属违约行为，解约方应对另两方承担违约责任。单方依法或依协议解除是指一方解除就业协议有法律上或协议上的依据。例如，学生未取得毕业资格，用人单位有权单方解除就业协议；毕业生录取研究生后，可解除就业协议；或依协议规定，毕业生未通过用人单位或其所在地组织的相关考试，用人单位有权解除协议，等等。此类单方解除，解除方无须对另两方承担法律责任。

（2）三方解除。三方解除是指毕业生、用人单位、学校三方经协商一致，解除原订立的协议，使协议不发生法律效力。此类解除是三方当事人真实意思表示一致的体现，三方均不承担法律责任。三方解除应在就业计划上报主管部门之前进行，如果就业转接计划下达后三方解除，还须经主管部门批准办理调整改派。

就业协议书一经毕业生、用人单位、学校签署即具有法律效力，任何一方不得擅自解除，否则违约方应向权利受损方支付协议条款所规定的违约金。

2. 解约手续的流程

毕业生一旦与用人单位签订就业协议，双方就已构成契约关系。毕业生如因故需要终止与原签约单位的协议，必须按所在学校规定办理解约手续。

（1）材料准备：①原签约单位书面同意解除协议的函件（原件）；②新单位同意接收的函件（原件）；③原签约的协议书；④本人要求违约的书面申请。

（2）从学校就业网站下载并填写解除就业协议申请表，由所在系部（或分院）主管毕业生就业工作的辅导员和主管领导签署意见。

（3）学校就业主管部门将对毕业生的申请材料进行审核批准。经审核同意的，发放新的就业协议书。对手续不全、材料有虚假、对学校声誉影响较大的违约申请，将不予同意或延期审核。

（4）曾经办理过解约的毕业生，与新单位签约后，学校不再受理该生的第二次解约申请；原则上不受理签约后一个月内递交的违约申请。

（5）到国内外升学以及录取为国家公务员的毕业生，在征得原单位书面同意的前提下，不受解约受理时间的限制。

案例 8-1

毕业生违约的不良后果

毕业生违约，除本人应承担违约责任、支付违约金外，往往还会造成其他不良的影响，主要表现在以下几个方面：

第一，就用人单位而言，用人单位往往为录用毕业生做了大量的工作，一旦毕业生因某种原因违约，势必给用人单位造成损失。

第二，就学校而言，毕业生违约行为会影响学校和用人单位的长期合作关系，并影响学校的正常转接工作。

第三，就其他毕业生而言，用人单位到校招聘毕业生，一旦与某毕业生签订就业协议，就不可能再录用其他毕业生。若日后该毕业生违约，有些当初希望到该用人单位工作的其他毕业生由于录用时间等，也无法补缺，造成就业资源的浪费，影响其他毕业生就业。

第四，就毕业生本人来说，既浪费金钱又浪费时间。

分析：综上所述，毕业生违约，会带来诸多负面影响。诚实守信是中华民族的传统美德，是全社会都应当遵守的基本道德规范。高校作为新一代大学生思想教育的主战场，应当引导学生树立正确的道德观念，培养诚实守信意识。建议毕业生签约前谨慎考虑，注重诚信，不轻易违约，共同维护毕业生良好的社会声誉。

二、就业工作流程

大学生就业管理机构大致由三部分组成：负责制定全国毕业生就业的相关政策的教育部；负责属地内所有高校毕业生的就业工作的各省、自治区和直辖市有关部委的毕业生就业工作主管部门；负责本院校毕业生的就业工作的各高等院校的毕业生就业工作主管部门。大学生就业主要的工作流程如下所示。

（一）核对毕业生信息

毕业生信息是指学校每年需要列入就业计划的毕业生的基本信息，如毕业生的姓名、身份证、学号、培养方式等。录入时应注意：

（1）应届毕业生的生源地是指入学前户口所在地，如在读期间家庭户籍变更的，需出示异地户籍部门证明和户籍迁移证复印件，才可更改生源地名称。

（2）毕业生资源信息中毕业生的姓名必须与高考录取通知书的姓名一致，如果毕业生在读期间更改姓名，需出示已有更改登记的户口本复印件及身份证复印件。

（3）毕业生的学号与身份证号将作为毕业生以后办理户口及档案转移等就业手续的识别号，因此录入时需要保证其准确性。

（二）填写“就业推荐表”

1. 填写就业推荐表须知

毕业生推荐表是学校为帮助毕业生就业，专门向用人单位出具的一份正式的推荐函，一个毕业生只能持有一份原件，若需联系不同的单位，请用复印件，待确定单位后，再将原件交予就业单位。

2. 填写推荐表要规范

封面："学校名称"栏填学校全称，"学历"栏填"大学本科或专科"，"专业名称"栏以毕业证书上的名称为准。

内表一：姓名、出生年月的填写必须与户口簿、身份证相一致，不得有异；"生源 地区"栏格式为"×× 省 ×× 市 ×× 县（区）"；"家庭地址"栏一般填父母居住地地址，家庭地址与生源地有出入者，应在家庭住址栏内注明。

内表二：在"自我鉴定"栏内就本人在大学学习期间的思想、学习、工作、生活等方面的表现作自我评价。

内表三："本人求职意愿"栏填本人求职行业、岗位、地区及其他具体要求；"院系推荐意见"栏由毕业生所在院系详细填写，并签名盖章。毕业生和所在院系填写完相关内容后，以院系为单位统一交到学校就业工作部门盖章。

（三）填写"毕业生登记表"

"毕业生登记表"是学生毕业档案材料之一，其内容包括了学生基本情况、学习经历、社会关系、自我鉴定、班委鉴定、院系意见及学校意见等。登记表填写基本信息后，由班委根据填写内容及对该同学的总体表现进行民主评议，并将结论写在"班委鉴定"栏中，班长签字后报院系审核并加盖公章后，由校级主管部门确认"学校意见"，盖学校公章后封入学生档案。

（四）党组织关系转接

毕业生党员离校前与其签约单位党组织联系，确定组织关系转移去向，各支部根据毕业生就业计划填写《毕业生党员组织关系转出情况登记表》，并安排专人到学校党办办理相关手续。因组织关系转移去向不明，暂时无法统一办理的，由毕业生党员本人于毕业当年在学校党办办理相关手续；对毕业离校时未落实就业单位，户口转至入学前户籍所在地的毕业生党员，其组织关系则要转到入学前户籍所在地县（市）级以上的党组织；凡属不就业继续升学或办理出国手续的毕业生党员，其党员组织关系原则上要及时转出；凡是将档案和户口转到各地县级以上人才交流服务中心的，其党员组织关系可以转到相应的人才交流中心党组织。

（五）升学深造

升学深造要以获得录取通知书为依据，不能以毕业生提出申请为依据。

（六）出国留学

符合国家规定申请自费出国留学的毕业生，必须在学校规定的时间内（一般为每年 5 月底或 6 月初）向学校就业工作部门提出书面申请。经批准后，毕业时学校将其档案和户口直接转回生源地。超过规定时间，学校不再受理自费留学申请。申请自费留学不参加就业的毕业生，不能办理申请暂缓两年就业手续。

办理了暂缓就业手续的毕业生，在暂缓就业期限内提出出国申请的，由省级毕业生就业主管部门办理转接手续，将其转接回生源地，以便学生到生源地有关部门办理申请出国手续。

（七）毕业离校

1. 需完成的事项

毕业生在毕业离校之前，须完成下列有关的事项：

（1）接受毕业教育。

（2）填写“高等学校毕业生登记表”。

（3）归还所借图书资料和所借公物。

（4）上缴学生证、借书证。

（5）办理党团组织关系转移证明。

（6）领取户口迁移证、毕业证书。

（7）完成所在院校提出的其他事务。

2. 离校时间

根据教育部规定，结合学校实际，毕业生离校的时间一般定于 6 月底或 7 月初，以便让毕业生在 7 月底前到用人单位报到。

三、人事代理服务

（一）人事代理

人事代理是指由政府人事部门所属的公共就业和人才服务机构，按照国家有关人事政策法规要求，接受单位或个人委托，在其服务项目范围内，为多种所有制经济（尤其是非公有制经济单位）及各类人才提供全方位服务的人事管理制度。这些服务包括人事档案管理、职称评定、社会养老保险金收缴、出国政审等。人事代理服务旨在实现人员使用与人事关系管理的分离，是人事改革新举措。

（二）服务项目

公共就业和人才服务机构可在规定业务范围内接受用人单位或个人的委托，从事下列人事代理服务：

（1）流动人员人事档案管理。

（2）因私出国政审。

（3）在规定的范围内申报或组织评审专业技术职务任职资格。

（4）转正定级和工龄核定。

（5）大中专毕业生接收手续。

（6）其他人事代理事项。

按照《人才市场管理规定》的有关规定，人事代理方式可由单位集体委托代理，也可由个人委托代理；可多项委托代理，也可单项委托代理；可由单位全员委托代理，也可由部分人员委托代理。

单位办理委托人事代理，须向代理机构提交有效证件以及委托书，确定委托代理项目。经代理机构审定后，由代理机构与委托单位签订人事代理合同书，明确双方的权利和义务，确立人事代理关系。

知识链接

毕业生在择业、签约阶段容易遭遇的几种侵权行为

一、择业阶段

择业阶段是指毕业生和用人单位还未形成合同关系、劳动关系的阶段，也就是通常所说的求职阶段。这个阶段的侵权主要表现为以下几个方面：

（1）对毕业生平等权的侵犯。有的用人单位在招聘时通过擅自设置限制性规定或提高条件，实行就业歧视。毕业生应当主动与用人单位做好协商沟通工作，必要时可以通过有关行政主管部门的监管、新闻媒体的监督、劳动仲裁、法律诉讼等途径依理、依法维护自身权利。

（2）对毕业生知情权的侵犯。有的用人单位为了招到优秀的高校毕业生，在所提供的招聘信息中夸大其词、隐瞒自己单位的真实情况，致使一些毕业生误入其设置的陷阱。毕业生可以通过咨询有关行政主管部门、实地调查、网络查询等多种途径全面客观地了解用人单位的真实情况。

（3）对毕业生隐私权的侵犯。有的用人单位为了详细了解应聘者的情况，在面试时会问应聘者的个人隐私问题。有的用人单位草率处理应聘资料，致使毕业生的私人信息泄露。毕业生在应聘时一定要巧妙地回避用人单位侵犯隐私权的询问。

（4）对毕业生财产权的侵犯。有的用人单位巧立名目，向毕业生收取报名费、培训费、考试费等不合理费用。毕业生应当拒绝用人单位不合规的收费要求，并且向有关行政主管部门举报。

二、签约阶段

签约阶段的侵权主要表现为以下几个方面：

（1）无主体资格的虚假签约。无主体资格的就业协议是无效的，意味着毕业生的

就业权益失去了保障。主体资格的无效问题有些是毕业生自身因素造成的，如在报到时未取得毕业资格。还有些是用人单位的过错造成的，如用人单位不具有从事各项经营或管理活动的能力，没有录用指标和录用自主权，而进行虚假签约。

（2）就业协议的内容不合法。内容不合法或损害公共利益的就业协议是无效的，毕业生必须严格审查双方签订的劳动合同内容是否符合法律法规和政策，不能无原则地迁就用人单位从事非法工作。

（3）违约金过高。用人单位刻意设置高额违约金，造成毕业生改派成本过高。因此，毕业生在签订就业协议书时，要与用人单位慎重协商违约金额，选择合适的用人单位。

活动与训练

探索如何签订就业协议书

大三下学期，很多用人单位举办了校园招聘会，即将毕业的你打算与其中一家用人单位签署就业协议书。在签署就业协议书时应该注意些什么呢？

一、训练目标

践行诚信观念，培养契约精神，规避在签订就业协议书过程中可能出现的法律风险。

二、训练要求

独立思考，做好训练记录。

三、训练时间

15 分钟。

四、程序与规则

第 1 步：写出签订就业协议书的基本流程。

第 2 步：谈谈自己对诚信履约的认识。

第 3 步：列出关于法律风险的事前防范和事后处理的相关措施。

1. 事前防范措施____。

2. 事后处理措施____。

探索与思考

1. 梳理、总结毕业生在择业、签约阶段常见的几种侵权现象。

2. 毕业生与用人单位签订就业协议后，如因故需要终止与原签约单位的协议，应该怎样做？

8.2 劳动合同和就业权益

导入案例

小李的遭遇

小李应聘到某公司行政岗位工作，公司承诺转正后岗位薪资每月5000元，双方未签订合同或协议。入职第一个月，公司安排小李干一些简单事务，没有发放工资。第二个月，公司让小李签订3个月的试用期合同，约定月工资1950元，等试用期满考核合格后再签订正式劳动合同，并对小李进行了15天的岗前培训。小李培训考试合格后继续在该公司工作直至试用期满签订劳动合同，公司在合同中约定期限两年，但不承认最初提出的5000元月薪，将工资定为每月3000元。小李不与公司签订劳动合同，准备离职。公司认为小李经出资培训后没有服务3年，让小李赔偿违反服务期协议约定的违约金和培训费3万元。

分析：案例中，小李的工资权益和劳动合同权益受到了损害。该公司违反了《中华人民共和国劳动法》和《中华人民共和国劳动合同法》等法律的有关规定，小李的相关权益受到了损害，可以向劳动行政部门投诉或者申请劳动仲裁，维护自己的合法权益。

一、劳动合同

劳动合同是指劳动者与用人单位之间确立劳动关系、明确双方权利和义务的协议。

（一）劳动合同的订立、履行、变更、解除和终止

1. 劳动合同订立的原则

劳动合同的订立原则主要包括合法原则、平等自愿原则、协商一致原则和诚实信用原则，具体介绍如下：

（1）合法原则。合法原则是订立劳动合同的基本原则。合法原则是指劳动合同的订立不得违反法律法规的规定。合法原则的基本要求是：

①订立劳动合同的主体必须合法。即当事人双方必须具有法律法规规定的主体资格。劳动者一方必须达到法定年龄，具有劳动权利能力和劳动行为能力；用人单位一方必须是依法设立的能够独立承担合同义务的组织。

②劳动合同的内容必须合法。当事人双方在合同中约定的权利义务条款必须符合国家法律法规和有关政策的规定。

③订立劳动合同的程序和形式必须合法。程序合法，是指劳动合同的订立必须按照法律、行政法规所规定的步骤和方式进行；形式合法，是指劳动合同必须以法律法规规定的形式签订。

（2）平等自愿原则。平等自愿原则是订立劳动合同的核心原则。所谓平等，是指在订立合同时，劳动者和用人单位在法律上处于平等的地位，都有权决定合同的具体内容及是否缔约。所谓自愿，是指订立劳动合同的双方当事人自由表达各自的意志，任何一方都不得强迫另一方接受自己的要求。

（3）协商一致原则。协商一致原则是平等自愿原则的延伸和结果。协商一致是指当事人双方就劳动合同的所有事项进行充分沟通，解决分歧，达成一致意见。

（4）诚实信用原则。诚实信用原则常被誉为“帝王规则”，根据此原则，用人单位和劳动者双方在订立劳动合同过程中，必须诚实无欺，讲究信用，不得滥用权利和规避法律的义务。

案例 8–2

签劳动合同不可大意

王某，某高校毕业生，因急于找到工作，在没有仔细推敲条款的情况下便匆忙签订了劳动合同，结果不但失去了这份工作，还付了一笔违约金。据其称，他与公司签合同时还未毕业，但公司要求其进入实习期。在4个月的实习期里只能得到300多元的“实习工资”。实习结束后，他以为工作已经敲定，打算回学校修完剩下的课程，9月再回到公司正式上班。但当他向公司请假时，公司却以合同中“工作前两年不得连续请假一周以上”的条款为由，认定王某违约，向其索要2000元违约金。

分析：劳动者与用人单位签订劳动合同是为了通过法律来保护自己的利益，所以签订劳动合同之前要谨慎、细致。

在与用人单位签订劳动合同之前应注意以下几个方面。

1. 充分了解用人单位

充分了解用人单位所从事的行业是否正当、合法，用人单位自身是否符合法人主体资格，以及用人单位招聘的岗位是否适合自己等。

2. 仔细阅读合同条款

要清楚一个完整、规范的劳动合同其文本的式样，以及应具备的主要条款有哪些。尤其应注意以下两方面问题：①对于“一边倒”的条款要及时提出质询。在合同中只从用人单位的利益出发规定用人单位的权利和劳动者的义务，而很少涉及用人单位的义务和劳动者的权利。面对这种情况时，要运用《中华人民共和国劳动法》的相关条款与用人单位进行协商，以保护自身的合法权益。②对于违反《中华人民共和国劳动法》和相关法律法规的无效条款要坚决地抵制。

3. 注意合同中的细节问题

对于合同中的数字书写是否规范、合同中的日期范围是否准确等问题，都要留意，以免出现纠纷。

2. 劳动合同的履行、变更

在履行劳动合同期间，由于各方面的原因，需要对合同中约定的部分条款进行修改、补充和完善，这种行为称为劳动合同的变更。在这种情况下要注意以下事项：

（1）劳动合同变更要遵循平等协商的原则，用人单位未征得劳动者本人的同意，不得随意变更劳动合同的条款。

（2）变更劳动合同与订立劳动合同的规则一样，也应以书面形式订立。

（3）如果协商不成，则原合同应继续履行。

案例 8–3

企业不可任意变更劳动合同

余女士于 2018 年 6 月入职某食品公司，任职财务会计岗，月薪 5000 元，其与公司签订了为期 3 年的劳动合同。2019 年 10 月，该公司负责仓库管理的一名员工离职，岗位空缺，经理将余女士安排到仓库岗位工作，并要求其签订劳动合同变更书，把余女士的职务从财务会计变更为仓库管理，月薪调整为 4000 元。余女士不同意，公司遂解除了与余女士的劳动合同。余女士申请劳动仲裁，要求公司履行原劳动合同，并赔偿停工期间的工资损失。仲裁委员会支持了该请求。

分析：在本案中，用人单位仅仅以岗位空缺为由，要求变更和解除与余女士的劳动合同，属于违法解除劳动合同。对于违法解除劳动合同的情形，根据《中华人民共和国劳动合同法》的规定，余女士可以选择要求用人单位继续履行劳动合同，并赔偿停工期间的工资损失。

3. 劳动合同的解除、终止

劳动合同的解除是指劳动合同订立后，在未履行完毕之前，由于某种因素，当事人双方提前终止合同效力的法律行为。

（1）双方协商解除。双方协商解除的条件是：双方自愿，平等协商，不得损害另一方利益。双方协商解除劳动合同，必须达成解除劳动合同的书面协议。

（2）用人单位解除劳动合同。劳动者有下列情况之一的，用人单位可以解除合同：

①劳动者在试用期间被证明不符合录用条件的。

②严重违反用人单位的规章制度的。

③严重失职，营私舞弊，给用人单位造成重大损害的。

④劳动者同时与其他单位建立劳动关系，对完成本单位的工作任务造成严重影响，或者经用人单位提出，拒不改正的。

⑤以欺诈、胁迫的手段或乘人之危，使对方在违背真实意思的情况下订立或者变更劳动合同的。

⑥被依法追究刑事责任的。

在以上几种情况下，用人单位可以单方面解除劳动合同且不需要支付经济补偿。

（3）具有下列情况之一的，用人单位要提前 30 天以书面形式通知劳动者本人或额外支付劳动者 1 个月工资后，才可以解除劳动合同：

①劳动者患病或者非因工负伤，在规定的医疗期满后不能从事原工作，也不能从事由用人单位另行安排的工作的。

②劳动者不能胜任工作，经过培训或者调整工作岗位，仍不能胜任工作的。

③劳动合同订立时所依据的客观情况发生重大变化，致使劳动合同无法履行，经用人单位与劳动者协商，未能就变更劳动合同达成协议的。

在以上几种情况下解除劳动合同，用人单位应支付经济补偿金，经济补偿按劳动者在本单位工作年限，每满 1 年支付 1 个月工资的标准向劳动者支付（满 6 个月不满 1 年的，按 1 年计算）。

案例 8-4

王某无故被解除劳动合同

王某入职某学校担任生活老师，学校与王某签订劳动合同，合同中约定王某工作岗位为生活老师，试用期为一个月。但在王某工作至第三周，学校以王某沟通协调能力上有问题，不能胜任其本职工作为由，在试用期内解除与王某的劳动关系，但学校未能提供岗位要求标准和王某不能胜任工作的相关证据。

分析：用人单位普遍认为，试用期就是对准备入职员工的考核期，在这段时间内只要员工没有达到用工条件或标准，就可以随意解除与员工的劳动关系，不需承担较多的法律责任，但这种做法是错误的。《中华人民共和国劳动合同法》第二十一条规定：用人单位在试用期解除劳动合同，应当向劳动者说明理由。

（4）劳动者有下列情形之一的，用人单位不得解除劳动合同：

①从事接触职业病危害作业的劳动者未进行离岗前职业健康检查，或者疑似职业病病人在诊断或者医学观察期间的。

②在本单位患职业病或者因工负伤并被确认丧失或者部分丧失劳动能力的。

③患病或者非因工负伤，在规定的医疗期内的。

④女职工在孕期、产期、哺乳期的。

⑤在本单位连续工作满十五年，且距法定退休年龄不足五年的。

⑥法律、行政法规规定的其他情形。

4. 劳动者解除劳动合同

（1）劳动者在下列情况下可以随时通知用人单位解除劳动合同：

①用人单位未按照劳动合同约定提供劳动保护或者劳动条件的。

②用人单位未及时足额支付劳动报酬的。

③用人单位未依法为劳动者缴纳社会保险费的。

④用人单位的规章制度违反法律、法规的规定，损害劳动者权益的。

⑤用人单位以欺诈、胁迫的手段或乘人之危，使劳动者在违背真实意思的情况下订立或者变更劳动合同的。

⑥法律、行政法规定劳动者可以解除劳动合同的其他情形。

（2）用人单位以暴力、胁迫或者非法限制人身自由的手段强迫劳动者劳动的，或者用人单位违章指挥、强令冒险作业危及劳动者人身安全的，劳动者可以立即解除劳动合同，不需事先告知用人单位。

（3）劳动者解除劳动合同，应当提前 30 天以书面形式通知用人单位。劳动者在试用期内提前 3 天通知用人单位，可以解除劳动合同。

案例 8-5

劳动者有辞职的权力

2014 年 4 月，乐成股份有限公司与张力及其就读的南京大学共同签订毕业研究生就业协议，南京大学根据国家有关规定负责将张力列入就业建议计划并予转接。同年 6 月，张力与乐成股份有限公司签订劳动合同，合同期限自 2014 年 6 月至 2017 年 6 月。2015 年 11 月，张力提出辞职。公司要求张力按照就业协议的约定支付违约金。

分析：张力与公司签订的“毕业研究生就业协议”是一种意向性的协议，并非劳动合同，但要受到《民法典》的约束。张力在 2014 年 6 月与乐成股份有限公司签订了正式的劳动合同之后，双方的权利义务应当主要依照《中华人民共和国劳动合同法》调整。《中华人民共和国劳动合同法》提出仅在劳动者违反了服务期约定或竞业限制约定的情况下，用人单位方可要求劳动者支付违约金。单纯基于张力提前解除劳动合同的行为，如果没有额外的服务期或竞业限制约定，公司可能无法强制要求张力支付违约金。

5. 劳动合同的终止

有下列情形之一的，劳动合同终止：

（1）劳动合同期满的。

（2）劳动者开始依法享受基本养老保险待遇的。

（3）劳动者死亡，或者被人民法院宣告死亡或者宣告失踪的。

（4）用人单位被依法宣告破产的。

（5）用人单位被吊销营业执照、责令关闭、撤销或者用人单位决定提前解散的。

（6）法律、行政法规规定的其他情形。

（二）高职毕业生就业权益保护

由于当前社会存在就业难的客观现实，某些用人单位可能会表现出居高临下的态度，甚至会在与高职毕业生见面“双选”、签订就业协议、就业报到等过程中随意处置双方的法律关系。高职毕业生就业过程中应提高警惕，加强自我保护意识，了解就业的相关政策和法律法规，熟悉毕业后的就业流程，在就业时学会用政策及法律法规保护自己。

1. 毕业生享有的主要就业权利

（1）信息获取权。就业信息是毕业生成功就业的前提和必要条件，只有获取到充分的就业招聘信息，才能结合自身情况选择适合自身发展的职业和用人单位。信息权利主要包括三个方面：①信息公开，即所有用人信息向全体毕业生公开，任何单位和组织不得隐瞒和截留相关信息；②信息及时，即毕业生获取的信息必须及时有效，用人单位不能将过时的、无利用价值的信息传递给毕业生；③信息全面，即毕业生有权获得准确、全面的就业信息，以便对用人单位有全面的了解，从而做出符合自身要求的选择。

（2）接受就业指导权。高等职业院校应当为毕业生提供就业指导和服务，成立专门机构，安排专业指导老师对毕业生进行指导。指导的内容包括：①向毕业生宣传国家的有关就业方针、政策；②宣传毕业生就业的有关原则、规定和程序；③对毕业生进行择业技巧的指导，引导毕业生根据国家需要、社会需要，结合个人实际情况进行择业。

（3）被推荐权。高等职业院校在就业工作中的一个重要职责就是向用人单位推荐毕业生。历年的毕业生就业情况证明，学校的推荐在较大程度上会影响用人单位对毕业生的取舍。毕业生享有的被推荐权包含以下几方面内容：①如实推荐，即高校在推荐毕业生时，应实事求是，根据毕业生本人的实际情况向用人单位进行推荐；②公正推荐，学校在推荐毕业生时应做到公平、公正，应让每一位毕业生都享受到被推荐的权利；③择优推荐，学校根据毕业生的在校表现，在公正、公开的基础上择优推荐，用人单位在录用毕业生时也应坚持择优标准。

（4）就业选择权。毕业生在就业过程中有选择权，毕业生只要符合就业的条件，就有自主择业的权利，在与用人单位签订意向协议时，任何的组织和个人都无权干涉和侵犯毕业生的就业选择权。

（5）待遇公平权。毕业生在就业过程中享有待遇公平权，很多毕业生在就业过程中会遇到待遇不公平的现象，待遇公平是毕业生在就业过程中最需要维护的权益。

（6）知情权。毕业生在就业过程中有知悉用人单位信息，了解用人单位的工作环境、福利待遇等情况的权利。用人单位有义务向毕业生和学校如实介绍本单位的真实情况。任何对毕业生隐瞒本单位实际情况的做法，都是对毕业生就业知情权的侵犯。

（7）违约求偿权。毕业生的就业协议一经签订，毕业生、用人单位、学校任何一方不得擅自毁约，如果违约必须严格履行相应责任。任何一方提出变更或解除协议，须得到另外两方的同意，并应承担相应责任。

2. 常见的侵犯毕业生就业权利的行为

（1）发布虚假信息。例如，非法人才中介机构以获取信息为目的，发布过时或子虚乌有的招聘信息，欺骗单纯的毕业生；传销机构假借一些知名企业的名义发布虚假招聘信息，高薪诱骗毕业生进入非法传销组织。

（2）招聘要求中有歧视条款。常见的有性别、身高、相貌、学历、专业、家庭情况、血型等歧视。工作经验歧视较多，有的用人单位在招聘中要求毕业生有实际工作经验，对于刚刚毕业步入职场的学生而言，工作经验是慢慢积累的，这样的要求分明是不合理的。

（3）收取求职者的财物或扣押证件。招聘过程中向毕业生收取招聘费、培训费、押金或服装费，扣押身份证、毕业证、档案等。

（4）不按规定签订就业协议和劳动合同。签订就业协议时，不为毕业生提供明确的档案接收单位、户口迁移地址，对工作内容、合同期限、工资福利等协商条款没有明确注明。

（5）没有履行和部分履行就业协议和劳动合同。就业协议签订后，违约或不按时接收毕业生；没有按就业协议安排相应的工作岗位、发放协商工资福利等；以试用期为由，解除劳动合同；不按劳动合同条款履行合同等行为。

3. 如何维护毕业生就业权益

（1）认真签订就业协议书，发挥协议书的作用。就业协议是明确毕业生、用人单位、学校在毕业就业工作中的权利和义务的书面文本，毕业生应该认真签订好就业协议。签订就业协议书注意事项：①查明用人单位主体资格是否合格；②有关协议条款是否明确合法；③签订就业协议程序是否合法；④写明违约责任；⑤了解就业协议书签订后各方应承担的法律责任。

（2）遵循市场规则，防止侵害自身合法权益的行为或现象出现。毕业生在就业求职过程中，都应该遵循“诚实、守信、平等”的原则，以自身实力参与竞争。要有风险意识，对于有些用人单位招聘时明显夸大条件，以高薪和高福利吸引人才的做法要有警戒心，预防侵害自身合法权益行为的发生。

（3）善于用法律手段维护自身合法权利。由于目前就业市场还不够成熟和完善，法律法规和制度尚不健全，加之社会风气、旧观念、旧思想的影响，毕业生的就业权利在就业过程中难免会受到侵害。针对侵犯就业权利的行为，毕业生应向用人单位上级主管部门、学校进行申诉，并听取他们的处理意见，同时也可向当地的劳动争议仲裁机构申请调解和仲裁，或直接向人民法院提起诉讼。

（4）防范就业陷阱。仔细鉴别各类就业信息，有效识别就业陷阱；了解国家有关的政策和法律法规，努力提高自身法律意识；慎重签订就业协议，注意约定条款的合理性。

案例 8-6

无需支付风险抵押金

小赵刚到一家公司报到时，负责人告诉他："你刚毕业，没什么工作经验，我们支付给你的薪金是 3500 元。今后，公司还会给你提供很多培训机会。为了避免日后由于你个人原因给公司造成损失，在正式签劳动合同前，请你先交 2 万元风险抵押金。"小赵很看重这份工作，但不知是否该交风险抵押金。

分析：根据有关规定："用人单位在与劳动者订立劳动合同时，不得以任何形式向劳动者收取定金、保证金（物）或抵押金（物）。"由此看来，公司的要求是非法的。

二、识别和防范常见的就业陷阱

随着毕业生的增多，就业压力也不断增大，在供需矛盾的影响下，各种就业陷阱也出现在就业市场上。很多学生对就业陷阱的认识不够清楚，在就业过程中往往会误入其中，损害自身利益。因此，指导学生警惕并防范就业陷阱，提高学生就业的成功率，提高就业质量成为高校就业工作的一项重要课题。

就业陷阱，是指在就业过程中，用人单位借工作机会和拥有就业信息的有利条件，以发布虚假、夸大或模糊的招聘信息为手段，以牟利或者其他意图为目的，侵害求职者权益或诱骗求职者从事违背法律道德的活动等行为。

（一）就业陷阱的特征

1. 欺骗性

欺骗性主要表现在用人单位以虚假宣传、不实承诺来取得求职者的良好期望，以此提高招聘条件，隐藏各种不法目的。

2. 诱惑性

就业陷阱的诱惑性主要表现在不法单位用高工资、高待遇来吸引求职者的注意力。例如，某单位承诺待遇很高，求职者入职后单位却告诉他待遇里边包括的"五险一金"、食宿费等需从工资中扣除。

3. 违法性和悖德性

就业陷阱的违法性主要表现在违反《中华人民共和国劳动合同法》，有的甚至违反了《中华人民共和国刑法》。例如，用人单位为了留住人才，在招聘之时采用比较隐晦的手段扣押学生的身份证、毕业证书等证件，当学生有了其他好的工作选择时，欲走难行。这就违反了《中华人民共和国劳动合同法》第九条规定："用人单位招用劳动者，不得扣押劳动者的居民身份证和其他证件。"就业陷阱的悖德性，主要表现在利用学生单纯、防范意识差的弱点，诱骗学生从事虚假宣传等活动，有悖社会公德。

4. 模糊性

所谓模糊性，是指用人单位或个人在招聘信息中用词多含歧义，让求职大学生者感觉是有利的，但他们自己解释时又完全变得不利于求职者。

（二）就业陷阱的类型

1. 就业渠道陷阱

就业渠道陷阱主要表现为电信诈骗，如通过招聘网站、QQ、微信、微博等渠道发布有很大诱惑力的招聘信息，这类渠道发布的招聘信息真实性难以核实，信息发布者往往利用这一点，吸引求职者的注意。诈骗集团更是利用大学生毕业季求职心切、安全防范和法律意识薄弱的特点，在全国范围内引诱大学生落入犯罪"圈套"，导致其因赚"小钱"而踩"大坑"。

案例 8-7

高职毕业生身陷跨境电信网络诈骗的"旋涡"

2019 年 4 月，刚刚高职毕业的黄某、张某等 6 人通过招聘网站，入职跨国电信网络诈骗集团。该集团要求他们每天使用 5～8 部手机，登录不同微信号，在 100 多个微信群里，通过扮演水军等方式，以投资挣钱为名取得被害人信任后，引导其在虚拟货币投资网站等平台进行投资。

工作中，黄某等人发现该集团提供的"话术"内容并不真实，意识到相关行为可能违法。但是，基于利益驱使和高额提成的诱惑，黄某等人继续从事该工作。直到 2019 年 7 月中旬，该诈骗集团宣布解散并搬到国外，黄某等人才结束了工作。

分析：该案中，诈骗集团通过工作招聘、他人介绍等方式招募到刚毕业的高职生，并组织其从事诈骗犯罪，令刚毕业的高职生误入歧途，成为电信网络诈骗的"帮凶"或者"工具人"。毕业生要加强对就业陷阱的甄别能力，尤其是对涉及新领域、新业态的电信网络诈骗行为，要有足够清醒的认识和辨别能力，增强法律意识，树立正确的就业观念。

2. 工资待遇陷阱

这类陷阱主要表现为用人单位往往对求职者许以高薪，但是不签订任何书面合同，等到发放工资时，不是打折就是推脱，有的甚至以公司倒闭为由不发一分钱。如果有用人单位或个人给求职者的岗位年工资远远高于所在城市的年平均工资，那么这些招聘单位往往存在很多的问题。另外，还有些用人单位和个人许诺给求职者一个很高的工资总额和无据可查的升职加薪计划，而实际上这个总额包含保险金、养老金、失业金等，最终到手的工资已所剩无几了，而升职加薪的最终解释权都归于用人单位。

3. 单位资质陷阱

有些用人单位或个人，在招聘时对自己的单位描述不切实际，把不属于自己的资质、荣誉、业绩等都附加到自己的身上，给自己的单位人为地披上一件光鲜的“外衣”，而实际上却是一个小公司或小单位，甚至是一个“皮包公司”。

4. 传销陷阱

有一些人或组织总是很主动热情地给求职者介绍好工作，而这些热情的背后很可能隐藏着无法预知的危机。例如，人们常说的传销，一旦误入其中，传销组织就会以扣押有效证件等方式限制其人身自由，给求职者造成巨大损失。

5. 合同陷阱

求职者在与用人单位签订劳动合同时存在以下陷阱：①只有口头合同，没有签署书面合同文件；②霸王合同只从单位角度出发，求职者处于被动地位；③抵押合同，要求抵押证件或财务；④双面合同，即一份合法的“假”合同，一份不合法的“真”合同；⑤“暗箱”合同，即不向求职者讲明合同内容；⑥卖身合同，要求几年内求职者不可跳槽至同行业公司工作；⑦简单合同，条文没有细节约束；⑧生死合同，含有“工伤概不负责”等字眼。

6. 试用期陷阱

试用期是指对新录用的员工进行试用的期限，是劳动关系双方当事人相互了解的一个考察期。在这个过程中，员工可以考察用人单位是否符合自己的职业发展方向，而用人单位在这段时间也可以考察员工是否符合自己的录用标准。依据《中华人民共和国劳动法》和《中华人民共和国劳动合同法》，试用期是法定的协商条款，约定与否，以及约定期限的长短由双方依法自行协商。关于试用期的陷阱主要有以下三种：

（1）单位不约定试用期。实践中，有的用人单位只以口头形式与劳动者约定试用期，而不签订劳动合同，这是不合法的。

（2）用人单位滥用权力，试用期内随意解除劳动合同。很多人认为试用期内用人单位和劳动者都可以随时解除劳动合同。这种想法是错误的，根据《中华人民共和国劳动合同法》的有关规定，在试用期内，用人单位不能随意解除劳动合同，只有在满足特定条件时才能解除劳动合同。

（3）试用期过长或无故延长试用期。有的单位与求职者约定的试用期严重超过《中华人民共和国劳动合同法》规定的标准，有的甚至超过 1 年以上。有些用人单位约定的试用期虽在法律规定的范围内，却以各种理由延长试用期，变相压榨毕业生。

案例 8-8

签订空白劳动合同“被填空”，月薪缩水一半

小莫应聘到一家软件公司上班，双方口头约定月薪 6000 元。拿到劳动合同的时候，小莫发现合同上并没有写明岗位和工资，但还是在这份空白劳动合同上签字了。可几个月来，他每月工资只有 3000 元。小莫找到人事部门屡次协调未果，最终公司要求他立即离职。小莫要求公司支付当初承诺的工资并支付经济补偿金，此时公司拿出了与小莫签订的劳动合同，与当初不同的是，这份合同“被填空”了，原来的劳动报酬处已写上 3000 元。

分析：用人单位与劳动者签订劳动合同，但合同文本保留一些空白处，可根据单位的意愿随意更改，这都为劳动者日后维权埋下隐患。因此，劳动者在签订劳动合同时，一定要查看合同文本内容是否完整等，发现空白劳动合同，要向用人单位提出疑问。

（三）就业陷阱的防范

1. 学校层面

（1）加强就业政策宣传教育。学校就业部门要及时对毕业生进行就业形势教育，让毕业生认清当前的就业形势，了解国家最新的就业政策。

（2）加强就业指导针对性。学校的就业指导部门要把国家就业政策及时地告知毕业生，把毕业生职业生涯规划教育和人生目标规划教育结合起来，提高就业指导的针对性。

（3）多向毕业生介绍防范就业陷阱的知识。刚毕业的学生的社会阅历较浅，他们可能无法及时识别在就业过程中可能会出现的陷阱，学校应多向毕业生介绍防范就业陷阱的知识。

2. 学生层面

（1）端正就业心态。首先，在校期间要刻苦学习，掌握专业技术知识和良好的就业能力，为将来的就业打下良好基础。其次，要相信任何成功都是要经过努力后取得的。最后，要认清自己，当不法分子以不实夸大之词或甜言蜜语向你游说时要保持清醒的头脑。

（2）不断加强法律意识。毕业生要切实了解《中华人民共和国劳动法》《中华人民共

和国合同法》等法律的相关内容，在就业过程中不断提高自己对就业陷阱的辨别力。另外，还要提高维权意识，当权利受到侵害时要敢于拿起法律“武器”来维护自身利益。

案例 8-9

李明的维权之路

李明，一名在知名互联网公司工作的软件工程师。他在签订劳动合同时，对合同中的某些条款并未仔细审查。工作一段时间后，他发现合同中有一项关于加班和调休的条款并不合理。

合同中规定，员工需无条件服从公司的加班要求，并且加班时间不能转换为调休或加班费。李明意识到，这样的条款不仅违反了《中华人民共和国劳动法》的相关规定，而且严重剥夺了员工的休息权和获得相应报酬的权益。

面对这一情况，李明首先查阅了相关的法律法规，确认自己的权益受到了侵犯。然后，他与公司的人力资源部门进行了沟通，提出了自己的诉求，希望公司能够修改不合理的合同条款。公司方面却以合同已经签订为由，拒绝了他的要求。

他决定通过法律途径来维护自己的合法权益。他咨询了律师，并准备了充分的证据和材料，向劳动仲裁部门提起了仲裁申请。在仲裁过程中，李明详细阐述了公司合同条款的不合理性，并提供了相关法律依据和证据。

仲裁部门经过审理，最终裁定公司合同中关于加班和调休的条款无效，并要求公司按照法律规定给予李明相应的补偿。

分析：在签订劳动合同时，劳动者需要认真审查合同条款，以确保自己的权益不受侵犯。如果发现合同中存在不合理的条款，劳动者应该及时与公司沟通并寻求解决方案。如果公司拒绝修改不合理的合同条款，劳动者可以通过法律途径来维护自己的权益。

三、保护自身合法权益，妥善解决争议

在生产劳动的过程中，由于劳动关系双方各持不同主张，动机取向和利益要求不同，以及其他各种因素的影响，发生争议是不可避免的。学生要了解和掌握解决劳动争议的正确途径和方法，有效维护自身的合法权益。

（一）发生劳动争议的原因

（1）因确认劳动关系发生的争议。

（2）因订立、履行、变更、解除和终止劳动合同发生的争议。

（3）因除名、辞退和辞职、离职发生的争议。

（4）因工作时间、休息休假、社会保险、福利、培训以及劳动保护发生的争议。

（5）因劳动报酬、工伤医疗费、经济补偿或者赔偿金等发生的争议。

（6）法律法规规定的其他劳动争议。

（二）发生劳动争议后的解决方式

当事人双方可以协商解决，也可以直接向劳动争议调解委员会申请调解。当事人申请劳动争议调解，可以书面申请，也可以口头申请。

（三）仲裁申请程序

劳动者与用人单位发生劳动争议后应向劳动争议发生地仲裁委员会提交仲裁申请。如果发生劳动争议的用人单位与职工不在同一个仲裁委员会辖区，由职工工资关系所在地的仲裁委员会处理。

仲裁申请人应当向劳动争议仲裁委员会提交书面的仲裁申请，并依照被申请人的数量提交副本。申请书应载明法定内容，包括：

（1）劳动者的姓名、性别、出生日期、身份证件号码、住所、通讯地址和联系电话，用人单位的名称、住所，通讯地址、联系电话和法定代表人或者主要负责人的姓名、职务。

（2）仲裁请求和所根据的事实、理由。

（3）证据和证据来源、证人姓名和住所。

劳动争议仲裁申请书的一般格式如下所示：

劳动争议仲裁申请书

申请人：　　　　性别：　　　　出生年月：

民族：　　　　文化程度：

工作单位：　　　　职业：

住址：

被申请人：　　　　地址：

电话：　　　　法定代表人姓名：　　　　职务：

请求事项：

（写明申请仲裁所要达到的目的）

事实和理由：

（简单写明事情的经过、申请仲裁的原因、依据，以及相关的法律条文等，包括证据和证据来源、证人姓名和住址等情况）

此致

__________ 劳动争议仲裁委员会

申请人：　　　（签名或盖章）

__________ 年 ________ 月 ________ 日

附：1. 本申请书副本 ______ 份（按被申请人人数确定分数）；

2. 证据 ______ 份；

3. 其他材料 ______ 份。

注意：如果有多位被申请人，应按顺序列在一起，不必写多份申请表。如果申请人是单位，还应提交法定代表人身份证明书。

（四）仲裁时效

劳动争议申请仲裁的时效为 1 年。毕业生与用人单位发生劳动争议的诉讼时效因当事人一方向对方当事人主张权利，或者向有关部门请求权利救济，或者对方当事人同意履行义务而中断。从中断时起，仲裁时效期间重新计算。因不可抗力或者有其他正当理由，当事人不能在规定的仲裁时效期间申请仲裁的，仲裁时效中止。此外，法律还规定，劳动关系存续期间因拖欠劳动报酬发生争议的，劳动者申请仲裁不受 1 年的仲裁时效期间的限制。劳动关系终止的，应当自劳动关系终止之日起 1 年内提出。根据法律规定，劳动争议发生后，必须经过仲裁，一方对仲裁结果有异议的可以向人民法院提起诉讼。

活动与训练

分享毕业生就业权益的相关知识

毕业前夕，学校举办了各种类型的招聘会。即将毕业的你将走上求职应聘之路，与用人单位签署就业协议书和劳动合同。在就业过程中，毕业生需要运用法律武器维护自己的就业权益。

一、训练目标

通过分享毕业生就业权益的相关知识，增强维权意识，提升维权能力。

二、程序与规则

1. 全班同学每 3 人一组进行活动。

2. 每个小组负责讲解一项就业权益，如就业信息知情权、接受就业指导权、接受就业推荐权、平等就业权等。各组成员分工协作，查阅资料、搜集案例、整理文档等。

3. 做好知识分享的准备工作。

4. 结合案例讲解各项就业权益的相关知识。

三、训练时间

每次讲解时长为 3 分钟，共 15 分钟。

四、训练实施

第 1 步：各组进行任务分工，并将表 8-1 填写完整。

表 8-1　小组分工

小组成员	姓名	任务分工
组长		
组员		

第 2 步：写出你想要分享的某一项就业权益的知识要点，并简要介绍相关案例。

探索与思考

1. 在签订就业协议书的过程中，除了正文中提到的法律风险，还有可能存在哪些风险？请举例说明。

2. 在求职择业过程中权益受到侵害时，求职者该如何维护自身的权益？

模块九　把握创业机会

模块导读

习近平总书记指出："创新是社会进步的灵魂，创业是推动经济社会发展、改善民生的重要途径"；要"激发调动全社会创新创业活力"。在竞争激烈的社会背景下，创业成为很多毕业生实现就业与梦想的选择。创业是一个复杂、艰辛的过程，它需要创业者突破自身拥有资源的限制，运用社会资本、市场机会、领导才能，创新胆魄，实现资源在更大范围内的整合和价值创造，因此需要学校提前培养和提高学生的创业能力。

本模块主要介绍创业意识和创业潜质培养的相关内容，以及对创业潜质和创业模式、创业机会的发现和评估等，旨在激发职业院校的学生的创业意识，将创业作为自己职业生涯发展的一个选项。

能力标准

分类	具体内容
知识	1. 了解创业对于职业生涯的意义； 2. 理解创业类型和特征、创业者的特质； 3. 熟悉创业的过程和基本要素
技能	1. 具备一定的创业素质与能力； 2. 掌握大学生创业的主要模式； 3. 能把握和评估创业机会
态度	1. 具备主动创新意识、创业潜质分析能力； 2. 培养创业精神，激发创业意识； 3. 树立正确的创业观

学习导航

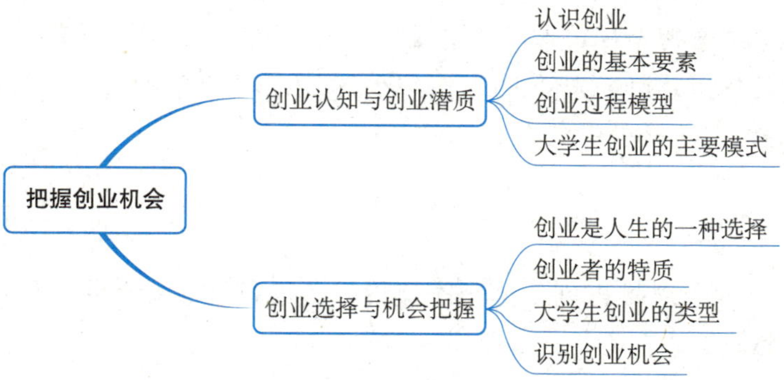

9.1　创业认知与创业潜质

导入案例

一位“00 后”女生的自媒体短视频创业之旅

随着抖音等短视频平台的兴起，越来越多的年轻人通过拍摄并发布短视频分享生活。文学与传媒学院广告学专业“00 后”女生李凤也是其中之一。因为其对舞蹈的热爱，她经常以分享日常的形式将自己的舞蹈视频发布到抖音平台上。随着专业课程学习越来越深入，她逐渐发现短视频传播与专业学习的新媒体广告、广告文案、传播学等内容是相通的，于是，在专业课教师的指导下，她的视频开始逐渐向校园日常生活类短视频创作方向转变。由于短视频运营的定位更加明确，运营和变现能力都得到极大提升，李凤实现了将兴趣作为职业去努力发展的转变。

分析：短视频创作不但让李凤在大学期间实现经济自由，更重要的是随着账号影响力的提升，既及时宣传了学校的文化，也调动了其他自媒体爱好者的积极性。

一、认识创业

（一）什么是创业

创业有广义和狭义之分。

广义的创业是指带有开拓、创新并有积极意义的社会活动。正如杰弗里 · A. 蒂蒙斯指出："创业是一种思考、推理和行为方式，创业导致价值的产生、增加、实现和更新，不只是为所有者，也为所有的参与者和利益相关者。"

狭义上所讲的创业，源于"Entrepreneur（企业家、创业者）"一词，因而对其理解通常带有经济学的视角。正如精细管理工程创始人刘先明认为："创业是指某个人发现某种信息、资源、机会或掌握某种技术，利用或借用相应的平台或载体，将其发现的信息、资源、机会或掌握的技术，以一定的方式，转化、创造出更多的财富、价值，并实现某种追求或目标的过程。"

（二）创业的意义

大学生选择创业，对推进创新型国家建设、促进科技成果转化、促进自身的全面发展，都具有重要意义。

1. 增加财富，促进经济发展和社会繁荣

创业改变了传统的产业格局，催生了很多新的行业，加速了经济结构调整。创业的过程是增加社会财富的过程，企业在生产经营过程中，创造了社会价值，增加了社会财富和国家财政税收。企业的产品和服务拉动了市场需求、满足了人们的需要，促进了社会繁荣。

2. 实现技术成果转化，促进科技创新，提高生产力

创新是创业的主要驱动力量，创业是新理论、新技术、新知识、新制度形成现实生产力的转化器。如果企业拥有可持续的技术创新能力，并将这种能力应用于持续的技术创新，就能使企业始终处于行业领先地位。

3. 提供就业岗位，缓解就业压力

大学生就业问题是关系民生的大问题，解决就业问题是一项长期任务。目前，劳动市场人数激增，给就业工作带来了巨大压力。可喜的是，创业企业中数量占优的中小型企业，不仅解决了创业者本身的就业问题，还为他人提供了大量的就业岗位，有效缓解了社会就业压力，提高了就业率，在某种程度上也稳定了社会秩序。

4. 激发创新意识，促进自我发展

（1）创业可以使自己充分发挥才干，施展才华，发挥潜能，使自己的人生价值得到更好的体现。

（2）创业可以帮助个人积累财富，一定程度上满足个人对物质的追求，而且是摆脱工薪阶层收入不高、提升空间不大等困扰的最佳途径。

（3）创业能够使个人有机会和实力回馈社会，获得更大的成就感。创业不仅可以为个人创造财富，还可以在多个环节中为国家和社会做出贡献。

（4）创业可以使个人能够从事自己喜欢的行业，并从中获得乐趣。通常做自己喜欢的

事情本身就是一种享受。

（5）创业使个人从挑战和风险中得到别样的享受和刺激，创业者可以通过克服创业过程中的重重困难来获得某种激励和快感，并丰富个人的人生体验。

案例 9-1

在传统中找寻文化创新的创业青年

赖鑫是某高职学院设计专业的学生，大二下学期，他到国内少数民族自治区游玩，那里独具民族特色的文化元素深深吸引了他。同时他发现市面上的旅游纪念品都是从义乌批发的，缺少了当地独特的文化韵味，赖鑫由此得到了创业灵感。他想将具有文化符号和少数民族特色的东西，用一种新颖独特的形式表现出来，填补缺失的本土特色文化创意产品市场。在不断地摸索探寻之中，他将想法付诸实践，做出了一些既有民族特色又兼具创意的文创产品，把属于少数民族的文化和他自己对艺术的感悟，融入文创产品里，作为这里的文化符号传播出去。

分析：赖鑫善于发现市场需求空缺，将民族文化特色转化为创意产品，展现了创新思维；在实践中不断摸索，体现了勇于尝试和不怕失败的精神。其成功证明了创新与实践结合能创造商机，也凸显了文化价值的商业潜力。

（三）创业的基本特征

（1）自觉性。创业是创业者自觉作出的选择，是其能动性的反映。

（2）创新性。创新是创业的主旋律。创业过程是一个不断创新的过程，创业者要具备创新意识和创新精神。只有不断创新，企业才会有生命力。

（3）利益性。创业以增加财富为目的，创业过程中获利的多少，往往是衡量创业者成功与否的重要标志。

（4）风险性。创业是有风险的，一般来说，创业有五种风险可能，即政策风险、决策风险、市场风险、扩张风险和人事风险。

二、创业的基本要素

由创业的概念可知，创业的要素包括创业者、商业机会、技术、资源、人力资本、组织、产品和服务几个方面，如图 9-1 所示。

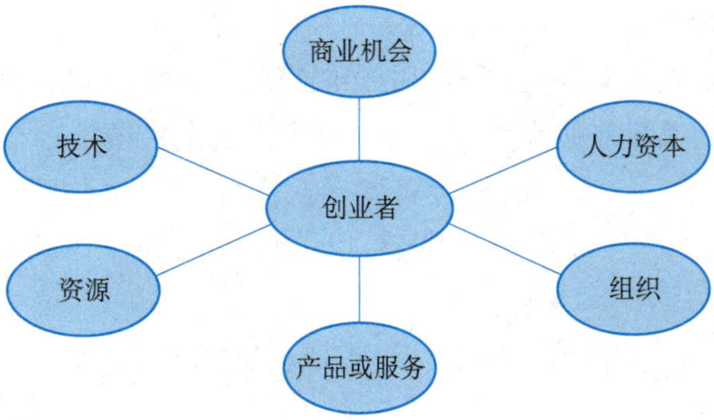

图 9-1　创业的要素

（一）创业者

创业者是创业过程中处于核心地位的个人或团队，是创业的主体。创业者在创业过程中起着关键的推动和领导作用，包括识别商业机会、创建企业组织、融资、开发新产品、获取和有效配置资源、开拓新市场等。因而创业者的素质和能力是创业成功的第一要素。

（二）商业机会

商业机会是创业过程中的核心，创业从创业者发现和识别商业机会开始。蒂蒙斯认为，创业机会是指尚不明确的市场需求或者未被利用的资源和能力。成功的创业者能及时捕捉商业机会，并在众多的创业机会中找到适合自己的项目进行创业。

（三）技术

技术是产品和服务的重要基础。产品与服务当中的技术含量及其所占比例，是企业满足社会和市场需求的支持保障，是企业的核心竞争力。

（四）资源

资源是组织中的各种投入，包括各种人、财、物。资源不仅指有形资产，如厂房、机器设备，也包括无形资产，如专利、品牌；不仅包括个人资源，如个人技能、经营才能，也包括社会网络资源，如信息、舆论影响、流量资本。

（五）人力资本

人力资本是创业的重要资源投入。创业的成败可能受多种因素的影响，其中最关键的因素是人的因素。成功的关键在于创业者识人、留人、用人形成创业的核心团队，制定合理的企业制度、构建有效的组织结构，以及建立良好的企业文化是建立人力资本的关键。

（六）组织

组织是协调创业活动的系统，是创业的载体，是资源整合的平台。创业型组织是以创业者为核心形成的关系网络，不仅包括组织内的人，还包括组织之外的人或组织，如顾客、供应商和投资人。

（七）产品或服务

产品或服务是创业者为社会创造的价值，它既是创业者成功的必要条件，也是创业者对社会的贡献。创业者通过创业为社会提供更多更好的产品或服务，可以增加社会的财富，丰富人们的生活。

总之，创业是具有创业精神的创业者与商业机会、组织、技术、资金、人力资本相互作用、相互配置，以创造产品或服务的动态过程。

三、创业过程模型

杰弗里·A. 蒂蒙斯提出了创业过程模型，认为 3 个要素影响了创业的整个历程：商机、资源和团队。三者随着企业发展而保持动态平衡。蒂蒙斯创造性地将 3 个要素从时间维度上理解为一个动态平衡的变化过程。如图 9-2 所示，团队位于三角形底部，始终保持顶部（商机和资源）的平衡。创始人像是马戏团的杂技演员，一边脚踩跷板，一边保持手中的“杂耍球”（商机、资源和团队）不落地。

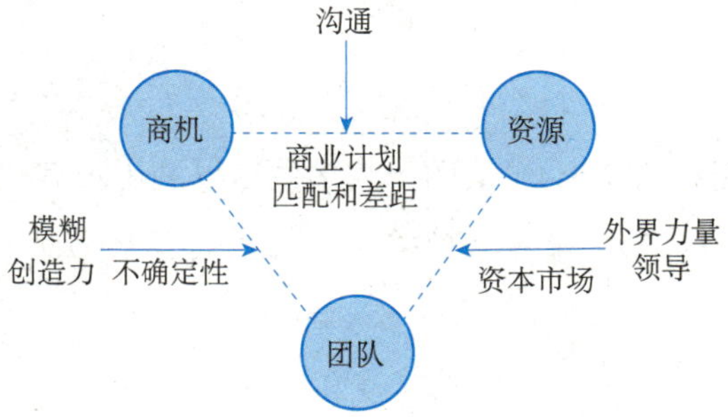

图 9-2　蒂蒙斯创业过程模型

案例 9-2

蒂蒙斯创业过程模型的应用案例——高职女生代娇的创业之路

代娇是某高职学院染整技术专业的毕业生，染整技术是一门培养从事染整产品或助剂产品开发、工艺设计、生产管理及纺织品、染化料经营贸易等工作的高素质技能型人才的专业。毕业后，她选择了自主创业，从事识别数据印花工作。根据蒂蒙斯创业过程模型，创业的过程实质上是创业机会的识别、开发和利用的过程。代娇的专业背景，与其后来创业从事的数码印花工作息息相关。可见，良好的专业基础，匹配的专业知识，能够引导大学生创业者基于专业优势，更轻松地进入其所在行业，缩短创业周期。在创业初期，代娇也得到了母校的有力支持和帮助。在后续的深入合作中，代娇的能力和品质得到了母校更多老师的认可，代娇也因此获得更多的合作项目和社会资源，从而取得了创业的成功。

分析：代娇的创业遵循了创业过程模型。她凭借染整技术专业背景，抓住数码印花创业机会，开发相关业务。过程中利用专业知识，将机会转化为实际成果，展示了创业过程中专业与机会结合的重要性，为大学生创业提供了范例。

四、大学生创业的主要模式

大学生在创业过程中虽然面临资金、能力、经验等方面的限制，但同时也拥有政府、学校的相关政策支持以及自身在知识结构、专业技能、创意策划等方面的优势，因而在创业的方向上，可以将自己的优势作为切入点。以下几个方向可以看作大学生创业的优势领域。

（一）科技创业

高校是高科技研究的前沿阵地，大学生在高科技领域创业具有天然的优势。一般来说，技术功底深厚、学科成绩优秀的大学生在科技创业方面拥有更大的成功概率。有意在这一领域创业的大学生，可积极参加各类创业大赛，获得脱颖而出的机会，同时吸引风险投资。

（二）网络创业

目前全球迎来网络经济的新一轮浪潮，大学生可以利用现有的网络资源进行创业，主要有网上开店、网上加盟、网络销售三种形式。

（三）概念创业

概念创业即凭借创意、点子、想法进行创业。概念创业适合本身没有很多资源的大学生，他们需要通过独特的创意来获得各种资源，包括资金、人才等。这些创业概念必须足够新颖，至少在打算进入的行业或领域是个创举，只有这样，才能抢占市场先机、吸引风险投资。同时，这些超常规的想法还必须具有可操作性。

（四）连锁加盟

对于创业资源十分有限的大学生来说，借助加盟连锁项目的品牌、技术、营销、设备优势，可以以较少的投资、较低的门槛实现自主创业。但连锁加盟并非“零风险”，在鱼龙混杂的市场中，大学生涉世不深，在选择加盟项目时更应注意规避风险。

一般来说，大学生创业者资金实力较弱，可以选择启动资金不多、人手配备要求不高的加盟项目，从小本经营开始；此外，最好选择运营时间在 5 年以上、拥有 10 家以上加盟店的成熟品牌。

（五）团队创业

团队创业就是具有互补性或者有共同兴趣的成员组成团队进行创业。如今，创业已非纯粹追求个人英雄主义的行为，团队创业成功的概率远远高于个人独自创业。一个由研发、技术、市场、融资等各方面组成的具有互补优势的创业团队，是创业成功的“法宝”，对于高科技创业企业来说更是如此。

（六）大赛创业

大赛创业即创业者利用各种创新创业大赛，获得资金，然后进行创业的活动。创业大赛也被形象地称为创业“孵化器”。创业设计大赛借用风险投资的运作模式，要求参赛者组成优势互补的竞赛小组，提出一个具有市场前景的技术产品或服务项目，并围绕这一项目，以获得风险投资为目的，完成一份完整、具体、深入的创业计划。参加创业设计大赛的项目大多具有技术上的创新性、经济上的合理性、操作上的可行性，因此吸引了众多企业和风险投资者的关注。

（七）内部创业

内部创业是指一些有创业意向的员工在企业的支持下，承接企业内部某些业务或项目，并与企业分享成果的创业模式。创业者无须投资就可获得丰富的创业资源，内部创业由于具有“大树底下好乘凉”的优势，受到越来越多创业者的关注。现在许多大学建立了鼓励学生兼职创业的创业园，大学生在创业园中开展创业尝试，也属于内部创业。

活动与训练

创新创业能力探索

一、训练目标

对照大学生创业的能力要求，梳理自己在创新创业方面已经具备的能力和可能发展的潜力。

二、程序与规则

1. 梳理“成就事件”。先回忆并写下自己在生活中做过的给自己带来快乐和成就感的 6 件事情。每件事情包括以下内容：做这件事要达到的目标是什么，在完成这件事情的过程中碰到了什么困难和障碍，具体做了些什么事情，如何克服困难，取得了什么成就，用什么能够度量自己的成就。

2. 创新创业能力展望。在心中想象自己特别想做的一个创业项目，仔细思考进行创业前需要先具备哪些创新创业能力。在这些能力中，哪些是自己已经具备的、哪些是需要去主动学习掌握或者训练发展出来的。

“你具备创业者素质吗？”问卷调查

请回答下列问题，选出你认为符合自身实际情况的选项，以便更深入地了解自己是否具备一名创业者应该具备的素质。

1. 你在哪一种条件下，会决定创业：

a. 等有了一定工作经验以后　　b. 等有了一定经济实力以后

c. 等找到天使或 VC 投资以后　　d. 现在就创业，尽管自己口袋里没有几个钱

e. 一边工作一边琢磨，等想法成熟了就创业

2. 你认为创业成功的关键是：

a. 资金实力　　b. 好点子　　c. 优秀团队

d. 政府资源和社会关系　　e. 专利技术

3. 以下哪项是创业公司生存的必要因素：

a. 高度的灵活性　　b. 严格的成本控制　　c. 可复制性

d. 可扩展性　　e. 健康的现金流

4. 开始创业后你立刻做的第一件事情是：

a. 找投资　　b. 撰写商业计划书　　c. 物色创业伙伴

d. 着手研发产品　　e. 选择办公地点

5. 创业公司应该：

a. 低调埋头苦干　　b. 到处自我宣传

c. 看情况顺其自然　　d. 借别人的优势进行联合推广

6. 招聘员工时最重要的是：

a. 学历高低　　b. 朋友推荐　　c. 成本高低　　d. 工作经验

7. 产品进入市场的最佳策略是：

a. 价格低廉　　b. 广告投入　　c. 口碑营销　　d. 品质过硬

8. 和投资人交流最有效的方式是：

a. 出色的现场 PPT 演示　　b. 详细的商业计划书和财务预测

c. 样品当场测试　　d. 有朋友的介绍和引荐

e. 通过财务顾问的代理

9. 选择投资人的关键因素是：

a. 对方是一个知名投资机构　　b. 投资方和团队不设对赌条款

c. 谁估值高就拿谁的钱　　d. 谁出钱快就拿谁的钱

e. 只要能融到钱，谁都一样

10. 你认为以下哪一项是 VC 投资决策中最重要的因素？

a. 商业模式　　b. 定位　　c. 团队

d. 现金流　　e. 销售合约

11. 从哪句话里可以知道 VC 其实对你的公司并没有实际兴趣：

a.“我们有兴趣，但是最近太忙，做不了此项目”

b.“你们的项目还偏早一些，我们还要观察一段时间”

c.“你们如果找到领投的 VC，我们可以考虑跟投一些”

d.“我们对这个行业不熟悉，不敢投”

e. 上面任何一句话

12. 创业团队拥有 51% 的股份就绝对控制公司了吗？

a. 正确　　b. 错误

13. 创业公司的 CEO，首要的工作责任是：

a. 制定公司的远景规划　　b. 销售　　c. 人性化的管理

d. 领导研发团队　　e. 吸引投资人

14. 凝聚创业团队的最好办法是：

a. 期权　　b. 公司文化　　c. CEO 的魅力

d. 工资和福利　　e. 团队的激情

15. 创业公司的财务预测中最重要的是：

a. 销售增长　　b. 毛利率　　c. 成本分析　　d. 资产负债表

16. 创业公司的日常运营中，最重要的是：

a. 会议记录的及时存档　　b. 业绩指标的合理安排和及时跟踪

c. 团队的经常性培训　　d. 奖惩制度

e. 管理流程的 ISO 9000 认证

17. 创业公司的日常运营中，最棘手的问题是：

a. 人员的管理　　b. 销售增长　　c. 研发的速度

d. 资金到位情况　　e. 扩张力度

18. 创业公司产品市场推广效果的衡量标准是：

a. 广告投入量和覆盖面　　b. 营销推广的精准程度

c. 产品出色的品质保证　　d. 广告投入和产出比例

e. 产品价格的打折力度　　f. 品牌的市场渗透率

19. 防止竞争的有效手段是：

a. 专利　　b. 产品包装　　c. 质量检查

d. 不断研发新产品　　e. 比竞争对手更快地占领市场

20. 创业公司的第一个大客户竟然是个“土财主”，你会：
a. 一视同仁地对他提供你公司的标准服务
b. 指导他如何积极配合你的工作
c. 修理他，给他些颜色看看
d. 提供全面服务 + 免费成长辅导
21. 你认为创业公司中最大的风险是：
a. 市场的变化　b. 融资的成败　c. 产品研发的速度
d. CEO 的个人能力和素质　e. 决策机制的合理性
22. 当创业公司账上的现金不足以支撑三个月的时候，应该采取哪项措施：
a. 立刻启动股权融资　b. 通知现有公司股东追加投资
c. 立刻大幅削减运营成本，包括裁员　d. 打电话给银行请求贷款
e. 把自己的存折和密码交给公司会计
23. 创始人之间发生矛盾时，你会：
a. 坚持原则，据理力争　b. 决定离开，另起炉灶
c. 缓和争端，弃异求同　d. 引入新人，控制局势
24. 投资创业公司的理想退出方式是：
a. 上市　b. 被收购　c. 团队回购
d. 高额分红　e. 以上都是

【测试结果】

每答对一题得一分，正确答案如下：

1	2	3	4	5	6	7	8	9	10	11	12
d	c	e	d	b	d	d	c	e	c	e	b
13	14	15	16	17	18	19	20	21	22	23	24
b	b	a	b	a	d	e	d	d	c	c	e

【测试建议】

（1）如果你的得分是 1～8 分：还不具备创业的基本知识，不要贸然创业哦！
（2）如果你的得分是 9～16 分：游走在创业的梦想和现实之间，继续打磨吧！
（3）如果你的得分是 17～24 分：已经做好了创业的基本准备，大胆往前走吧！

探索与思考

1. 高校毕业生选择就业与选择创业有何联系与区别？
2. 政府、学校目前有哪些引导、鼓励大学生创新创业的举措？

9.2　创业选择与机会把握

导入案例

创业不负有心人

郭晨是某高职院校会计专业在校学生，虽然她读的是一所很普通的高职院校，但是她相信“只要自己努力，在任何学校都可以成为优秀的人才”。一次偶然的机会，她结识了学校礼仪队的前任队长，她们在一起交流以后，觉得可以开发一个新的项目——模特经纪。就这样，郭晨开始慢慢地建立属于自己的模特团队，在学校进行模特人员招募，对她们进行培训，然后安排出去进行商业演出。在大三的时候，她就在当地注册了一家模特经纪有限公司。从团队正式运营到成立公司短短半年的时间，公司承接大中小型业务100多场，最高日营业额可突破万元，现在总营业额已经达到20万元，获得纯收益近10万元，公司多次被当地的官方报纸报道宣传，郭晨也作为大学生创业代表，被各大高校和政府邀请进行经验交流和分享，开启了一段美好的职业生涯。

分析：这些年的创业经历让郭晨体验到了在创业与奋斗中收获成长的快乐，锻炼了耐心和毅力，戎除了娇气和浮躁，懂得了作为一名创业者的责任与义务。她通过创业实践，将理论运用到了实际的工作和生活中去，让创业之路走得更加不同凡响，让自己的人生活得更加充实和精彩！

一、创业是人生的一种选择

《现代汉语词典》对“创业”的解释是：创办事业。而“事业”是指人所从事的，具有一定目标、规模和系统并对社会发展有影响的经常性活动。蒂蒙斯在他本人所著的创业教育领域经典教科书《创业创造》中，给“创业”下了一个定义：创业是一种思考、推理结合运气的行为方式。科尔则提出：“创业是发起、维持和发展以利润为导向的企业的有目的性的行为。”

大学生创业，是指大学生在学习期间着手创办事业，毕业后不选择就业而直接成立公司创业。大学生创业是一些有胆识有理想、勇于创新和接受挑战的大学生为自己开辟的一条择业新路，是大学生主动参与社会竞争的一种尝试。他们利用自己的知识和技能，以自筹资金、技术入股、寻求合作等方式创办公司或企业，为社会创造价值的同时，也使自己的价值得到充分体现。

选择就业与选择创业，主要有以下四个方面的差别。

（一）扮演角色的差异

二者在企业中的地位、所肩负的责任和使命均有较大差异。就业者通常处于中低层，到达高层需要一个过程，不需要对企业的成长负责，只需要做好本职工作；创业者通常处于新创企业的高层，在企业的实际创建过程中，创业者是负责人，始终参与其中。

（二）技能要求的差异

就业者通常具备一项专业技能即可开展自己的工作；创业者通常身兼多职，要有战略眼光，也要有具体的经营头脑，所以需要具备相当全面的知识和技能。

（三）收益与风险的差异

就业的主要投入是数年的教育成本；创业除了教育成本，还包括前期准备中投入的人力、物力和资金成本。就业者如果事业失败，并不会丧失教育成本；创业者失败很可能会损失在创业前期投入的几乎一切成本。就业者追求的事业成功只能获得约定的工资、奖金及相对较少的利润；创业者一旦成功，则会获得大部分的企业经营利润，其数额理论上没有上限。

（四）成功依赖因素的差异

就业取得的成就，很大程度上需要依靠企业实体；创业成功更多依赖创业者自身的经验、学识与财力，以及各种需求和各种资源占有等条件。

二、创业者的特质

创业者就是善于发现市场需求，并敢于承担风险和责任，组织资源满足市场需求的人。可以用这样一句话来概括创业者："任何想体验充满各种不确定性和模糊性的战场的人都可能成为创业者，任何想跨越诸多高峰的人都可以成为创业者。"不管面对何种情景，有意愿持续前行的人，都可以称之为创业者。一般来说，创业者往往具有执着的精神、敏锐独特的洞察力、从失败中吸取教训的能力、追求成功的意志力，以及良好的合作精神。创业者的 42 项特征如表 9-1 所示。

（一）企业家的六大要素

美国学者杰弗里 · A. 蒂蒙斯教授是公认的创业学领域的学术权威。他通过跟踪研究进入百森商学院杰出创业者学会的学员，总结出成功企业家作为创业者的"六大要素"，包括责任感和决心、商机敏感、对风险和不确定性的容纳度、创造、自我依赖和适应能力。

表 9-1　创业者的 42 项特征

1. 自信	15. 聪明	29. 性格开朗
2. 有毅力、坚定	16. 目标明确	30. 个人主义
3. 精力充沛、勤奋	17. 勇于迎接挑战	31. 有勇气
4. 机智多谋	18. 独立	32. 有想象力
5. 风险承担能力强	19. 开放的心态	33. 有洞察力
6. 有领导力	20. 追求效率	34. 能够容忍不确定性
7. 乐观	21. 决策果断	35. 有进取心
8. 追求成功	22. 有责任心	36. 懂得享受
9. 知识丰富	23. 有远见	37. 追求效果
10. 创新、创造力	24. 执行认真	38. 全力以赴
11. 有影响力	25. 团队、合作精神	39. 信任下属
12. 善于与人相处	26. 利润导向	40. 敏感
13. 积极主动	27. 从失败中快速学习	41. 诚实
14. 灵活	28. 有掌控欲	42. 成熟、考虑周全

（二）大学生创业者的能力要求

1. 创新能力

创新能力作为一个系统的、综合的概念，是指由各种基本能力组合而成的系统性能力，这种能力会在不同领域的创新活动中有不同表现。创新能力是创业者的核心能力。在创业者的创业过程中，无论是发现新的创意、捕捉新的机遇、寻找新的市场，还是撰写一份有潜质的创业计划书，甚至是创业融资，创办公司和企业的运作、管理和控制，都包含着创新的内容。所以，作为一个创业者或创业团队，必须具备创新能力。创新能力是直接影响创业实践活动效率的主要因素，是创业基本素质的重要组成部分之一。

2. 策划能力

根据外部环境和掌握的创业机会，进行富有创意的策划，对企业的创建是至关重要的。创业者在进行策划时，必须注意以下问题：第一，创业者必须弄清策划项目的市场定位、价值所在、所涉及的范围和有关的限制因素等；第二，必须明确担任该项目的策划负责人，组建策划团队；第三，创业者必须考虑策划的时机。创业者策划能力的大小，直接决定着创业活动的成功与否。策划能力是创业者成功的关键因素之一。

3. 组织能力

组织能力是创业者不可缺少的重要能力之一。在创建新的企业中组织能力显得十分重要。组织能力是指领导者为了达成组织目标，实现组织的利益，运用一定的方法和技巧，把来自不同地区、不同文化背景，以及民族、性别、年龄等均不相同的人组织在一个集体之中，使大家朝着一个共同的方向或目标去努力、奋斗的能力。组织能力包括合理选择和激励下属的能力、黏合能力、架构能力、沟通能力、协调能力、授权能力、应变能力和合理分配资源（人力、财力、物力）的能力等。组织能力是公司竞争力的综合体现。

4. 领导能力

领导能力是指领导者的个体素质、思维方式、实践经验以及领导方法等个性心理特征和行为的总和，领导能力是领导者素质的核心。领导力意味着领导者要从宏观和大局出发分析问题，在从事具体工作时保持自己的既定目标和使命不变；领导力也意味着领导者要跳出一人一事的层面，用一种整体化的、均衡的思路处理更加复杂、多变的问题；领导力还意味着领导者在关心自我需求的同时，也要对自己与他人的关系给予更多的重视，并在不断的沟通中寻求一种更加平等、更加坦诚及更加有效率的解决方案。

5. 管理能力

管理能力主要包括激励的能力、控制情绪的能力、幽默的能力、演讲的能力、倾听的能力等。“管理的深处是激励”，创业从来都不是一帆风顺的，创业者应当做好自我管理，不能因为一时的困难或失败，表现出过于负面的情绪。一个创业领导者情绪的好坏甚至可以影响整个创业团队的氛围。因此创业者首先要进行自我激励，然后对团队成员进行激励。要让团队充分地发挥自己的才能去努力工作，就要把员工的“要我去做”变成“我要去做”，实现这种转变的最佳方法就是对员工进行激励。

6. 公关能力

创业面临的是高度竞争的压力，成功的条件之一就是创业者或者创业团队的公关能力。对于在自身力量的积累方面并不具有优势，但对于已经下定决心创业的人来说，如何获得广泛的社会支持，并在这种支持下充分利用各种有利于事业发展的因素，就成为取得成功的最重要的能力之一。从这个意义上讲，公关能力对于创业成功非常重要，这种能力实际上是善于获得和利用社会支持的能力，有时社会支持的重要性甚至超过经济上的支持。

7. 环境适应能力

创业者需要具备较强的环境适应能力，能够在不断变化的市场环境中迅速调整自己的战略和策略。这包括对市场趋势的敏锐洞察、对竞争态势的准确判断、对政策环境的及时把握等。通过不断适应和应对环境的变化，创业者可以保持企业的竞争力和生命力。

案例 9-3

“饿了么”——创新也需要实践和等待

“饿了么”是中国最大的 O2O 餐饮平台之一。它的创新性在于向用户传达一种健康、年轻化的饮食方式和生活方式，通过整合线下的餐饮品牌和线上的网络资源，用户可以通过手机、计算机搜索周边餐厅，在线订餐、享受美食。

“饿了么”创立于2008年，获得A轮融资是三年后，获得千万美元投资是2014年5月。大多数创业企业在此过程中可能已经转行到其他行业，但“饿了么”坚持了下来，其真正崛起的原因在于手机移动端和其支付功能的广泛使用。

分析：“饿了么”案例表明：大学生创业者需有敏锐洞察力，如预见手机移动端和支付功能的影响；还需有强大耐力，面对漫长等待和资金困境能坚持；同时要具备整合资源能力，实现线上线下融合。这些能力是创业成功的关键要素。

8. 风险管理与抗压能力

创业过程中充满了不确定性和风险，创业者需要具备风险管理和抗压能力，能够在面对困难和挑战时保持冷静和理性。通过制订完善的风险管理计划和应对策略、建立有效的危机处理机制等，这可以帮助创业者降低风险、减少损失，并在逆境中保持积极向上的心态和行动。

9. 合作共赢思维能力

创业者需要具备合作共赢的思维方式，懂得如何与各方进行互利互惠的合作。这包括寻找共同的目标和利益点，建立互信互利的合作关系，实现资源共享、优势互补和互利共赢。合作共赢能力能够帮助创业者拓宽业务范围、提高竞争力，实现企业的可持续发展。

三、大学生创业的类型

（一）根据创业动机分类

1. 机会型创业

机会型创业是指创业者为了追求某一商业机会而开展的创业活动。其出发点并非仅仅为了谋生，而是为了抓住、利用市场机遇。这种创业活动能创造出新的需要，或满足潜在的需求。因此会带动新的产业发展，进而推动整个社会的进步。

2. 就业型创业

就业型创业是指为了谋生而走上创业之路。这类创业是在现有的市场上寻找创业机会，并没有创造新需求，大多属于跟随型和模仿型，因而往往小富即安，并没有“做大做强”的雄心和能力。

（二）根据创业者数量分类

1. 独立创业

独立创业指创业者独立创办自己的企业。其特点在于产权是创业者个人独有的，企业由创业者自由掌控，决策不受他人影响，因而响应速度快。但它需要创业者独自承担风险，创业资源准备也比较困难，并且受个人才能的限制。

2. 合伙创业

合伙创业指与他人共同创办企业。其优劣势与独立创业相反，优势在于资源准备相对容易，风险均摊，决策制衡，可以发挥集体智慧。但缺点在于权力分散，决策层级多，响应速度慢。

案例 9-4

高职生肖云创业失败的反思

肖云，某高职院校勘查技术与工程专业的学生，在校期间，他在学校旁边开了一家“大学生休闲吧”，主要以经营各种三食和特色小吃为主，同时为在校的大学生提供一个休闲和娱乐的场所。由于管理不善等问题，门店在开业一个月之后就无奈地关门了。虽然创业失败，但肖云及时进行了总结反思：“也许是因为自己当时太盲目，还没有具备足够的创业能力。我现在觉得，大学生创业，一定要提前做好准备，现阶段最重要的是把专业知识学扎实，提升专业知识技能，此外要特别注重对自己通用技能的培养和提升，包括组织协调能力、策划能力、管理能力和领导力、抗压能力、合作共赢能力等。”虽然第一次创业没有成功，但肖云在总结反思中发现，自己收获很多，也找到了自己未来的发展方向。

分析：肖云创业失败后能深刻反思，认识到自己的盲目与准备不足。他明白了要扎实专业知识，提升通用技能。这种自我剖析难能可贵，展现出了成熟的心态。肖云从失败中吸取教训，找到了未来的发展方向，为其他创业者提供了自我反思的思路。

（三）根据创业项目性质分类

1. 传统技能型创业

传统技能型创业指使用传统技术、工艺进行创业活动。在酿酒、饮料、中药、工艺美术品、服装与食品加工、修理等与人们日常生活紧密相关的行业中，传统技能项目表现出了经久不衰的竞争力，许多现代技术都无法与之竞争。

2. 高新技术型创业

高新技术型创业指在电子信息技术、生物与新医药技术、航空航天技术、新材料技术、新能源及节能技术等领域创业。其特点是知识密集度高，其项目往往涉及最新的科研成果和技术突破。

3. 知识服务型创业

知识服务型创业指为人们提供知识、信息的创业项目。当今社会，信息量越来越大、知识更新越来越快，各类知识型咨询服务的机构，如律师事务所、会计师事务所、管理咨询公司、心理咨询公司、广告公司、设计公司等将会不断细化和增加。

（四）根据创业方向或风险分类

1. 依附型创业

可分为两种情况：一是依附大企业或产业链而生存，为大企业提供配套服务，如专门为某个或某类企业生产零配件，或生产、印刷包装材料。二是特许经营权的使用，如利用麦当劳、肯德基等的品牌效应和成熟的经营管理模式，减少经营风险。

2. 跟随型创业

跟随型创业即模仿他人创业，具有以下特点：一是初期只求能维持下去，随着企业规模发展壮大成熟，再逐步进入强者行列；二是在市场上拾遗补阙，不求独家承揽全部业务，只求在市场上分得一杯“羹”。

3. 独创型创业

独创型创业指提供的产品或服务能够填补市场空白。大到商品独创性，小到某种技术的独创性，如改革开放后首家搬家服务公司、婚介公司等。独创型创业也可以是旧内容新形式。例如，产品销售送货上门，经营的商品并无变化，但在服务方式上进行更新，从而更具竞争力。

4. 对抗型创业

对抗型创业指进入其他企业已形成垄断地位的某个市场，与之对抗较量。这类创业风险最高，必须在知己知彼、科学决策的前提下，抓住市场机遇，乘势而上，把自己的优势发挥得淋漓尽致。

四、识别创业机会

真正的创业过程开始于商业机会的发现。如何从繁杂多变的市场环境中找到富有潜在价值的商业机会，进而开发并最终转化为新创企业，是创业研究的重要内容。

（一）创业机会的含义

“机会”一词，在《辞海》中的解释是“行事的际遇时会、时机”。针对创业活动来说，创业机会是创业活动中的时机。

创业机会存在于社会和经济的变革过程中。环境的变化，会给各行各业带来良机，透过变化，会发现新的前景。创业机会有四个本质特征：吸引力、持久性、及时性、能够创造或增加价值。创业机会是通过把资源创造性地结合起来，迎合市场需求（或兴趣、愿望）并传递价值的可能性。因此创业机会实际上是一个动态发展的概念。

（二）创业机会的类型

创业机会一般分为技术机会、市场机会和政策机会。

1. 技术机会

技术变化带来的创业机会，是最为常见的创业机会。具体表现形式主要有三类：新技术替代旧技术，实现新功能、创造新产品的新技术的出现，新技术带来的新问题。

2. 市场机会

市场变化产生的创业机会，主要有四类：市场上出现了与经济发展阶段有关的新需求；当期由于市场供给缺陷产生的新商业机会；先进国家（或地区）产业转移带来的市场机会；从比较中寻找差距，差距中隐含着商机。

3. 政策机会

政府政策变化给创业者带来的商业机会，主要有两类：政策变化可能带来新的商业机会，潜在的政策变化所蕴含的商业机会。

案例 9-5

学生创业，在理想与现实之间

小杨是某高职院校针灸推拿专业的一名学生，学习刻苦努力。毕业后小杨没有选择继续读书深造，也没有选择留校或去医院工作，而是直接选择了在私人理疗诊所打工。她每天至少工作 12 个小时，由于工作认真负责，找她治病的患者越来越多。两年的时间里，小杨记录了上万的患者病例，积累了大量临床经验的同时，还认真分析了她工作过的诊所的经营管理模式的优缺点。

两年后，小杨毅然辞职，开始自主创业，创立了自己的第一家中医理疗店。由于在打工时积累了经验，小杨边创业边摸索，第一家店很快就步入了正轨，并且在当地小有名气。三年后，小杨已有了 5 家连锁店，每年都到母校招聘新员工，成了当地小有名气的企业家。

分析：小杨创业的成功源于她善于把握机会。毕业后在诊所工作积累经验，分析经营模式，为创业奠定基础。抓住市场对中医理疗的需求，果断创业并逐步扩张。其经历表明，大学生应敏锐洞察机会，在实践中积累经验，适时迈出创业步伐。

（三）创业机会的特征

1. 客观性和偶然性

创业机会是在特定条件下产生的，它是客观存在的。但是，机会的识别具有一定偶然性。

2. 时效性和不稳定性

创业机会的持续时间受众多因素影响，如专利保护、先占优势、政策变化等都会影响其持续时间。

3. 均等性和差异化

市场机会在特定范围内对某一类人或企业是均等的；但是，不同个人和企业对同一市场机会的认识会产生差异；创业主体素质和能力不同，利用机会的可能性和程度也会产生差异。

（四）创业机会的来源

1. 问题

创业的出发点是满足顾客需求，而顾客需求在没有满足前就是问题。寻找创业市场机会的一个重要途径是去发现和体会自己和他人在需求方面的问题或生活中的难处。

2. 变化

创业的市场机会大多产生于不断变化的市场环境。环境变化了，市场需求、市场结构必然发生变化。这种变化主要来自产业结构的变动、消费结构升级、城市化加速、人们思想观念的变化、政府政策的变化、人口结构的变化、居民收入水平提高、全球化趋势等方面。

3. 创造发明

创造发明提供了新产品、新服务，更好地满足了顾客需求，同时也带来了创业机会。例如，随着计算机的诞生，计算机维修、软件开发、计算机操作的培训、图文制作、信息服务、网上开店等市场机会随之而来。即使不发明新的东西，很多人也能通过新的创造发明获得商机。

4. 竞争

能弥补竞争对手缺陷和不足的途径，也将成为企业的创业机会。市场经济中，竞争无处不在。企业必须通过优化自身已有的资源和能力，综合利用外部资源，为顾客创造价值，赢得声望和市场。

5. 新知识、新技术的产生

当今社会科技高速发展，知识更新速度越来越快。新知识、新技术如果能够转化为生产力，必然会刺激人们的需求，促进社会的进步。例如，随着健康知识的普及和医学技术的进步，围绕“健康”就有许多创业机会。

（五）创业机会的评估

评估创业机会的目的是在众多的机会中，通过分析、判断和筛选，发现利己的、可以利用的创业机会。

即使某个创业机会是较好的，对于特定的创业者而言，仍需要进一步分析其现实性，判断“这一机会是否是自己可以利用的机会”“这一机会是否值得自己利用”。对于特定的创业者而言，为了做出理性的判断，必须回答以下一些问题。

1. 自己是否拥有利用该机会所需的关键资源

关键资源是指相应的企业运作能力、技术、设计与制造能力、营销渠道、公共关系等。面对某个商业机会，想要抓住这一机会的创业者不一定必须拥有所需的全部资源，但必须拥有利用这一机会的关键资源。否则，要么创业无法起步，要么在创业中受制于人。

2. 自己是否能够“架桥”跨越“资源缺口”

多数情况下，在特定的创业机会面前，创业者不可能拥有所需的全部资源，因此，创业者必须凭借自己的能力在资源的拥有者与自身之间架起“桥梁”，以弥补相应的“资源缺口”。在市场经济中，创业者只有勇于和善于“架桥”跨越“资源缺口”，组合利用市场资源，才可能取得创业的成功。

3. 遇到竞争力量，自己是否有能力与之抗衡

现实中，一旦某个创业机会逐渐显露，就会有不少的创业者、竞争者蜂拥而上，这是十分平常的现象。因此，若想利用特定机会进行创业并获得成功，就必须具备与其他创业者、竞争者进行竞争的能力。

4. 是否存在具有可创造性的市场

某个创业机会是否值得创业者利用，除了要有足够大的原始市场，还应该有可创造、可扩展、具有足够的成长性的远景市场。创业者真正要把握的是“可创造的市场部分”，而不是“顺其自然成长的市场部分”。例如，目前一些创业者热衷于“网络增值服务”创业，其原因就在于网络增值服务市场是可创造的。

5. 利用特定机会的风险是否可以承受

显然，创业者要想利用某个创业机会，就必须具备相应的风险承受能力。这包括承受

相应的技术风险、财务风险、市场风险、政策风险、法律风险和宏观环境风险的能力。

总体上看，面对特定的商业机会，创业者只有拥有利用该机会所需的关键资源，能够跨越资源缺口，具备市场竞争力，能承受利用该机会的风险，且这一市场具有可创造性，这一机会才是该创业者可利用的机会。

活动与训练

蒂蒙斯创业过程模型的应用

一、训练目标

根据杰弗里·A. 蒂蒙斯的创业过程模型，开展创业案例分析，在练习中熟悉创业机会与项目甄别、分析、评估的方法。

二、程序与规则

找出 3 家创业公司，按照杰弗里·A. 蒂蒙斯创业过程模型理论，从创业机会特点、创始人及团队能力、资源要求等方面分别进行分析评价（如表 9-2 所示）。

表 9-2　基于蒂蒙斯创业过程模型理论的创业案例分析表

公司名称	创业机会特点	创始人及团队能力	资源要求	成功与否
示例 1：A 公司	农村婚庆市场空白	具有专业背景、有良好的团队协作能力	资金要求低、技术要求一般	各因素之间达到平衡，创业成功
示例 2：B 公司	蘑菇市场需求广泛	具有专业背景、激励措施得当、团队合作能力强	资金要求较高	各因素之间达到平衡，创业成功
示例 3：C 公司	有一定市场需求	团队没有自信心和坚强的意志品质，目标不一致，没有良好的协作能力	资金要求低、营销能力要求高	没把握好创业机会，创始人也没有起到平衡各因素关系的作用，最终创业失败

综合练习

创业调查活动

一、训练目标

调查你准备创业地区的企业情况，寻找市场中的空白项目。

二、程序与规则

第一步：确定范围（目标客户周围）。

第二步：找出现有企业（如表 9-3 所示）。

表 9-3　准备创业的地区现有企业一览表

贸易企业	制造企业	服务企业	农林牧渔企业

第三步：找出潜在企业（没有的或者很少的）（如表 9-4 所示）。

表 9-4　准备创业的地区潜在企业一览表

贸易企业	制造企业	服务企业	农林牧渔企业

第四步：结合当地经济状况对项目整体进行评估（还有发展余地或机会吗？）

第五步：对照自己的经验与想法，写出自己的创业构思。

探索与思考

1. 说一说什么是创业机会。
2. 说一说如何识别创业机会。
3. 说一说如何评估创业机会。